Christine Rankl
So beruhige ich mein Baby

Christine Rankl

# So beruhige ich mein Baby

**Tipps aus
der Schreiambulanz**

**Patmos**

Bibliografische Information der Deutschen Nationalbibliothek
Die Deutsche Nationalbibliothek verzeichnet diese Publikation in der
Deutschen Nationalbibliografie; detaillierte bibliografische Daten
sind im Internet über http://dnb.d-nb.de abrufbar.

4. Auflage
© 2008 Patmos Verlag GmbH & Co. KG, Düsseldorf
© 2005 Patmos Verlag GmbH & Co. KG
Walter Verlag, Düsseldorf und Zürich
Alle Rechte vorbehalten.
Umschlagmotiv: © Jamie Grill / CORBIS
Umschlaggestaltung: © Gudrun Pawelke
Büro für Ausdrucksfindung / pawelke.com
Printed in Germany
ISBN 978-3-491-40120-4
www.patmos.de

# Inhalt

**Einleitung oder:
Wie viel Schreien ist normal?** 7

## Teil I
## Wie Schreiprobleme entstehen 11

**1. Schreien – ein Schlaf- und Regulationsproblem** 12

Babys misslungener Versuch, sich selbst zu beruhigen 16
Elterliche Beruhigungsversuche und die Frage
des richtigen Zeitpunkts 20

**2. Schreien – ein Kommunikationsproblem** 25

Typische Signale der »Babysprache« 26
Das große Missverständnis zwischen Eltern und Baby 32

## Teil II
## Schreiprobleme bewältigen 39

**1. Ruhe und Körperkontakt – das Neugeborenenalter
(0–3 Monate)** 41

Aus »Schreifallen« herauskommen 42
Tipps zum Still-/Fütterrhythmus 69
Tipps zum Schlafrhythmus 83
Tipps zur Tagesgestaltung 89

**2. Zuwendung zum richtigen Zeitpunkt –
das Säuglingsalter im zweiten Trimenon
(4–6 Monate)** 109

Tipps bei Fütterproblemen 111
Tipps zum Aufbau längerer Schlafphasen 113
Tipps zur Förderung der Selbstregulation 117

3. **Respekt vor Babys Grenzen – das Säuglingsalter im dritten Trimenon (7–9 Monate)** 125

   Tipps bei Fütterproblemen 127
   Tipps zum Durchschlafen 132
   Tipps zur Förderung des eigenständigen Spiels 136

4. **Verständnis für den Autonomie- und Abhängigkeitskonflikt – das Säuglingsalter im vierten Trimenon (10–12 Monate)** 143

   Tipps bei Fütterproblemen 147
   Tipps zum Ein- und Durchschlafen 150
   Tipps zur Förderung des Sich-trennen-Könnens 160

# Teil III
# Die Bedeutung der Eltern-Kind-Beziehung 167

1. **Die Bedürfnisse und das Temperament des Kindes** 169

2. **Die Vorstellungen und Wünsche der Eltern** 171

3. **Das Geheimnis der ausgeglichenen Kinder** 177

**Schluss** 182

# Anhang 185

**Tagesablaufprotokoll** 185

**Anmerkungen** 186

**Literaturtipps** 188

**Literaturverzeichnis** 189

**Beratungs- und Therapieangebote für Säuglinge und Kleinkinder** 190

# Einleitung oder:
# Wie viel Schreien ist normal?

Haben Sie gerade Ihr schreiendes Baby mehr oder minder erfolglos herumgetragen, um es zu beruhigen? Dann wird die Antwort, wie viele Minuten oder Stunden Babygeschrei normal sind, Sie nicht wirklich erleichtern – denn jede Minute, die man einen scheinbar unberuhigbaren, schreienden Säugling zu beruhigen versucht, ist für Eltern der pure Stress. Grundsätzlich weinen *alle* Babys, aber die meisten nicht mehr als etwa dreißig Minuten, die über 24 Stunden verteilt, und meist gut als Hunger- oder Müdigkeitsweinen einzuordnen sind.

Rein objektiv betrachtet ist ein Baby erst dann ein Schreikind, wenn es gemäß der »Dreierregel«, die im deutschen Sprachraum von der renommierten Kinderärztin Mechthilde Papousek eingeführt wurde, an drei Tagen der Woche mehr als drei Stunden am Tag weint (nicht im Block, sondern über 24 Stunden verteilt). Gemeint ist, dass alles, was unter dieses tägliche Schreipensum fällt, noch im Rahmen der Norm ist; das heißt, es wird in unserer Kultur als normal angesehen, dass Babys auch einmal länger weinen.

Für die einzelnen Eltern und Babys ist dies jedoch eine schier unerträglich lange Zeit, zumal sich dieser Zustand meist über viele Wochen bis zum dritten Lebensmonat des Kindes, in Einzelfällen sogar länger, hinziehen kann. Wie stark die Belastung für beide Seiten ist, zeigt sich auf elterlicher Seite in erhöhtem Blutdruck, erhöhter Herzfrequenz und erhöhter Cortisonausschüttung. Wir Erwachsenen sind in einer hoch alarmierten Stimmung, wenn wir ein Baby schreien hören. Ganz abgesehen davon übertrifft die Lautstärke eines schreienden Säuglings mit achtzig Dezibel locker den Lärm eines Staubsaugers und rangiert nur wenig hinter dem Dezibelwert eines Rasenmähers, sodass wir es auch kaum – evolutionär sehr sinnvoll – überhören können und sollen.

Aber auch der Körper des Babys ist in höchster Alarmstufe: alle Muskeln sind fest angespannt, die Lunge arbeitet auf Hochtouren und alle erwähnten Stressfaktoren machen ihm zu schaffen. Bei chronischen Schreikindern kann gerade die Muskulaturverspannung als Ausdruck von Stress so dauerhaft werden, dass diese Babys sich auch beim Trinken oder Einschlafen kaum mehr entspannen können. Alles, was ihnen als Trost und Nahrung hilfreich sein könnte, prallt dann im wahrsten Sinn des Wortes von ihnen ab.

Das Ausmaß an oft nicht artikulierbarer Verzweiflung, aber auch Aggression, die naheliegenderweise entsteht, ist in Familien mit Schreikindern meist groß, was nicht umsonst in den siebziger Jahren von Schweden ausgehend zur immer weiter boomenden Gründung von Schreiambulanzen in Europa führte. Und Sie als Elternteil sehen sich einer Unzahl von Ratgebern gegenüber, die ihnen, wie nicht zuletzt auch dieses Buch, Hilfe anbieten wollen.

Mit der Hilfe und den Ratgebern ist es jedoch so ein Sache. Schon von der Wochenbettstation an sehen sich junge Eltern mit einer Vielzahl von Informationen und Ratschlägen bedacht, vervollständigt noch von mehr oder weniger erbetenen Tipps aus dem Familien- und Freundeskreis. Und sie werden hier meist mit dem gesamten Spektrum widersprüchlicher Informationen konfrontiert: Von der Gefahr des Verwöhnens durch zuviel Körperkontakt angefangen – dass Schreien gut für die Lunge ist, glaubte Gott sei Dank nicht einmal mehr die Urgroßelterngeneration – bis zu dem Tipp, Babys ständig am Körper zu tragen, reicht der Bogen der guten Ratschläge. Dies gilt für jeden Lebensbereich des Säuglings – Stillen: nur nach fixem Plan oder wann immer möglich; Schlafen: nur im Bettchen, regelmäßig und in Ruhe oder immer und überall, wann es sich eben ergibt etc. Schreiende Babys sollten gefüttert, getragen, schlafen gelegt werden, oder eben genau das Gegenteil.

Gemäß dem Sprichwort von den vielen Köchen, die den Brei verderben, ist es mit dem Anhören von vielen Expertenmeinungen nicht unähnlich: Jeder weiß die ultimative »Zutat« zum »Babyberuhigungscocktail«. Und am Ende kommt meist eine Menge, zum Teil einander widersprechende Informationen und noch stärker verunsicherte Betroffene heraus.

In der Ratgeberliteratur sieht es nicht unähnlich aus: Empfiehlt Harvey Karp, ein amerikanischer Kinderarzt, der sich eingehend mit dem Phänomen der Drei-Monatskoliken beschäftigt, u. a. das stramme Wickeln als Beruhigungsmethode, raten hierzulande die meisten Kinderärzte, die vor allem die Hüftentwicklung im Auge haben, genau davon ab. Sehen Autoren wie Paula Diedrichs und Vera Olbricht vor allem psychologische Faktoren auf Seiten der Eltern als Auslöser, weist Fries stark auf reife- und persönlichkeitsbedingte Faktoren auf Seiten des Babys als Schreiursache hin. Die meisten Ratgeber beschäftigen sich vor allem mit Erklärungstheorien, um diesem eigenartigen Phänomen gerecht zu werden, das doch nicht jedes Baby im gleichen Ausmaß betrifft. Ratschläge zur Lösung reichen von esoterisch-energetischen Betrachtungen über Babymassage, Tagesstrukturierung, Reizreduktion und eben die traditionelle Art des Babywickelns (Wickelungskonzept) sowie Schaukeln.

Ich denke, dass jeder einzelne Ratschlag grundsätzlich richtig ist. Was in den meisten Fällen jedoch nicht stimmt, ist der *Zeitpunkt,* ihn anzuwenden. Auch jede einzelne Erklärungstheorie, warum Babys weinen, ist richtig, verkehrt ist jedoch, dass sie oft nur einen Aspekt eines recht komplexen Geschehens berücksichtigen. Es ist ein bisschen so wie mit den drei blinden Weisen und dem Elefanten. Jeder berührt einen einzelnen Körperteil des Tieres, meint aber zu wissen, was der ganze Elefant ist. Warum alle diese Ratschläge dann oft gar nichts helfen, liegt meiner Ansicht nach am falschen Zeitpunkt – sowohl was den Tagesablauf als auch das Alter des Säuglings betrifft – und an der falschen Dosierung aller Aktivitäten. Wie bei einem gelungenen Gericht sind die Dosierung und der Zeitpunkt, wann welche Zutaten zusammengerührt werden, ausschlaggebend.

Mit genau dieser Dosierung und den Missverständnissen, die zwischen Eltern und Babys bei unkoordiniertem »Loslegen« entstehen können, beschäftigt sich dieses Buch in seinem ersten Teil. Sie erfahren Grundlegendes über die oft noch sehr undeutlichen Signale Ihres Kindes, um eine sinnvolle Basis für Ihre Interventionen zu haben, d. h. um gut unterscheiden zu können, wann Ihr Baby was als hilfreich empfindet. Ebenso werden Sie lesen, warum manche Kinder von Natur aus relativ problemlos sind, andere wiederum sehr irritierbar, weshalb sie schnell und viel weinen. Und was all dies mit den berühmt-berüchtigten Drei-Monatskoliken zu tun hat, über deren Existenz bis heute die Meinungen auseinandergehen, wird auch an dieser Stelle beleuchtet.

Wirklich spannend wird für Sie als stressgeplagen Elternteil wohl der zweite Teil des Buches, in dem es um ganz konkrete Ratschläge für jedes Alter und die zentralen Lebensbereiche Ihres Babys geht. Hier erfahren Sie alles über die klassischen »Schreifallen«, deren Vermeidung und wie Sie, wenn Sie hineingekommen sind, diese schnell wieder verlassen können. Doch was unseren »Babyberuhigungscocktail« betrifft, werden Sie merken, dass die *Handlungsebene* (»Was kann ich tun?«) auch nur ein Teil der Lösung ist. Da weder Sie noch Ihr Baby Automaten sind, die ein Programm abspulen, sondern zwei Menschen, die in einer Beziehung zueinander stehen, kommt es genau auf diese *Beziehungsebene* zwischen Eltern und Kind an, um zu einem dauerhaft zufriedenen Kind zu kommen. Was hierfür notwendig ist, steht in Teil III.

Falls all die erwähnten Ausführungen für Sie und Ihr Kind letztlich nicht hilfreich sein sollten, erfahren Sie abschließend, welche Art der Hilfestellung Sie in einer der vielen Säuglingsberatungsstellen und Schreiambulanzen erwartet. Adressen solcher Einrichtungen finden Sie im Anhang dieses Buches.

Auch dieses Buch ist nicht zuletzt Produkt der so zentralen Beziehungsebene zwischen Menschen. Und darum möchte ich es in Dankbarkeit, u. a. für viele wertvolle Anregungen, meinem Mann Christian und meinen beiden Söhnen Bernhard und Matthias widmen.

Wien, im August 2004

# Teil I

# Wie Schreiprobleme entstehen

# Schreien – ein Schlaf- und Regulationsproblem

Interessanterweise fällt bei fast allen Babys mit einem Schreiproblem auf, dass sie tagsüber, vor allem in den Nachmittags- und Abendstunden, kaum längere Schlafphasen haben. Und dass sie, je weniger sie schlafen, umso mehr schreien.

Nun könnte man meinen, dass dies schon die Lösung ist: Schreibabys schlafen einfach zu wenig. Grundsätzlich würden wir damit auch sehr richtig liegen und hätten einen wichtigen Faktor, der ihr Weinen verursacht, gefunden. So meint auch die bekannte deutsche Kinderärztin Mechthild Papousek, die sich eingehend mit dem Phänomen des Schreibabys beschäftigt hat, dass Kinder in den ersten drei Lebensmonaten *längstens* nach einer Wachphase von anderthalb Stunden wieder schlafen sollten. Aber genau das ist es, was Babys, die viel schreien, schlecht können: sich beruhigen und einschlafen bzw. die einzelnen Schlafphasen zu einem längeren Tagesschlafblock verbinden. Wo andere Säuglinge scheinbar mühelos und von selbst selig einnicken, berichten Eltern von Schreibabys von einer enormen Einschlafprozedur mit Herumtragen, Singen, Wiegen, ja gar Autofahren – nur damit endlich Frieden einkehrt. Wir sehen also:

 ***Babys, die viel weinen, schlafen zu wenig und können schwer von selbst einschlafen.***

Als wäre das nicht schon Problem genug, finden wir bei vielen Schreibabys, dass sie anscheinend unter schlimmem Bauchweh leiden müssen. Sehr oft verwandelt sich pünktlich im Alter von zwei Wochen ein früher friedliches Kind auf einmal in ein scheinbar grundlos schreiendes Häufchen Elend. Vor allem während oder kurz nach den Mahlzeiten beginnen sie entsetzlich zu brüllen, laufen rot an, verzerren das Gesicht und strampeln heftig mit den Beinen. Genau diese Art zu weinen beginnt sich dann auch vornehmlich in die späten Nachmittags- und Abendstunden zu ziehen. Willkommen im Reich der Drei-Monatskoliken.

Was vielfach bis heute die kinderärztliche Standarddiagnose und Erklärung für oft schreiende Babys in den ersten drei Lebensmonaten war (»Haben eben Bauchweh, dauert drei Monate, geben Sie Fencheltee. Auf Wiedersehen!«), hat folgende Merkmale:[1]

1. Die Koliken beginnen meist im Alter von zwei Wochen, erreichen mit sechs Wochen ihren Höhepunkt und verschwinden mit drei bis vier Monaten.
2. Das Schreien beginnt oft beim oder nach dem Füttern.
3. Die Babys krümmen sich, haben ein verzerrtes, rot anlaufendes Gesicht und schreien durchdringend. Oft verlaufen die Schreianfälle in Wellen wie bei Krämpfen.
4. Abgehende Winde oder Stuhlaustritt verschafft Erleichterung.
5. Die Koliken sind in den Abendstunden schlimmer.
6. Sie sind durch Wärme, Herumtragen, leichten Druck auf den Bauch zu lindern.
7. Zwischen den Kolikanfällen sind die Kinder gesund und fröhlich.

Nun finden sich diese unerfreulichen und schmerzhaften Symptome tatsächlich bei einer Vielzahl von Schreikindern. Sind sie deswegen die ausschlaggebende Erklärungsursache?

Nein, ich denke, es ist wie in unserem eingangs erwähnten Beispiel von dem Elefanten und den drei blinden Weisen: Die Symptome sind Teil eines komplexen Geschehens. Warum? Würden Koliken nicht – abgesehen von den dürftigen Therapiemöglichkeiten – als Ursache für so herzzerreißendes Weinen völlig ausreichen?

Drei Punkte sprechen dagegen:
1. In vielen Kulturen bekommen Babys nie Koliken!
2. Röntgenaufnahmen der Mägen »normaler« Babys und Kolikbabys zeigen *keinen* Unterschied hinsichtlich der Gasmenge bei einem Schreianfall.
3. Die Koliken von Frühgeborenen (wenn sie welche bekommen) beginnen erst zwei Wochen nach ihrem *errechneten*, nicht tatsächlichen Geburtstermin.

Diese drei Punkte scheinen mir hochinteressant für das Verständnis von Schreikindern mit Koliken. Wenn nur Babys in unserem Kulturkreis – denn dieses Phänomen ist bei den Naturvölkern unbekannt – exzessiv schreien, dann muss hier ein Schlüssel zur erfolgreichen Behandlung liegen.

Wichtig ist auch das Wissen, dass Babys mit Koliken in Wirklichkeit nicht mehr Blähungen haben (entsprechend der Gasmenge im Bauch, siehe Punkt 2) als solche, die offensichtlich nicht an diesen Schmerzen leiden.

Besonders spannend ist die im dritten Punkt angeführte Tatsache, dass auch Frühgeborene erst ab dem Zeitpunkt vermehrt zu weinen beginnen, wo sie primär nicht nur mehr schlafen. Wenn die Konfrontation mit allen Umwelteindrücken anscheinend so stresserzeugend ist, dann muss auch hier ein Hinweis darauf zu finden sein, was kleine Babys brauchen, um sich wohl zu fühlen.

Schauen wir uns diese drei Aspekte noch einmal an. Was unterscheidet beispielsweise balinesische Betreuende von uns Müttern und Vätern? Ganz einfach, sie tragen das Baby den ganzen Tag mit sich herum, ganze für uns unvorstellbare 105 Tage ab der Geburt. Dass dies nie nur eine Mutter allein macht, sondern Kinder hier in der Großgruppe aufgezogen werden und somit von Arm zu Arm wandern, ist mit ein Grund für diesen tollen »Babyservice«. Am 105. Tag nach ihrer Geburt (das wäre umgerechnet mit gut drei Monaten) werden die balinesischen Babys mittels eines Rituals – sie bekommen ihren ersten Schluck Wasser und ein Ei wird über ihre Arme und Beine gerieben – auf den Erdboden gesetzt und gelten nun als neue Mitglieder des Stammes. Bis dahin sind sie wie kleine Kängurubabys noch nicht ganz ausgeschlüpfte Wesen – quasi ein »Anhängsel« der Mutter. Dass in vergleichbaren Kulturen Babys auch nie allein schlafen, versteht sich von selbst.

 *Genau das brauchen Babys in den ersten drei Monaten, also in der Phase, in der sie häufig und viel weinen: nahezu ständigen Körperkontakt.*

Viele Autoren wie auch Karp sprechen heute vom fehlenden Trimester als Ursache für diese anfänglichen Anpassungsprobleme von Babys. Gemeint ist, dass der menschliche Säugling im Vergleich zu den meisten Tieren noch unreif auf die Welt kommt. Eine längere Schwangerschaftsdauer, d. h. insgesamt zwölf Monate, würden ihm und seinen Eltern all diese Probleme ersparen. Ein drei Monate altes Kind ist genau in dem Kommunikations- und Belastbarkeitszustand, den wir von einem Baby insgeheim erwarten. Aber wenn wir uns nun dieses drei Monate alte Kind vor allem was die Ausmaße des Kopfes betrifft genauer ansehen, dann wissen wir, warum die menschliche Evolution nach neun Monaten Schwangerschaftsdauer »Stop« sagte. Reifemäßig hätten unsere Babys – im Unterschied zu vierbeinigen Säugetieren, die allein schon durch ihre Körperhaltung bestimmte Schwangerschaftsprobleme gar nicht bekommen – jedoch noch drei Monate »Mutterbauch-Feeling« gut gebrauchen können, um in Ruhe »auszubacken«.

Nochmals zu Punkt 2: Warum leiden manche Babys so unter Bauchschmerzen, obwohl doch anscheinend alle im gleichen Ausmaß Gase im Bauch haben? Die Erfahrung zeigt, dass Schreibabys besonders sensible oder temperamentvolle Kinder sind, die offensichtlich auch der ganz normale gastrokolische Reflex zu Beginn einer Mahlzeit aus der Fassung bringt. Gastrokolischer Reflex bedeutet übersetzt Magen-Dickdarmreflex, und er bewirkt, dass der Magen, sobald Nahrung einfließt, dem Darm mittels einer leichten Kontraktion zu verstehen gibt, dass es bald Arbeit für ihn gibt. Viele Babys registrieren dieses Ziehen im Bauch gar nicht besonders, bei manchen Schreibabys hingegen löst es wildes Winden, Ächzen und Weinen aus.

 *Schreibabys sind meist besonders sensible oder temperamentvolle Kinder, was sich nicht nur an ihrer Überreaktion auf den ganz normalen Magen-Dickdarmreflex zeigt.*

Aber was hat es mit der Geschichte auf sich, dass Babys erst ab der zweiten Lebenswoche (bei einer normalen Schwangerschaftsdauer) vermehrt zu weinen beginnen? Ab diesem Zeitpunkt beginnen sie in der Regel, einfach wacher zu sein. Sie werden zunehmend mit dem Problem konfrontiert, alle Eindrücke von außen, aber auch von innen (siehe Verdauung) verarbeiten zu müssen. Und an beiden Fronten gibt es im wahrsten Sinn des Wortes einiges zu verdauen.

Schützte man früher – intuitiv richtig – diese kleinen Kinder vor zu vielen Eindrücken, die sie einfach noch nicht verarbeiten konnten und können, schon allein dadurch, dass man sie in Wiegen mit Baldachin legte, werden Säuglinge heutzutage überallhin mitgenommen. So wird ihnen quasi ab Stunde Null der Alltagsstress eines Erwachsenen oder größeren Kindes zugemutet. Sie können jetzt argumentieren, dass Nomaden oder andere Naturvölker ihre Babys auch überallhin mitnehmen. Richtig, aber erstens geschieht dies reizgeschützt am Körper der Mutter in ein Tragetuch oder einen Tragebeutel eingehüllt und zweitens werden sie nicht ins neonlichtdurchflutete, musikberieselte und Sonderangebote anpreisende Shoppingcenter mitgenommen (was, nebenbei gesagt, auch manchen Erwachsenen verrückt macht).

Doch warum halten manche Babys, so vielleicht auch gerade das der besten Freundin, diesen unseren Lebensstil tadellos aus, und warum weint gerade das eigene oft so herzzerreißend?

 *Schreibabys können sich anfangs schlecht selbst regulieren (d. h. im Gleichgewicht bleiben) und sind somit schnell von Außenreizen überfordert.*

In welch hohem Ausmaß Säuglinge quasi von Geburt an unterschiedlich sind, hat mich sowohl beruflich als auch bei den eigenen Kindern immer wieder verblüfft. Wir werden auf diesen Punkt im Kapitel über die Bedürfnisse und das Temperament des Kindes näher eingehen. Schauen wir uns an dieser Stelle konkret an, wie es kleine Babys allgemein schaffen, im wahrsten Sinn des Wortes nicht ständig »aus der Fassung« zu fallen, und warum dies manchen Säuglingen nicht gelingt.

## Babys misslungener Versuch, sich selbst zu beruhigen

Die meisten Babys sind trotz ihrer anfangs geringeren Belastbarkeit gut in der Lage, sich ausreichend im Gleichgewicht zu halten, um alle Innen- und Außenreize weitgehend zu verarbeiten. Und das ist eine nicht zu unterschätzende Leistung.

Machen wir uns bewusst, wie unfertig sie im Grunde auf die

Welt kommen: Arme, Beine noch gar nicht unter Kontrolle, Kopf und Augen mäßig im Griff – keine besonders stabile Basis. Der bekannte Schweizer Kinderpsychiater Bürgin hat in diesem Zusammenhang den schönen und plastischen Vergleich eines kleinen Ruderbootes auf offener See gebracht.

Bei ruhiger See, sprich keinem Bauchweh und beschaulichem Alltag zu Hause, kann auch so ein kleines, instabiles Boot das Meer kreuzen. Aber wehe, der Wind weht rauer, sprich irgendeine zusätzliche Belastung – und kleine Babys haben da einen anderen Maßstab – und los geht's mit dem Schreien. Dass Lärm, Hektik oder Streit natürlich Belastungen für ein Kind sind, ist Eltern mit gesundem Menschenverstand sowieso klar. Dass jedoch – nehmen wir ein völlig harmloses Beispiel – eine Einladung bei Freunden oder ein Familientreffen genau das gleiche Schreien bewirken kann, mag auf den ersten Blick unverständlich erscheinen.

Aber sehen wir das Ganze aus Babys Sicht: Plötzlich wird man hochgenommen und gleich wieder niedergelegt, um die kleinen Arme und Beine umständlich in mehrere Schichten Stoff eingewickelt zu bekommen. Am Ende hat man vielleicht gerade vorher ein Nickerchen gemacht, aus dem man nun so unsanft geweckt wurde. Vielleicht wird einem, damit das Baby auch für den Ausgang »vollgetankt« ist, noch etwas unerwartet die Brust/ein Fläschchen in den Mund geschoben.

Dann wird man in den Kindersitz gestopft und darin wild baumelnd zum Auto getragen; die Anschnallprozedur kann beginnen, bevor endlich das friedliche Motorgetucker des fahrenden Autos ertönt. Unser Baby wird wahrscheinlich irgendwann einschlafen, um für dieselbe Aktion in umgekehrter Reihenfolge wieder aufgeweckt zu werden. Am Ort des Geschehens: viele laute Menschen (völlig normal bei einer Ansammlung von mehr als drei Personen), statt des vertrauten Bettchens ein Wandern von Arm zu Arm. Fütterung in der Lärmkulisse, Einschlafversuche schlagen meist fehl. Als wäre das nicht genug, folgt am Ende das gleiche Spiel: Anziehen, Kindersitz, Auto, Einschlafen, Wieder-rausgenommen-Werden, Ausziehen – und spätestens dann wird unser Baby herzzerreißend und oft unberuhigbar weinen. Seine Mama und sein Papa werden sich anschauen und vielleicht meinen, dass diese Blähungen nun wirklich schlimm (und so unvorhersehbar) sind.

Denken wir an den so treffenden Vergleich mit dem Ruderboot: Ist es schon von Haus aus nicht gerade das geeignetste Gefährt, um sich aufs Meer, sprich unseren Alltag, hinauszubegeben, so gibt es unter diesen entweder breitere, stabil gebaute Boote oder eben kleine, kippelige Nussschalen. Unsere armen Schreibabys sitzen grundsätzlich in diesen Nussschalen, ständig bedroht, ihr inneres Gleichgewicht zu verlieren. Die stabilen Ruderboote wirft auch eine größere Welle in einem unruhigen Meer nicht so leicht um. Überflüssig zu sagen, was mit unserem kleinen Wackelboot an dieser Stelle passiert.

Nun schauen wir uns einmal an, welche Strategien denn ein Baby in den ersten Lebenswochen hat, sein im wahrsten Sinn des Wortes kippeliges Gleichgewicht zu halten. Erinnern wir uns an dieser Stelle auch an die eigenartige Tatsache, dass die meisten Säuglinge etwa erst nach der zweiten Lebenswoche vermehrt zu schreien beginnen.

Die erfolgreichste Strategie eines so kleinen Kindes besteht in der anfangs stark ausgeprägten Fähigkeit, abschalten zu können, und zwar indem es einfach fast dauernd schläft. Von diesem Zustand sind eben genau die ersten beiden Lebenswochen fast noch ausschließlich beherrscht. So sind die Babys automatisch von all den noch überfordernden akustischen und optischen Eindrücken geschützt. Mutter Natur hat ihren Kindern dafür auch eine spezielles »Hilfsmittel« mitgegeben: Sie sind noch stark kurz- und weitsichtig und unterscheiden anfangs nur Hell-Dunkel-Kontraste. Gut sieht ein Baby nur in einem Abstand von etwa 25 cm, also genau in der Entfernung, die es – im Arm der Eltern gehalten – zu deren Gesicht hat.

Dieses Programm reicht einem Baby anfangs aber auch völlig zu seinem Glück aus, und es wird bis in den vierten, fünften Monat hinein seine »Lieblingssendung« sein. Alle Mobile-Hersteller werden sich an dieser Stelle nicht freuen, aber es ist erwiesen, dass Säuglinge bis zu diesem Alter menschliche Gesichter eindeutig allen anderen Betrachtungsobjekten vorziehen. Das bedeutet jedoch nicht, dass sie nicht *auch* zum richtigen Zeitpunkt gerne Mobiles anschauen. Diese spezielle Vorliebe für das Gesicht der Eltern hat evolutionär durchaus Sinn. Ohne den engen emotionalen und realen Kontakt zu Menschen können sich Babys im wahrsten Sinn des Wortes nicht entwickeln.² Diese liebevolle Bindung ist genau die Art »Nahrung«, die für sie lebensnotwendig ist.

Ab etwa sechs Wochen – also nicht zufällig auch dann, wenn das erste bewusste Lächeln auftritt und die ärgsten motorischen Unruhen (in Form des reflexartigen »Auseinanderfallens« beim Ablegen) vorbei sind – sehen Babys auch weiter entfernte Gegenstände. Dies ist interessanterweise auch genau der Zeitpunkt, an dem die täglichen Schreiphasen statistisch ihren Höhepunkt erreichen. Warum? Eigentlich logisch: Plötzlich hebt sich ein Vorhang, und unser kleines Baby wird mit einer Flut von Eindrücken überrollt, die es einfach noch nicht verarbeiten kann.

 *Babys Schutzstrategie ist das Wegschauen und Abwenden. Nicht mehr mit den »Segnungen« der Schlechtsichtigkeit und des generellen Reizschutzes der ersten Lebenswochen geschützt, muss es nun selbst aktiv versuchen, sich Ruhepausen zu organisieren.*

Ganz ähnlich verhält es sich mit den akustischen Reizen. Anfangs ist ein Kind noch wie in eine Art Wattenebel gehüllt und erlebt dann nach und nach laute Geräusche als immer unangenehmer. So sehr es die Stimme seiner Mutter oder seines Vaters – speziell wenn sie ein Lied singen – liebt, so sehr wird es erschrecken, wenn die beiden plötzlich zu schreien beginnen.

Auch hier ist Babys Strategie dieselbe: sich abwenden. Hört jedoch das laute Geräusch, der auf es einredende Mensch, das drehende Mobile oder die geschüttelte Rassel nicht auf, »in es einzudringen« (denn genau so invasiv erlebt es ein Säugling), wird es auf Stufe zwei der Abwehr schalten. Es wird zu zappeln beginnen, wie um die unangenehmen Reize abzuschütteln. Sein Blick wird sich verändern, die Augen werden starr und glasig, als wenn es sich einfach tot stellen möchte. Sie sehen, unser Kind mobilisiert bereits sein im Grunde nur kleines Schutzrepertoire. Weglaufen oder Nein sagen beispielsweise kann es ja noch nicht, um eine massive Überforderung und somit drohende Kenterung abzuwenden. Hört in diesem Moment nicht sofort das Reizbombardement auf, wird unser Baby in die Stufe drei, seine höchste Abwehrmöglichkeit, das

Schreien kippen. Körperlich und seelisch ganz gefangen vom eigenen Weinen, dringt alles nun mehr viel schwerer zu ihm vor – leider oft auch unsere Beruhigungsversuche.

## Elterliche Beruhigungsversuche und die Frage des richtigen Zeitpunkts

Als wäre das Verstehen eines kleinen Babys nicht manchmal schon schwer genug, gilt es, innerhalb der Beruhigungsstrategien – denken wir an das Beispiel des gelungenen Kochens – auch noch die Frage der Dosierung und der Zeit zu berücksichtigen.

 *Es kommt auf die richtige Zeit, d. h. das Alter eines Babys, und innerhalb dieser Kategorie, auf den jeweils richtigen Moment einer Beruhigungsstrategie an.*

Zur richtigen Zeit: Gehen wir einmal von dem typischen »Schreibabyalter« aus, also einem Zeitpunkt innerhalb der ersten drei Monate. Dann schauen wir uns entweder selbst über die Schulter oder jemand anderen zu, der gerade unser weinendes oder quengelndes Baby beruhigen möchte. Das folgende, völlig undramatische Beispiel ist typisch für eine so genannte Beruhigung, die wir in der Klinik oft beobachten können.

Das Baby liegt im Bett und weint, es wird von der Mutter (steht hier für eine tröstende Person, nicht für einen Menschen, der irrt) hochgenommen, und sie beginnt es zu fragen: »Ja was hast du denn?« Tatsächlich beruhigt sich das Kind in ihrem Arm, beginnt jedoch nach wenigen Minuten wieder zu weinen. Wieder die Frage der Mutter, was es denn habe, die diesmal jedoch mit unvermindertem Weinen ignoriert wird. Also nimmt die Mutter das Baby an ihre Schulter, worauf es sich wieder beruhigt, diesmal aber nur kurz. Mittlerweile bringt sich auch der Vater ein, der dem weinenden Kind eine Rassel vor das Gesicht hält. Unser Baby schaut kurz auf die Rassel – Erleichterung bei den Eltern, gefolgt von wildem Gerassel und Kommentaren, um das Baby bei Laune zu halten. Und plötzlich: ein erneuter Schreianfall, lauter und fast noch zorniger als bisher. Die Mutter übergibt an den Vater, der mit dem Kind zum Spiegel geht und fragt, wer denn da so weine. Unserem Baby ist sein Spiegelbild reichlich egal, es plärrt. Leicht frustriert beginnt der Vater eine kleine Zimmerführung, um dem »undankbaren« Kind, nach wie vor an der Schulter, andere Attraktionen vorzuführen. Bei einer angeschalteten Lampe landet er einen einminütigen Treffer, was wieder mit vermehrten Kommentaren und Näherherangehen ans Licht verbunden ist – bis unser Baby, welch große Überraschung, sich völlig in einem Schreianfall verliert. Jetzt greift wieder die Mutter ein, nimmt es diesmal in den Arm, schaukelt es und versucht, beruhigend auf es einzureden, was alles nichts fruchtet. Als letzter Rettungsanker die hoffnungsvolle, väterliche Frage: »Wann hat es das letzte Mal gegessen?« Die Mutter, zwar im Bewusstsein, dass die letzte Mahlzeit erst eine Stunde her ist, legt es also an. Unser Baby macht auch tatsächlich zwei Schlucke – allgemeines Aufatmen – und plärrt wieder los, windet sich und wird immer röter. Der Vater meint: »Diese verflixten Blähungen«, und nimmt sein Kind wieder hoch, geschultert, damit es auch etwas sehen kann, und eine erneute Herumtragrunde beginnt.

Gut, fragen Sie vielleicht leicht gereizt, was war denn bitte an dem, was dieses Elternpaar unternahm, so falsch? Paradoxerweise war nichts – isoliert betrachtet – wirklich falsch, außer der Zeitpunkt der jeweiligen Beruhigungsstrategie.

Es ist interessant zu beobachten, dass die meisten Leute, wenn sie ein Baby beruhigen wollen, auf Tricks aus der »Großbabykiste« zurückgreifen. Gemeint sind Strategien, die ein älteres, nicht aus Müdigkeit unruhiges Kind etwa ab dem vierten, fünften Monat durchaus zu schätzen weiß. Einen so kleinen Säugling wie im Beispiel überfordern sie jedoch noch zusätzlich, denken Sie an unser Nussschalenbeispiel. Dazu zählt vor allem, ein Baby an die Schulter zu nehmen, um ihm noch mehr zu zeigen, sowie der Versuch, es mit Spielzeug oder zusätzlichen akustischen Reizen, z. B. auf es einzureden und Fragen zu stellen, abzulenken.

 *Eltern mit Schreibabys tun nicht zu wenig für ihr Kind, im Gegenteil, sie machen meist zu viel.*

In ihrem Bemühen, das kindliche Schreien abzuwenden bzw. gar nicht erst aufkommen zu lassen, entsteht eine gespannt-hektische Stimmung der Dauerstimulation, die ein Baby schnell und über kurz oder lang auch seine Eltern völlig überfordert. Vielfach nähern sie sich ihrem Kind wie einem rohen Ei – man kann es an schon an ihrer angespannten Körperhaltung beobachten – um es ja nicht wieder in einen Schreianfall kippen zu lassen. Dass schließlich, vor allem wenn das Baby auch in der Nacht Schreiphasen hat, das gesamte Familienklima ebenfalls in Hilflosigkeit, Verzweiflung, aber auch Aggression umschlägt, ist leicht nachvollziehbar. Mütter zweifeln im Allgemeinen dann sehr schnell an ihrer Fähigkeit, überhaupt eine gute Mutter sein zu können, und die meisten Väter kämpfen mit zunehmenden Aggressionen.

Wie sehr ein Baby, das viel weint, die Beziehung zu ihm und auch die Beziehung der Eltern zueinander massiv belasten kann und welche Folgewirkungen hieraus wieder entstehen können, wird im zweiten Teil des Buches noch näher ausgeführt. Vorab nur eines:

 ***Kein Elternteil ist »schuldig« am vermehrten Schreien seines Kindes.***

Vor allem in den ersten drei Monaten weinen Babys primär aus einer gewissen Unreife heraus, der man als Eltern nun mehr oder weniger hilfreich gegenüber steht. Dass neben dieser Tatsache noch Elemente eines Eltern-Kind-Beziehungsproblems hinzukommen, das durch das vermehrte und über den dritten Lebensmonat hinaus andauernde Schreien verstärkt werden kann, steht ebenso außer Frage. Um jedoch den verwirrenden Gefühlen dem eigenen Kind gegenüber Herr zu werden, werden die Anstrengungen an Beruhigungs- d.h. meist Ablenkungsversuchen dann verdoppelt.

Sie sehen den Teufelskreis? Belohnt wird diese Verdoppelung nämlich gerade nicht mit einem ruhigeren Baby, das all diesen Einsatz zu schätzen weiß. Wir werden uns im zweiten Teil genau ansehen, wann welche Beruhigungsstrategie auch erfolgreich ist, aber ein kleines Beispiel vorab:

Herumtragen gilt schlechthin als das Babyberuhigungsmittel

Nummer 1. Es ist auch dann richtig, wenn Sie ein müde werdendes Baby – welche Anzeichen das genau sind, erfahren Sie im nächsten Kapitel – in der Stillhaltung im Arm tragen und die Augen am besten mit einer Stoffwindel abdecken. So ist es zudem noch vor weiteren Eindrücken reizgeschützt. Hierfür legen Sie die gefaltete Windel über Kopf und Stirn Ihres Babys sodass gerade auch noch die Augen bedeckt sind. Der Großteil der Windel wird somit auf ihrem Arm liegen, bzw. von dort noch ein Stückchen hinunterhängen. Falsch bzw. wenig erfolgreich kann Herumtragen bei einem völlig übermüdeten, bereits schreienden Baby sein, vor allem, wenn man es außerdem noch aufrecht geschultert hält. So wird es zum einen von weiteren Eindrücken »erschlagen«, zum anderen kann man in dieser Position auch nicht besonders gut einschlafen.

Nun meinen Sie zu Recht: Alles völlig logisch, aber Eltern sind doch nicht so unbeleckt, um nicht mal unterscheiden zu können, wann ihr Kind müde ist. Es stimmt auch, die Natur hat hier schon mit einer Reihe von intuitiven elterlichen Verhaltensweisen vorgesorgt, dass sich auch frisch gebackene Eltern, selbst wenn sie sich oft nicht so fühlen, instinktiv richtig gegenüber ihrem Baby verhalten.

Es gibt hier ganz spannende Studien, die verdeutlichen, dass das Verhalten Erwachsener, ja sogar größerer Kinder ab etwa drei bis vier Jahre in allen Kulturen völlig gleich abläuft, wenn sie sich einem Baby gegenüber sehen. Selbst die coolsten Jungs und härtesten Kerle beginnen, wenn sie unbeobachtet sind, automatisch die Stimme zwei Oktaven höher zu stellen und ständig die gleichen Sätze zu wiederholen. Etwa so: »Ja wo ist denn nur das süße Baby, ja wo ist es denn. Da bist du ja. Ja, da bist du ja. Oh, so ein süßes Baby etc.« Dieser hohe Sing-Sang wird Ammensprache genannt und läuft bei Eskimoeltern im Tonfall genauso ab, wie bei einer Familie aus Norddeutschland.

Genauso haben wir im evolutionären Programm, ein Baby z. B. im Arm zu wiegen oder automatisch seinen Kopf zu stützen. Was läuft aber dann bei Schreibabys? Haben diese Kinder einfach unklarere Signale oder ist es bloß die Unerfahrenheit ihrer Eltern, die die Situation eskalieren lässt? Bevor wir uns im nächsten Kapitel mit dem Geheimnis beschäftigen, ein Baby richtig »lesen« zu können – gerade auch solche, die diesbezüglich eine eher schwierige »Handschrift« haben –, möchte ich Ihnen noch ein weiteres Kennzeichen von Kolikbabys aufzählen:

 *Die Wahrscheinlichkeit, dass bei einem Säugling Koliken auftreten, ist beim z. B. fünften Kind eines Paares genauso hoch wie beim ersten.*

Dieser Punkt verdeutlicht: Die Wahrscheinlichkeit, dass ein Baby Koliken entwickelt, hängt nicht damit zusammen, ob seine Eltern besonders erfahren sind oder nicht. Eltern sind somit in keiner Weise schuld daran, dass ihr Baby unter Bauchweh leidet und daher vermehrt weint. Die Neigung zu Koliken bringen vor allem viele sensible oder temperamentvolle Babys als Gepäck mit auf die Welt. Entscheidend ist jedoch, wie man nun als Eltern mit einem bestimmten Naturell seines Kindes umgehen, bzw. es verstehen kann.

> Man geht heute davon aus, dass menschlichen Säuglingen – entsprechend dem Grad ihrer Entwicklung im Vergleich zu Säugetieren – noch ein Trimester, also drei Monate, Schwangerschaftsdauer fehlen. Diese Unreife des Neugeborenen zeigt sich in der fahrigen Grobmotorik, der mangelnden Koordinationsfähigkeit von Kopf, Augen, Armen und Beinen, einem noch sehr empfindlichen Verdauungssystem und der schnellen Überforderung durch zu viele Umwelteindrücke. Babys, die viel schreien, sind zudem besonders sensible oder temperamentvolle Kinder, die von diesen Anpassungsproblemen und dem »normalen« Alltag, den man ihnen abverlangt, überfordert sind. Sie können schlecht abschalten oder einschlafen und bringen sich durch einen somit fast immer vorhandenen (Tages-)Schlafmangel, noch mehr aus dem inneren Gleichgewicht. Die für ältere Säuglinge richtigen Beruhigungsversuche ihrer Eltern bestehen meist in Ablenkungsmanövern, die diese kleinen Babys noch mehr überstimulieren.

# Schreien – ein Kommunikationsproblem

Grundsätzlich ist Schreien das wohl effektivste Kommunikationsmittel, über das ein Baby verfügt. Es treibt nicht nur den elterlichen Blutdruck in die Höhe, sondern auch jeden anderen Erwachsenen an, irgendetwas zu unternehmen. Diese Erfahrung machen Eltern mit einem schreienden Baby oftmals auf unliebsame Weise, wenn sich auf offener Straße sehr schnell eine Traube von vermeintlich Wissenden über ihr Kind beugt und eine mehr oder minder vorwurfsvoll vorgetragene Diagnose oder Handlungsanweisung für die Mutter von sich gibt.

Sehen Sie es positiv: Diese Menschen können gar nicht anders. Auf diese Weise hat die Natur vorgesorgt, dass der menschliche Nachwuchs maximale Aufmerksamkeit bekommt: Jeder ist in Alarmbereitschaft versetzt.

Nun ist Schreien wohl ein sehr effektives, im wahrsten Sinn des Wortes aufrüttelndes, aber gleichzeitig nicht wirklich differenziertes Kommunikationsmittel. Dazu gibt es eine interessante Untersuchung[3]: Man spielte Müttern jeweils das Weinen von zwei vier Wochen alten Babys vor. Das eine hatte Hunger, das andere wurde gerade beschnitten und hatte somit Schmerzen. Nur 25 % der Mütter erkannten, dass das erste Baby aus Hunger schrie. Dass das zweite Baby vor Schmerzen schrie, erkannten ebenso bloß 40 %. Bei diesem Versuch könnte man wohl zu Recht argumentieren, dass es sich ja nicht um die eigenen Kinder gehandelt habe. Meine Erfahrung ist jedoch, dass die allermeisten Eltern allein vom Weinen ihres Kindes ausgehend noch nicht automatisch wissen, was ihm denn gerade fehlt – und aber genau das von Umstehenden immer gefragt werden.

Wenn Sie nun denken, dass man wahrscheinlich ein Profi sein muss, um diese schwierige und gleichförmig klingende (Schrei-)Sprache eines Babys zu verstehen, dann irren Sie. Eine finnische Studie ließ achtzig erfahrene Säuglingsschwestern beurteilen, warum denn einzelne Babys weinen. Sie erhielten eine Trefferquote von rund 50 %, also eigentlich dem Zufallsprinzip entsprechend.

*Allein aus der Art des Schreiens zu beurteilen, was ein Baby möchte, ist selbst für Profis offensichtlich schwer möglich.*

So paradox das jetzt klingen mag, es macht in Wirklichkeit nichts aus. Nicht das Schreien ist der Schlüssel zum Kommunikationsverständnis, sonders das, was *vorher* passiert ist. Das Schreien ist eigentlich »nur« eine Alarmanlage, die losgeht. Hier ist ja auch nicht die heulende Sirene das Problem, sondern der möglicherweise vorausgegangene Einbruchversuch. Natürlich wollen wir auch den Aus-Knopf für unsere Alarmanlage kennen, aber es wird uns nicht weiterbringen, wenn wir uns stets nur damit und nicht mit den Ursachen des Alarms beschäftigen. Ich denke, es ist wie mit einem Holzhaus. Es ist sehr vernünftig, wenn ich für den Notfall den Feuerlöscher bedienen kann und auch einen parat habe (in unserem Fall erfolgreiche Beruhigungsstrategien), aber wesentlich vernünftiger wäre es, in diesem Haus erst gar nicht zu zündeln (also Signale zu übersehen bzw. fehlzudeuten). Mehr davon im folgenden Kapitel.

## Typische Signale der »Babysprache«

Ein Baby in den ersten drei Lebensmonaten, also in der Zeit, wo es im Normalfall am meisten weint, verfügt noch über ein bescheidenes Repertoire an Signalen, um »zu sagen«, was es möchte. Und – als wäre es nicht schon kompliziert genug – jedes Signal kann auch noch etwas anderes bedeuten. Mangels Repertoire ist sozusagen ein Signal oft mehrfach besetzt bzw. ähnelt sich sehr stark im Ausdruck, sodass wir uns im Weiteren immer alle Möglichkeiten anschauen müssen. Eine treffende Diagnose ist erst dann zu stellen, wenn wir uns zum jeweiligen Signal auch überlegen, was denn vorher war. Das bedeutet z. B. zu überprüfen, ob ein Baby, das zwar den Mund weit aufsperrt und »sucht«, jedoch eine Stunde vorher gegessen hat, auch wirklich Hunger haben muss. Oder ob es nicht Bauchweh haben kann.

Aber beginnen wir ganz systematisch, vorerst mit den unkomplizierten, weil wenig missverständlichen Signalen:

1. **Ihr Baby schaut wach und interessiert. Es gurrt zufrieden.**
   Das Lieblingssignal aller Eltern. Offensichtlich geht es dem Kind gut.

2. **Ihr Baby schläft.**
   Das zweite Lieblingssignal aller Eltern, denn eine Verschnaufpause ist in Sicht. Eltern und Baby geht es nun gut.
   Hier gibt es jedoch bereits zwei Varianten zu unterscheiden:

   **Variante 1: Ihr Baby schläft ruhig und fest.**
   Es ist eindeutig im Tiefschlaf, die Atmung ist ruhig und regelmäßig, und selbst wenn es mit den Ärmchen kurz hochfährt, wacht es davon nicht auf. Diese ungestörte Schlafphase ist enorm wichtig für die Kinder, weil sie sich hier Kraft für das schnelle Wachstum und das für sie noch so anstrengende Wachsein holen.

   **Variante 2: Ihr Baby zappelt, atmet unruhig, rollt mit den Augen unter geschlossenen Lidern und zieht Grimassen.**
   Diese zweite Variante macht Eltern von Erstgeborenen oft noch Kopfzerbrechen. Ist das Baby gesund, wenn es so komisch atmet, zappelt und mit den Augen rollt? Ja, sogar sehr, denn es befindet sich in der Traumschlafphase. In dieser aktiven Schlafphase, nach den sich unter den Lidern bewegenden Augen auch REM-Phase (rapid-eye-movement) benannt, arbeitet es vermehrt u. a. an seiner Hirnentwicklung.

So weit so klar, nun wird es komplizierter:

3. **Ihr Baby macht den Mund auf und »sucht«, d. h. bewegt ihn hin und her. Wenn Sie es nun an seiner Wange berühren, wird es richtiggehend nach Ihrem Finger schnappen.**
   Auch hier gibt es zwei Varianten:

   **Variante 1: Die häufigste Lösung und deutlichste Signal des Kindes: Es hat Hunger. Im Normalfall wird es jetzt auch ganz gierig und zufrieden trinken.**

**Variante 2: Das Baby beginnt gierig zu trinken, hört jedoch nach wenigen Minuten auf und weint herzzerreißend. Es folgt eine Abfolge von ein paar Schlucken Trinken und Weinen, dazwischen beginnt es sich zu krümmen.**
Was ist los? Hat es keinen Hunger? Kommt zuwenig Milch? Gehen wir vom Normalfall aus, dass seit der letzten Mahlzeit mindestens anderthalb Stunden vergangen sind und Sie genug Milch haben (merkt man an regelmäßig nassen Windeln und normaler Gewichtszunahme des Babys) bzw. der Fläschchensauger nicht verstopft ist. Nun, der bereits erwähnte gastrokolische Reflex (wörtlich: Magen-Dickdarmreflex), der beim Beginn jeder Fütterung ausgelöst wird, ist aktiviert. Der Magen teilt auf diese Weise dem Darm mit, dass Nahrung kommt und er dafür Platz machen soll. Nicht umsonst füllen Babys auch während bzw. nach dem Essen ihre Windeln. Ein stabiler und ausgeruhter Säugling ignoriert diesen leichten Krampf, für unsere sensiblen Schreikinder mag es sich jedoch oft wie ein Boxhieb anfühlen.

**Variante drei: Das hektisch suchende Baby nimmt nur kurz die Brust/Flasche in den Mund, weint noch währenddessen, nimmt ein, zwei Schlucke, weint heftig, zappelt. Es verliert immer wieder die Brust/Flasche und scheint sie nicht mehr zu finden bzw. festhalten zu können oder nuckelt an der Brust neben der Brustwarze, was so aussieht, als ob es ganz plötzlich das Trinken verlernt hätte. Hebt man es hoch, beginnt es wieder zu suchen.**
Das Szenario ist im Grunde ähnlich wie bei Variante zwei, es stellen sich uns auch die gleichen Fragen, wir bekommen in diesem Fall jedoch andere Antworten.
Das Signal des Suchens ohne nennenswert zu trinken tritt häufig etwa eine Stunde nach der letzten Mahlzeit auf, sodass es auch gern mit Hunger verwechselt wird. Dann würde das Baby aber zumindest ein paar Minuten lang ein paar tiefe Schlucke nehmen, um seinen Hunger zu stillen. Was wir jedoch deutlich sehen, ist ein Kind, das saugen, aber offensichtlich nicht essen will. Besonders irreführend ist jedoch das ständige Suchen/Verlieren und Andocken neben und an der Brust/Flasche,

sodass man meinen könnte, das arme, verwirrte Baby verhungere bei voller Milchquelle.

Dieses Baby hat jedoch höchstwahrscheinlich Bauchweh und möchte sich über das Saugen beruhigen. Saugen ist das Beruhigungsmittel Nr. 1, das ein »Säug-ling« sich selbst organisieren kann. Er ist jedoch so klug, eben nur saugen und nicht essen zu wollen (wer möchte das schon bei akuter Kolik), und so entsteht dieses eigenartige Muster.

Kommen wir zum vierten häufigen Signal:

**4. Ihr Baby macht die Augen ganz groß auf und beginnt zu starren.**

Schauen wir uns die beiden Varianten an:

**Variante 1: Das Baby war vorher zufrieden oder leicht quengelig und sieht sich jetzt offensichtlich ein interessantes Objekt an. Sein Blick ist konzentriert, aber nicht starr.**

Eigentlich ein sehr deutliches Zeichen von Interesse. Wichtig ist jedoch, dass das Kind entspannt wirkt und sein Blick nicht glasig bzw. starr wird. Wenn wir es in diesem Moment ansprechen, wird es erfreut mit uns plaudern und lächeln.

**Variante 2: Es war vorher schon unruhig bzw. weinerlich und beginnt ganz plötzlich zu starren.**

Dieses Baby ist – für uns im Moment unverständlicherweise – gerade dabei, sein Gleichgewicht zu verlieren. Mit dem Starren hält es sich mit den Augen gerade noch irgendwo fest, meist an einer Lichtquelle. Wenn wir es jetzt ansprächen, bzw. ihm noch einen stärkeren Reiz (Rassel, Licht u. ä.) zumuten, würde es wohl scheinbar urplötzlich in einen Schreianfall kippen.

Gehen wir weiter, zu einem Signal mit ähnlicher Bedeutung:

**5. Ihr Baby wendet, während Sie mit ihm reden bzw. spielen oder das Mobile über seinem Bett hängt, immer wieder den Kopf ab.**

Dieses Signal, das, ähnlich wie beim Erwachsenen, nichts anderes als ein bewusstes Sich-Abwenden ist, heißt für Säuglinge soviel wie: »Ich brauche Pause.« Es ist eines der am meisten missverstandenen Signale. Da Eltern bei ihrem kleinen Baby in den ersten drei Monaten im Grunde vom gleichen Reifestatus ausgehen, den ein vier oder fünf Monate alter Säugling hat, verstehen sie häufig dieses Sich-Abwenden als Ablehnung ihrer Person. Hier kann im Extremfall der Ausgangspunkt für eine irritierte Eltern-Kind-Beziehung liegen. Die Eltern, in den meisten Fällen die Mütter, bemühen sich immer mehr, Blickkontakt zu ihrem Kind zu erhaschen, und das Baby, das sich sehr in die Enge getrieben fühlt, schaut immer beharrlicher weg. Wir werden uns im zweiten Teil noch näher mit dieser Thematik beschäftigen.

Kommen wir zu den nächsten beiden Signalen.

6. **Ihr Baby gähnt immer wieder, wird quengelig, ist jedoch dazwischen gut ablenkbar.**
Wir sehen ein Kind, das offensichtlich müde wird. Warum ist es aber dann weiterhin, zumindest kurzfristig, noch am Plaudern oder Mobile-Betrachten interessiert? Denken wir an uns, z. B. abends vor dem Fernseher. Eigentlich wären wir auch schon müde, aber dann ist der Film noch so spannend, wir sehen weiter und weiter fern, bis wir so müde sind, dass wir uns kaum mehr vom Sofa schwingen können. Ähnlich geht es Kindern: Die Welt ist eben auch für sie sehr spannend und das Abschalten fällt oft schwer.

7. **Ihr Baby quengelt und wird weinerlich.**
Babys Universalaussage, um zu zeigen, dass etwas nicht stimmt. Mehrere Varianten können nun zutreffen, die gut mit Hilfe des im Anhang befindlichen Tagesablaufprotokolls eingegrenzt werden können.

**Variante 1: Es hat Hunger.**
Wenn ein Baby etwa zwei Stunden nach der letzten Mahlzeit weinerlich wird, dann ist diese Variante die wahrscheinlichste.

**Variante 2: Es ist müde.**
Hier gilt Ähnliches: Wenn ein Baby etwa nach anderthalb Stunden Wachseins vermehrt quengelt, wird es wieder müde werden.

**Variante 3: Ihm ist langweilig.**
Ist Hunger oder Müdigkeit als Ursache für das vermehrte Weinerlich-Sein ausgeschlossen, dann wird Ihr Baby Anregung haben wollen. Am besten nutzen Sie seine Aufforderung zu einer kleinen Plauderstunde oder zeigen ihm einen interessanten Gegenstand am Mobile.

**Variante 4: Es möchte Körperkontakt.**
Wenn Ihr Baby weder hungrig noch müde ist und ihm auch sein Mobile so gar nicht gefallen möchte, dann wird es am glücklichsten in Ihrem Arm sein.

8. **Ihr Baby schreit.**
Dies ist die logische Steigerungsstufe von Quengeln und beginnender Weinerlichkeit. Werden wir mit einem Argument vom Partner nicht gehört, werden wir es nochmals und nochmals wiederholen und, nützt das alles nichts, vielleicht lautstark werden.

Betrachtet man aber ein schreiendes Baby, ohne Vorinformationen zu haben, ist es schwierig, es erfolgreich zu beruhigen.[4] Wir wissen ja in diesem Moment nicht, was ihm gerade fehlt. Ein einsames Kind würde das Aufnehmen sofort beruhigen, ein hungriges das Füttern, ein müdes das In-den-Schlaf-Wiegen etc. Schauen wir uns anhand der genannten Beispiele im nächsten Kapitel an, was das erfolgreiche Zusammenspiel von Babys Signal und passender Elternantwort oft verhindert bzw. wie man die beiden wie zwei gut abgestimmte Zahnräder ineinander greifen lassen.

## Das große Missverständnis zwischen Eltern und Baby

Wie wir im vorangegangenen Kapitel gesehen haben, gibt es eindeutige und weniger eindeutige bis höchst missverständliche Signale, die ein Baby senden kann. Nun ist es schon grundsätzlich keine einfache Sache, Säuglinge zu verstehen – einfach weil sie nicht reden können. Ist ja logisch, werden Sie meinen, und rein verstandesmäßig erwartet das auch keiner. Aber viele ratlose und verzweifelte Eltern wünschen sich genau das: Ihr Kind möge ihnen endlich sagen können, was es denn möchte.

Dieser Wunsch ist sehr verständlich, denn während wir in unserem hochtechnisierten Kulturkreis zwar »Windows 2000« mit links beherrschen, stellt uns jedoch ein kleines Baby mit einer für uns schwer verständlichen »Benutzersprache« oft vor ein Rätsel. Der Preis für unsere Hochkultur scheint zu sein, dass wir u. a. alle nonverbalen Signale und Sprachen zunehmend verlernen. Darum fällt es Menschen mit aktivem Interesse an der Natur oder Tieren oft viel leichter, auch Kinder gut zu verstehen – einfach weil sie besser beobachten und daraus Schlüsse ziehen können.

Auch am zweiten Ast des Baums des »Baby-Verstehens« sägen wir unwissentlich. Wurden früher, und vor allem in den Kulturen der Naturvölker, Kinder in Gruppen von Erwachsenen aufgezogen, in denen sich immer auch erfahrene Frauen fanden, ist heute eine Erstgebärende mit all ihren Fragen und den Problemen bei der Babyversorgung fast immer auf sich allein gestellt. Ich möchte keinesfalls eine Lanze für die Segnungen der Großfamilie brechen, denn wir alle wissen, welche psychodynamischen Schwierigkeiten man sich dafür einhandelt, aber für die »Einschulung ins Baby-1×1« war sie durchaus hilfreich.

Doch auch wenn wir vom Idealfall einer sehr harmonischen Mutter- bzw. Schwiegermutter-Beziehung zur jungen Baby-Mutter ausgehen, gibt es immer noch ein psychologisches und ein ideologisches Problem. Auf der psychologischen Ebene ist es sehr wohl auch wichtig, dass die junge Mutter die Expertin für ihr Baby ist, dass sie, »Recht hat«, wie ihr Kind zu beruhigen und zu versorgen ist. Meiner Erfahrung nach haben fast alle psychisch gesunden Mütter auch das richtige Gefühl für die Bedürfnisse ihres Kindes.

Was Ihnen jedoch fehlt, ist Unterstützung und ein paar gute Informationen, wie Ihr Baby denn »so funktioniert«. Haben wir es jedoch mit sehr dominanten Großmüttern oder Vätern zu tun, fällt es der Baby-Mutter oft schwer, Selbstvertrauen in ihre eigenen mütterlichen Kompetenzen aufzubauen. Und wenn man sich bei einer Tätigkeit ständig unsicher oder kritisiert fühlt, wird man sehr bald die Freude daran verlieren und sich zurückziehen bzw. auf die Besserwisser zu Recht böse werden. Vielen postpartalen Depressionen[5] liegt dieses Muster einer unsicheren Mutter zugrunde, die sich in einem Umfeld bewegt, das ihr vielleicht viel abnimmt, sie aber nicht wirklich in ihrem mütterlichen Selbstbewusstsein stärkt. Durch den tollen Papa oder die tolle Oma fühlt sich die Mutter oft nur noch kleiner und voller Schuldgefühle, weil sie zum einen ihr Kind nicht selbst versorgen kann und zum anderen der Familie so viel Arbeit macht.

Doch selbst wenn man das Glück hat, eine liebevolle und zurückhaltende Großmutter als Unterstützung im Hintergrund zu haben, ergibt sich noch immer ein ideologisches Problem, das Mütter und Großmütter in gleicher Weise verunsichert. Die Art, wie man Säuglinge behandelt, hat sich in unserer Kultur in den letzten 100 Jahren nämlich rasant verändert. Allein wenn wir uns überlegen, wie unterschiedlich unsere Großmütter, Mütter oder wir als Babys gepflegt wurden bzw. was die Kinderärzte den Müttern dieser drei Generationen wohl für Anweisungen gegeben hätten, ist der Konflikt, was denn nun »das Richtige« sei, vorprogrammiert. Jede junge Mutter ist Produkt und Kind ihrer Generation und wird beeinflusst von dem, was man zum jeweiligen Zeitpunkt für richtig hält. Denken Sie nur an die Ernährungsfrage: Galten doch Hygiene, Mundschutz und Sterilität bis zum Gegentrend der »68-er-Bewegung«[6] als unumgängliche Rahmenbedingungen für Babys. Gefüttert wurde nach einem strengen Vier-Stundentakt, und als ideales Nahrungsmittel pries man Milchpulver an, weil es als modern und hygienischer galt. Und dass man einen Säugling nicht einfach schreien lässt, weil dies angeblich die Lunge kräftigt, begann sich auch erst langsam als Produkt der 68er-Bewegung durchzusetzen.

Doch vieles, was in den sechziger Jahren selbstverständlich abgelehnt wurde, kommt heute wieder in Mode, z. B. die Wickelung, d. h. Babys fest in Decken einzuhüllen. Kurz gesagt: Nicht alles, was früher praktiziert wurde, ist schlecht, und nicht alles, was heute propagiert wird, ist auch sinnvoll.

Was es heutigen Eltern besonders schwer macht, ist der Anspruch, alles perfekt machen zu wollen. Natürlich wollen Eltern seit jeher das Beste für ihre Kinder, aber wenn es früher durchschnittlich drei bis vier, in ländlichen Gegend bis zu zehn davon gab, war einfach nicht genug Zeit, um am perfekten Eltern-Sein zu feilen. Damals wurden Kinder noch primär geboren, um den Generationenvertrag zu sichern. Heute kommen sie – überspitzt gesagt – deswegen zur Welt, um als geplante, ja oft jahrelang herbeigesehnte Wunschkinder ihre Eltern glücklich zu machen.

Die Haltung, ein perfektes Kind und perfektes Familienglück zu erwarten, gleichzeitig aber unsicher bezüglich der Aufzucht von Kindern zu sein und ohne erfahrene Frauen, von denen man einfach lernen könnte, auskommen zu müssen, macht vielen jungen Familien heute das Leben schwer. Aus diesem Grund entstanden die Beratungsstellen, die einiges von dem ausgleichen können.

Missverständnisse in der Kommunikation mit dem Baby sind also mangels »Fremdsprachenkenntnissen« der Eltern fast ein bisschen vorprogrammiert. Vor allem dann, wenn es sich um eines unserer sensiblen Schreibabys handelt. Bei diesen Kindern gibt es meist nur eine kleine Spanne, in der sie einen drohenden Stimmungswechsel ankündigen, und ihre Eltern haben somit nur wenig Zeit, in der sie diesen registrieren und auf ihr Baby reagieren können. Vielmehr ist bei solchen Säuglingen vorausschauendes Verhalten, also das Wissen, wann sie in welchen Zustand kommen, und das entsprechende Handeln das Mittel, um Schreianfälle weitgehend zu verhindern.

Gehen wir nun zu den bereits besprochenen Signalen eines Babys zurück und schauen uns an, welche Reaktion die passende und welche weniger hilfreich wäre. Diese Ratschläge sind vor allem für Säuglinge in den ersten sechs Lebensmonaten abgestimmt. Passend und unpassend ist hier weniger als Wertung zu verstehen, sondern meint die reibungslose Interaktion zweier Personen. Es ist wie bei dem Beispiel von den Zahnrädern, damit der Motor rund und harmonisch läuft. Unpassend bezeichnet im Folgenden gerade auch häufig vorkommende Reaktionen. Extreme oder massiv unpassende Handlungen, die sich in Ignoranz oder Aggressivität gegenüber dem Kind zeigen, werden bewusst nicht angeführt. Vieles in den Beispielen mag Ihnen selbstverständlich erscheinen, aber im Alltag passieren einem oft die merkwürdigsten und unbemerktesten Dinge. Vorab sei jedoch gesagt, dass es Ihrem Baby in keiner Weise schadet, wenn Sie sich nicht immer perfekt an seine Bedürfnisse halten können; die Beispiele sollen lediglich Informationen liefern, damit Sie gegenüber einem Säugling eine einfühlsamere Grundhaltung einnehmen können.

1. **Ihr Baby schaut wach und interessiert. Es gurrt zufrieden.**
   – Passend: im Bettchen belassen und mit ihm reden, oder falls keine Zeit, es durchaus auch allein vor sich hin schauen lassen.
   – Unpassend: es kurz herausnehmen und dann wieder kommentarlos hinlegen.

   Belächeln Sie nicht die unpassende Variante, denn sie passiert oft genug, z. B. wenn Besuch kommt, der mal *kurz* (genau das ist ja das Problem) das Baby halten möchte, oder wenn man selbst von einer heftigen Liebesattacke befallen wird, sich aber nur wenig Zeit nehmen kann.

2. **Ihr Baby schläft.**
   – Passend: für Ruhe sorgen.
   – Unpassend: es herausnehmen, weil man etwas zu erledigen hat (wobei der Transfer in den Kinderwagen, wo das Baby dann für die restliche Schlafdauer verbleiben kann, nicht mit den Strapazen einer Kindersitz-Tour zu vergleichen ist); es aufwecken, um es z. B. zu füttern oder zu präsentieren.

3. **Ihr Baby macht den Mund auf, »sucht«, d. h. bewegt ihn hin und her, und schnappt nach Ihrem Finger, wenn Sie es nun an seiner Wange berühren.**
   – Passend: ihm die Brust/Flasche anbieten.
   – Unpassend: die Fütterung herauszögern, weil es noch nicht »Zeit« ist; mit Wickeln, Umziehen oder dergleichen beginnen.

4. **Das Baby beginnt gierig zu trinken, hört jedoch nach wenigen Minuten auf und weint herzzerreißend. Es folgt ein Wechsel**

von ein paar Schlucken Trinken und Weinen, dazwischen beginnt es sich zu krümmen.
- Passend: Da es höchstwahrscheinlich Bauchweh hat, lassen Sie es am besten aufstoßen bzw. legen es mit dem Bauch nach unten quer über Ihre Oberschenkel. Wenn es sich beruhigt hat, können Sie es wieder anlegen.
- Unpassend: die Fütterung fortsetzen, d. h. ihm Brust oder Flasche aufdrängen oder ihm Milch in den Mund träufeln.

5. **Ihr Baby sucht hektisch, nimmt nur kurz die Brust/Flasche in den Mund, verliert sie immer wieder und weint. Nimmt man es hoch, beginnt es von neuem zu suchen.**
   - Passend: Das Baby hat Bauchweh und keinen Hunger. Bieten Sie ihm daher einen Schnuller oder seine Faust an, damit es sich so über das Saugen beruhigen kann.
   - Unpassend: es zum Trinken nötigen.

6. **Ihr Baby macht die Augen ganz groß auf und beginnt zu starren.**
   - Passend: überlegen, ob es vorher eher weinerlich war und wann es das letzte Mal geschlafen hat. Ist dies über anderthalb Stunden her, helfen Sie ihm einzuschlafen (Tipps hierfür in Teil II, S. 84 ff.). Ist es jedoch gut ausgeschlafen, können Sie die Gelegenheit nutzen, um mit ihm über das, was es gerade so interessiert betrachtet, zu »reden«.
   - Unpassend: einfach auf das Baby einreden bzw. es mit Spielsachen oder seinem Spiegelbild bedrängen.

7. **Ihr Baby wendet, während Sie mit ihm reden bzw. spielen oder das Mobile über seinem Bett sich bewegt, immer wieder den Kopf ab.**
   - Passend: sein Bedürfnis nach Pause respektieren, sich ein bisschen zurücklehnen und warten, bis es von sich aus wieder »weiterreden« möchte. Mobile entfernen.
   - Unpassend: verstärkt auf es einreden, seinem abgewendeten Blick folgen, näher an es herangehen, Musik am Mobile aufdrehen.

8. **Ihr Baby gähnt immer wieder, wird quengelig, ist jedoch dazwischen gut ablenkbar.**
   – Passend: diesen optimalen Zeitpunkt, wo ein Baby müde, aber noch nicht überdreht ist, für Hilfestellungen zum Einschlafen nutzen.
   – Unpassend: es weiter ablenken, damit es nicht stärker zu quengeln bzw. weinen beginnt

9. **Ihr Baby quengelt und wird weinerlich.**
   – Passend: innerlich die Alternativen »Hunger, Müdigkeit, Einsamkeit oder Langeweile« abklappern und umgehend entsprechend handeln.
   – Unpassend: es weiter mit noch stärkeren und schneller wechselnden Reizen ablenken.

10. **Ihr Baby schreit.**
    Da es sich hierbei um die Steigerungsform von Punkt 9 handelt, ist zu reagieren wie dort.

Dies ist nun die entscheidende Frage: »Wie reagiert man denn nun passend auf einen schreienden Säugling?« Hier wird Ihnen der folgende zweite Teil dieses Buches hoffentlich das nötige Handwerkszeug für ein reibungsloses Ineinandergreifen von Babyzahnrad und Elternzahnrad mitgeben.

---

Schreien ist das effektivste, im Sinn von alarmierenste, Kommunikationsmittel Ihres Kindes, aber leider auch das am wenig aussagekräftigste. Ähnlich wie bei einer Alarmanlage ist für das Verständnis des Alarms wichtig zu berücksichtigen, warum er losgegangen ist, d.h. was denn *vorher* passiert ist. Erst wenn man die leider oft mehrdeutig oder ähnlich wirkenden Signale seines Babys richtig interpretieren kann, wird man passend, d.h. hilfreich reagieren können. Benutzen Sie hierfür auch am besten das im Anhang befindliche Tagesablaufprotokoll, um einen besseren Überblick über den aktuellen Rhythmus Ihres Kindes zu bekommen.

# Teil II

# Schreiprobleme bewältigen

Die Frage, wie ein Schreiproblem zu beheben ist, lässt sich nur beantworten, indem der Auslöser für das Schreien in den Blick genommen wird. Da aber ein Baby in jeder Altersstufe von etwas anderem aufgeregt wird, müssen die diversen Ursachen nach Alter gestaffelt betrachtet werden. Denn jeder Entwicklungsabschnitt hält so genannte Schreifallen für Babys und Eltern parat. Gemeint sind klassische entwicklungsbedingte Auslöser, die nahezu jedes sich missverstanden fühlende Baby in wütenden Protest fallen lässt.

Dass ein Kind sich im ersten Lebensjahr rasant entwickelt und verändert, ist eigentlich nichts Neues. Das Faszinierende ist jedoch, dass man gerade als Eltern mit dieser so schnellen Entwicklung im Grunde *nicht* mitkommt. Hat man nämlich endlich nach eifrigem Herumprobieren ein paar Tricks parat, um sein neugeborenes Baby in den ersten Lebenswochen halbwegs zufrieden zu stellen, funktionieren diese rund drei Monate später auf einmal nicht mehr. Hat sich endlich so etwas wie ein Tagesrhythmus eingependelt, wird dieser mit dem nächsten, für Eltern plötzlich und arglistig ohne Vorankündigung sich einstellenden Entwicklungssprung völlig über den Haufen geworfen. Diese scheinbar heimlichen Entwicklungssprünge können ein auch bislang freundlich kooperatives Baby in ein wildes Etwas verwandeln, das alle Versuche, es zu wickeln, mit furchtbarem Schreien quittiert.

 *Auch das ist ein Schreiproblem: Ein Kind schreit, weil es sich in seinen Bedürfnissen grob missverstanden fühlt.*

Mit diesen so schnell wechselnden Bedürfnissen seines Babys im ersten Lebensjahr mitzukommen, d. h. sie einfühlsam zu verstehen und sich darauf einzustellen, ist jedoch keine so einfache Sache. Viele Eltern wissen im Grunde nichts von den Trimenonsprüngen, also den großen Entwicklungsschritten jeweils rund um den dritten, sechsten, neunten und zwölften Lebensmonat des Kindes. Genauso geht es vor allem oft Müttern einfach zu schnell, dass ihr kleines Baby, das gerade noch friedlich an der Brust nuckelte, gegen den ersten Geburtstag auf einmal nur noch Schnitzel oder eben das, was seine Eltern gerade verspeisen, essen möchte.

So kompliziert und unvorhersehbar, wie es vielleicht scheinen mag, ist das Ganze jedoch auch wieder nicht, vorausgesetzt, man hat das jeweilige Grundthema eines Entwicklungsabschnittes verstanden. Gerade hier gibt es nämlich viel Konfliktstoff und somit Schreiursache für ein Baby, wenn es sich missverstanden fühlt. Ein deutliches Beispiel hierfür ist ein Kind mit acht Monaten, das sehr böse werden kann, wenn es sich beim Füttern überrannt fühlt und dann auch noch daran gehindert wird, in den herrlich orangefarbenen Brei zu greifen. Ein sechs Monate altes Kind wird all dies wohl eher nicht aufregen, weil es wahrscheinlich noch willig den Mund öffnet und mit dem bloßen Bewundern des Karottengläschens zufrieden ist.

Wir werden im Weiteren dem ersten Trimenon, also den ersten drei Lebensmonaten, die meiste Aufmerksamkeit schenken, weil es sich um die klassische Zeit handelt, in der Babys vermehrt weinen. Sie werden ganz konkrete Tipps finden, die Ihnen bei den üblichen Startschwierigkeiten nützlich sein können. In drei Unterkapiteln geht es dann um die für jede Altersgruppe spezifischen »Alltagsprobleme«. So werden zum einen Fragen rund um den Still- bzw. Fütterrhythmus beantwortet, zum anderen wird gezeigt, wie Sie Ihrem Kind helfen können, einen regelmäßigen Schlafrhythmus zu entwickeln, und schließlich ausgeführt, was für eine harmonische Alltagsgestaltung hilfreich ist, die die jeweiligen entwicklungspsychologischen Gesichtspunkte berücksichtigt.

## Ruhe und Körperkontakt – das Neugeborenenalter (0–3 Monate)

Willkommen im Reich der kleinen Ruderboote. Versetzen wir uns einmal in ein solches hinein, um nachvollziehen zu können, wie es einem Baby in den ersten Lebenswochen so geht. Nach heutigem Wissensstand sind Säuglinge in den ersten drei Lebensmonaten im Grunde noch zu unreif, um unseren »normalen« Alltag mit all seinen Eindrücken auszuhalten. Wie kleine Ruderboote, die man aufs offene Meer hinausfahren lässt, sind sie eigentlich damit überfordert.

## Aus »Schreifallen« herauskommen

Es ist eine vielfach nicht bekannte Tatsache, dass ein Neugeborenes noch andere Bedürfnisse als etwa ein Baby ab dem vierten Lebensmonat hat. Schauen wir uns z. B. die noch »auseinanderfallenden« Armen und Beine an, wenn wir ein so kleines Baby auf den Rücken legen. Es wird nicht gerade liegen bleiben können, sondern schnell gekrümmt auf die Seite kippen: Es muss also gar kein Wind gehen, um unser Boot schon zum Kentern zu bringen. Dieses »Auseinanderfallen« ist unter dem Begriff Moro-Reflex bekannt und eine Art Mitbringsel aus unserer Stammesgeschichte. Wenn ein Baby das Gefühl hat zu fallen – etwas, das es naheliegenderweise in höchsten Alarm versetzt –, streckt es, ähnlich wie fallende Affenbabys, beide Arme aus. Vielleicht haben Sie schon bemerkt, dass Ihr Kind genau das tut, wenn Sie es z. B. vom Aufstoßenlassen wieder zurück in sein Bettchen auf den Rücken legen. Um bei einem sensiblen oder temperamentvollen Baby eine gehörige Portion Unwohlsein zu verursachen, reicht es schon aus, es länger ohne die Begrenzung durch ein Stillkissen oder Ähnliches so liegen zu lassen.

Diese enorme Instabilität und mangelnde Körperkontrolle ist für uns Erwachsene vielleicht nur im Zustand der völligen Übermüdung und Volltrunkenheit annähernd nachzuempfinden. Und selbst wenn wir dieses Gefühl schon einmal kennen gelernt haben, dauert es dann nicht gleich gut drei Monate an! Durch seinen wackeligen Körper hat ein Säugling auch naheliegenderweise noch kein Gefühl für sich selbst, d. h. er weiß nicht: Wo fange ich an und wo höre ich auf? Erst durch Körperkontakt zu uns Erwachsenen kann er im wahrsten Sinne des Wortes spüren, dass er eine abgeschlossene Einheit ist – etwas, das für uns schon völlig selbstverständlich ist.

Als wäre das nicht schon unangenehm genug, kommt dem Kind dann auch noch mit rund zwei Wochen, also dem klassischen Beginn des vermehrten Schreiens, durch die zunehmenden Wachzeiten sein bester Schutz abhanden: im Schlaf einfach abschalten zu können. Ein waches kleines Baby hat so etwas wie ein schnelles »Ablaufdatum«: Sehr schnell werden ihm die optischen, akustischen und taktilen, d. h. die Körperreize, zu viel. Es ist so, wie wenn unser kleines Ruderboot laufend mit neuen Paketen zu beladen wird – sehr schnell wird es Schlagseite bekommen (was in unserem Fall Losschreien bedeutet).

Was ein Säugling in den ersten Lebenswochen alles als Paket, d. h. als Belastung empfindet, ist für uns Erwachsene schwer nachvollziehbar. Erinnern Sie sich an das Beispiel des Familientreffens aus dem ersten Teil des Buches? Allein der für ein Neugeborenes anstrengende Aufbruch um das Haus zu verlassen, und wie wir es dann im Weiteren in flotter Abfolge durch immer neue »Belastungspakete« zum Kippen bringen. Das bedeutet jetzt selbstverständlich nicht, dass Sie sich die ersten Lebenswochen mit Ihrem Kind völlig isolieren sollen. Es ist jedoch gut zu wissen, dass Sie mit vielen Unternehmungen (Kinderwagenausfahrten zählen nicht dazu) ein *empfindliches* Baby *dieses Alters* sehr schnell aus seinem Gleichgewicht bringen werden.

Was aber braucht jemand, der seine Arme und Beine nicht unter Kontrolle hat, frei am Rücken liegend »umkippt« sowie noch gar kein richtiges Gefühl für sich und seine Körpergrenzen hat?

Richtig: Körperkontakt, Körperkontakt und nochmal Körperkontakt. Vielleicht ist für uns nachvollziehbar, wenn wir uns vorstellen, wir lägen nackt in einem 100 m$^2$ großen Raum am Boden. Wir würden uns im wahrsten Sinn des Wortes verloren vorkommen. Jeder von uns würde ein Bett mit Decken und Polstern, das in einem normal großen Raum, womöglich in einer Ecke steht, vorziehen. Indem wir unser Baby halten, verkleinern wir automatisch seinen Erlebnisraum. Indem es sich in unseren Arm schmiegen kann, spürt es sich selbst deutlich. Wenn wir es festgehalten, wird verhindert, dass ihm bei jeder Gelegenheit seine Ärmchen »davonfliegen«.

Sie sehen also, dass Körperkontakt kein »Luxus« für diese kleinen Säuglinge ist, sondern absolute Notwendigkeit, um gut gedeihen zu können. Deshalb protestieren sie auch so schnell, wenn wir sie wieder ablegen wollen. Nicht umsonst heißt das entwicklungspsychologische Leitthema dieser Altersstufe »Ruhe und Körperkontakt«. In der richtigen Dosierung sind es genau diese beiden Faktoren, die einem Kind helfen, stabil zu bleiben bzw. zu werden.

Wenn Sie nun meinen, dass es das allein aber nicht sein kann, weil Sie Ihr Baby sowieso schon den ganzen Tag herumtragen und weil es immer noch nicht zufrieden ist, dann haben Sie Recht. Wie beim gelingendem Kochen ist das Würzen und die Auswahl bzw. die richtige Reihenfolge der Zutaten entscheidend. Einige passende bzw. unpassende Zutaten haben wir im vorigen Kapitel schon kennen gelernt und somit schon ein Gefühl entwickeln können, wie eine gelungene Mischung aussehen kann.

Sehen wir uns jetzt einmal fünf grundlegende Elemente an, die auf ein Baby beruhigend wirken. Im Anschluss werden Sie dann für die Lebensbereiche Füttern, Schlafen und Tagesgestaltung weitere konkrete Hilfestellungen bekommen.

### Was beruhigt nun Babys in den ersten drei Lebensmonaten?

Beruhigend für das Baby ist, kurz gesagt, alles, was dem Leben im Mutterbauch ähnlich ist, denn genau dahin müsste es gemäß der Theorie vom fehlenden Schwangerschaftstrimester eigentlich noch zurück, um wirklich reif und belastbar auf die Welt zu kommen.

Wahrscheinlich haben Sie schon einmal eine Aufnahme von einem Kind im Mutterleib in den letzten Wochen vor der Geburt gesehen. Das erste, was uns ins Auge fällt, ist, dass es ganz eng wie ein Paket zusammengefaltet ist. Für Babys muss es eigentlich fast ein Schock sein, aus der engen, gekrümmten Geborgenheit herausgeholt und plötzlich frei auf den Rücken gelegt zu werden. Instinktiv betten wir sie deshalb in kleine Korbwagen oder Babynester, damit sie irgendeine Form der Begrenzung spüren können. Am wohlsten fühlen sie sich naheliegenderweise in Tragetüchern am Körper der Eltern. Deshalb gibt es in Kulturen, in denen mit Säuglingen so umgegangen werden muss (bei Nomaden oder Menschen anderer Kulturen, die damit Gefahr durch Tiere oder mangelnde Hygiene abwenden), das Phänomen der Schreibabys auch nicht.

Der *erste Faktor*, der Babys hilft, sich zu beruhigen, ist also:

- **Babys lieben und brauchen körperliche Begrenzung, am besten durch engen Körperkontakt**

Praktisch bedeutet dies in einem Stufenprogramm Folgendes:
1. Die Liege- bzw. Schlafstelle des Kindes mittels Stillkissen oder zusammengerollter Decken verkleinern, sodass der Kopf, aber auch beide Arme dicht anliegen.
2. Das Baby mittels Decke wie ein Paket verschnüren. Sie sehen, das alte Wickelungskonzept hatte durchaus Sinn.
3. Ihren kleinen Säugling im Tragetuch möglichst oft am Körper halten.

Je nach Temperament, Persönlichkeit und Tagesverfassung Ihres Kindes können Sie dieses Stufenprogramm nun richtig dosieren. Naheliegenderweise ist die erste Variante schnell und leicht erfüllbar. Bei der zweiten Stufe treten meist bei Eltern bereits die ersten Fragen und Zweifel auf, und die dritte Stufe erscheint vielen einfach nicht praktizierbar.

Zur zweiten Stufe: Den meisten Babys reicht es, fest eingewickelt zu werden, um sich selbst zu spüren und somit Geborgenheit empfinden zu können. Das war die in unserer Kultur gängige Methode, um nebenbei auch noch etwas arbeiten zu können. Besonders unruhige Kinder beruhigen sich jedoch erst am Körper der Eltern, und auch hier am besten, wenn sie fest eingewickelt im Tragetuch liegen. Hinzu kommt dann der überaus positive Nebeneffekt, dass sie in dieser Höhle der Tragetuchmulde auch vor optischen Reizen geschützt sind. Eine kleine Randbemerkung vorab (wir werden uns mit dem richtigen Timing von Beruhigungsstrategien bzw. der Alltagsgestaltung noch genauer beschäftigen): Babys erst auf dem Höhepunkt ihres Schreikollers in eine Decke zu wickeln bzw. ins Tragetuch zu packen, nützt in manchen Fällen nichts mehr.

Bevor wir uns mit der praktischen Handhabung dieser Beruhigungsstrategie beschäftigen, gehen wir zunächst einmal auf die Zweifel gegenüber dieser Methode ein, denn sonst werden Sie das Folgende vielleicht nur mit der »Ja, aber-Brille« lesen können. In meiner Beratungstätigkeit erlebe ich, dass Eltern die Theorie, dass so kleine und besonders empfindliche Babys körperliche Begrenzung und Körperkontakt brauchen, sehr logisch und nachvollziehbar finden. Wenn es dann jedoch daran geht, dies auch tatsächlich mit dem eigenen Kind in die Tat umzusetzen, beginnen die vielen »Abers«.

Vielleicht geht es Ihnen jetzt ganz ähnlich. Aber warum? Ich denke, dass es eine für unsere Generation und Kultur noch oder schon wieder einfach unübliche Methode ist, ein Baby aufzuziehen. Die Einwickelmethode ist ja erst vor gar nicht so langer Zeit über Bord geworfen worden. Aber auch hier projizierten Erwachsene, die sich von der Gesellschaft eingeengt fühlten, ihre Bedürfnisse auf Kinder. Für uns ist es eine Horrorvorstellung, so »gefesselt« zu werden, Babys in den ersten Lebenswochen lieben und brauchen es aber. Umgekehrt würde das von uns so geliebte Schnitzel das Verdauungssystem eines Säuglings arg aus den Fugen bringen. Es mag jetzt zwar banal klingen, wird aber aufgrund der Projektion unserer Gefühle oft übersehen: Kleine Babys haben andere Bedürfnisse als Erwachsene!

Eine ähnliche Abwehr haben viele Eltern gegen das häufige Herumtragen bzw. das Tragetuch. Zu tief sitzt noch der »Verwöhn-Virus«, d. h. die Angst, das Kind rettungslos zu verzärteln und noch mit sechs Jahren dauernd herumschleppen zu müssen oder einen Haustyrannen zu züchten. Zu der oft gestellten Verwöhnfrage kommen wir gleich. Zunächst der Reihe nach: Es geht jetzt um die zweite Stufe des »Körperbegrenzungsfaktors«, das feste Einwickeln in eine Decke. Wie macht man das nun richtig?

Am besten eignen sich hierfür quadratische, dünne Decken mit gut einem Meter Seitenlänge. Wenn Sie jetzt Ihren Vorrat an Babydecken erfolglos durchkämmen, keine Sorge: Diese Decken gibt es nämlich nicht zu kaufen. Sie können sie aber leicht selbst herstellen, indem Sie einfach ein Tischtuch mit diesen Abmessungen verwenden oder einem klassischen Leintuch mittels Schere zu Leibe rücken. (Zögern Sie nicht – diese »Investition« liegt bei weitem unter allem, was Sie sonst für Ihr Kind gekauft haben).

Folgende Grafik zeigt, wie Sie Ihr Baby darin nun »verpacken«:

1. Falten Sie den oberen Zipfel der Decke, sodass er in die Mitte zeigt.

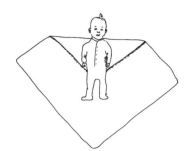

2. Legen Sie Ihr Baby auf die Decke. Sein Nacken sollte auf der Deckenoberkante liegen.

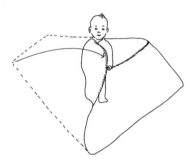

3. Legen Sie Babys Arm fest an die Seite und schlagen Sie die Decke laut Zeichnung möglichst fest (sonst löst sich die Wickelung sofort auf) unter seinem Rücken ein.

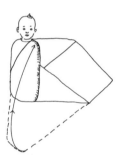

4. Falten Sie das untere Ende der Decke nach oben und schlagen es unter Babys Schulter ein.

5. Legen Sie den noch übrigen Zipfel wie einen V-Ausschnitt über Babys Brust und schlagen ihn fest hinter Babys Rücken. Dieser Zipfel sollte wie ein Gürtel über Babys Unterarme verlaufen und so lang sein, dass Sie ihn nach einer »Rückenumrundung« noch seitlich einstecken können. Dieses letzte Straffziehen und Einstecken ist besonders wichtig, damit Ihr »Kunstwerk« nicht gleich wieder bei der ersten Bewegung Ihres Kindes aufgeht.

Das alles mag jetzt vielleicht ein bisschen kompliziert klingen, aber nach etwa zwei bis drei Übungsdurchgängen, am besten an einem Teddybären oder Ihrem gerade friedlichen Baby, sitzen die Handgriffe. Wirklich wichtig ist, dass Sie nach jedem Wickelschritt die Decke fest anziehen, weil sie sonst im Handumdrehen wieder offen ist. Keine Angst, Sie können Ihrem Baby dabei nicht wehtun. Denken Sie, wie eng und offensichtlich zufrieden es im Mutterleib gelegen hat. Sehr wichtig ist auch, dass beide Arme gestreckt neben dem Körper gebunden werden, weil es sich sonst schnell wieder »befreien« kann (in Wirklichkeit begännen damit erst seine Probleme). Beachten Sie auch, dass kein Deckenzipfel die Wange Ihres Kindes berührt, weil damit der Suchreflex nach Nahrung ausgelöst würde. Das stramme Einwickeln ist jedoch nur ein – wenn auch sehr wichtiger – Faktor, der Ihrem Baby hilft, sich in diesen ersten schwierigen Wochen wohler zu fühlen.

Auch wenn es für unsere Generation ungewohnt ist, empfiehlt es sich wirklich, gerade diese sensiblen und noch instabilen Schreibabys möglichst lange Zeit im Wickeltuch zu behalten. Noch in den frühen sechziger Jahren empfahl man allen Eltern, ihre Säuglinge zumindest die ersten sechs Wochen in der Wickelung[7] zu belassen. Wenn wir bedenken, dass der Höhepunkt von Babys Schreiphasen genau in diese Zeit fällt, hatte diese Anweisung durchaus ihren Sinn. Mit sieben bis acht Wochen beginnen Babys dann zu lächeln und werden generell etwas stabiler. Das bedeutet jedoch nicht, dass ihnen das Wickeltuch, speziell wenn sie gegen den späten Nachmittag hin einfach müde sind, nicht auch in diesem Alter schlichtweg gut tut.

Der entscheidende Vorteil des Wickeltuchs ist, dass Sie Ihr Baby nicht den ganzen Tag herumtragen müssen, damit es sich stabil und geborgen fühlt. Ein weiterer Vorteil ist, dass speziell unruhige Säuglinge, die sich beim Trinken durch ihre rudernden Ärmchen immer wieder aus dem Gleichgewicht reißen, im wahrsten Sinn des Wortes zentrieren können. Dadurch verläuft das Füttern ruhiger, und Ihr Kind wird auf diese Weise auch weniger Luft schlucken, was es durch Weinen an der Brust/Flasche zwangsläufig tut.

Wir kommen zur Stufe 3, also dem größtmöglichen, körperlichen Halt und somit Geborgenheitsgefühl, das wir unserem Baby vermitteln können: dem Tragen im Tragetuch.

Ist die Vorstellung, ihr Kind fest in eine Decke zu wickeln, für viele Eltern noch irgendwie akzeptabel, steigen die meisten bei der Tragetuchvariante aus, interessanterweise weniger weil sie es für eine ungeeignete Methode halten – das Bild der Naturvölker, die ihre Babys so transportieren, gefällt vielen heutigen Eltern –, sondern weil es ihnen, bei näherem Nachfragen, einfach zu mühsam erscheint.

Nun hat natürlich – drastisch gesprochen – ein halber Kubikmeter bunter Stoffberg nicht gerade die Gestalt, die man sich gut als gekonnt sitzende Tragehilfe vorstellen kann. Viele Eltern scheitern schlicht an der Vorstellung, ein Tragetuch erfolgreich binden zu können, und nicht wenige schreckt nebenbei der Preis von etwa 100 € ab. Zunächst: Ein Tragetuch ist, speziell für ein kleines Baby, ganz einfach umzulegen. Und wenn man sich nur einmal überlegt, wie viel Geld man für eine im Nachhinein mäßig sinnvolle Babyausstattung ausgegeben hat, ist diese *sehr* sinnvolle Investition wirklich lohnend. Lohnend auch, weil die Karriere eines Tragetuchs auch nach dem Säuglingsalter nicht vorbei ist. Einfach an den Seiten zusammengenäht wird es zu einer prima Tagesdecke, einem Picknickbegleiter, Höhlenbauzubehör und was immer Kindern noch einfällt.

Das absolut Geniale an einem Tragetuch ist, dass man nebenbei auch den Haushalt erledigen kann, weil man beide Hände frei *und* ein zufriedenes Baby hat. Darin verpackt überstehen Säuglinge auch stressige Ereignisse wie Feste, Erledigungen und dergleichen, weil sie wie in einer kleinen Höhle zusammengerollt und lichtgeschützt liegen. Genau das ist die entscheidende Funktion eines Tragetuchs! Andere, auf den ersten Blick leichter anzulegende Tragehilfen wie Snugglies erfüllen *diese* Aufgabe *nicht*. Aufgrund der für das weiche Babyrückgrat unnatürlichen aufrechten Haltung raten Orthopäden und Physiotherapeuten bis zum Sitzalter von ihnen ab. Die folgende Grafik soll Ihnen, bevor Sie nun lossausen, um sich ein Tragetuch zu organisieren, kurz demonstrieren, wie Ihr Baby darin liegen sollte:

Diese Bindemethode ist für Säuglinge in den ersten drei Monaten die geeignetste. Sie können dann im Tuch liegend und reizgeschützt transportiert werden. Dafür müssen Sie einfach nur eine Schlaufe von Ihrer Schulter zur Taille legen und im Rücken verknoten. Aus, fertig.

In diese hängenmattenartige Schlaufe – von außen sieht sie einer Banane nicht unähnlich – legen Sie nun Ihr Baby hinein. Am Anfang machen viele Eltern die Schlaufe noch sehr locker aus Angst, dass es für ihr Kind zu eng wird: Ihrem Baby ist das relativ egal, Ihrem Rücken jedoch nicht.

Es empfiehlt sich, ein Tuch mit einer Länge von gut vier Metern zu kaufen. So können auch Väter das Tragetuch bequem verwenden und man hat die Möglichkeit, auch andere Bindevarianten für ältere Babys anzuwenden. Dieses längere Modell bindet man sich für die liegende Neugeborenenvariante noch einmal um die Hüfte, um dort den Knoten zu machen. Sie können die Stoffbahn außerdem noch über Ihrer Schulter einmal in Richtung Arm umschlagen, sodass sie wie eine Art Kurzarmträger aussieht. Damit sitzt das Tuch noch besser und für Sie bequemer. Beim Kauf eines solchen Tuchs erhalten Sie eine detaillierte Beschreibung aller Bindemöglichkeiten für alle Altersstufen.

Machen Sie Ihre ersten Tragetuch- wie auch Wickeltuchversuche dann, wenn Ihr Baby gerade zufrieden ist. Mit einem bereits völlig überdrehten, schreienden Kind werden sich Ihre ansonsten geschickten Hände in flatternde Unruhestifter verwandeln und Sie sich binnen kurzem einem Chaos von strampelnden Babygliedmaßen und Stoffschlingen gegenübersehen. Das ist dann der Moment, in dem Eltern meinen, dass diese dummen Trage- oder Wickeltücher bei ihrem Kind nicht funktionieren.

Es gibt jedoch auch Säuglinge, die, vor allem wenn sie erst im reiferen Alter von zwei, drei Monaten mit dem Tragetuch Bekanntschaft schließen, sich schlicht und ergreifend dagegen wehren. Es sind vor allem Kinder, die bislang viel geschultert herumgetragen wurden und die ständige optische Reizüberflutung sowie das freie Liegen schon gewöhnt sind. Gerade ihnen täte ein Abschaltenkönnen besonders gut. Auch hier gilt:

 *Beginnen Sie Ihr Baby ans Tragetuch/an das Wickeltuch zu gewöhnen, wenn es ruhig und ausgeglichen ist. Nur dann ist es ihm im erregten Zustand vertraut und eine Hilfe.*

Meiner Erfahrung nach scheitert diese für Säuglinge wohltuende Alltagslagerung und hervorragende Beruhigungstechnik häufig daran, dass man sie feuerwehrartig erst dann anwendet, wenn es schon fast zu spät ist. Durchschnittlich empfindlichen Babys wird eine Lagerung im Tragetuch sofortige Beruhigung bringen, auch wenn sie schon sehr überreizt sind und weinen. Einem Baby, das sich schon in einem Schreianfall verloren hat, nützt sie jedoch oft nichts mehr. Hier ist ratsam, das Kind – besonders in den heiklen Zeiten der Spätnachmittags- und Abendstunden – schon bei vermehrter Unruhe ins Tragetuch zu packen, sodass es erst gar nicht Gelegenheit bekommt, seine Fassung zu verlieren (die Sie dann oft für es gar nicht mehr wiederfinden können). Das feste Eingewickeltsein ist vor allem auch Ausgangsposition für alle weiteren Beruhigungstechniken, die alle zusammen einen richtig bekömmlichen Baby-Beruhigungs-Cocktail ergeben. Kommen wir zum *zweiten Faktor*, der Babys hilft, sich zu beruhigen:

- **Geschaukeltwerden beruhigt das Baby enorm**

Die Lieblingsumgebung so kleiner Säuglinge entspricht dem Gefühl, das es im Mutterbauch hatte: Unser Baby wird fest gehalten und dazu noch geschaukelt. Dies ist im Grunde logisch und ganz leicht nachvollziehbar. Denken wir doch einmal daran, wie sehr man das Liegen in einer Hängematte genießt: leicht gekrümmt geborgen im Tuch liegen und schaukeln – herrlich! In Babys ehemaligem Paradies kam dann auch noch immer »der Kellner« und brachte einen Schluck Fruchtwasser vorbei. Aber zu dieser Beruhigungstechnik kommen wir noch.

Das Wissen, dass Babys gern geschaukelt werden, liegt uns evolutionsmäßig wie selbstverständlich im Blut. Ähnlich wie wir uns einem Baby mit der erwähnten Ammensprache, also mit hoher Stimme, Wortwiederholungen und aufgerissenen Augen nähern, machen wir auch automatisch leichte Schaukelbewegungen, wenn wir es im Arm halten.

Sie mögen zu Recht meinen, dass dies nun wirklich eine Binsenweisheit ist, aber überlegen wir kurz, ob sie sich auch irgendwie im Alltag niederschlägt. Es ist doch frappierend, wie wenig die tägliche Lagerung von Säuglingen diesem Wissen entspricht. Ich nehme an, dass Ihr Baby, so wie auch die Babys in Ihrem Freundeskreis, alle in einem Gitterbett bzw. einem Stubenwagen liegen werden. Sie sehen: Schaukelnde Betten wie Wiegen sind in unserem Kulturkreis leider total out. Ab und zu verirrt sich eine Babyhängematte in den Haushalt einer Jungfamilie und fristet dort meist ein unbeachtetes Dasein. Zu tief sitzen die Zweifel, ob denn die dauerhaft leicht gekrümmte Haltung für den Rücken des Kindes gut ist. Kein Wunder, galt es bis in die sechziger Jahre doch noch als der Weisheit letzter Schluss, die Wickelung von Säuglingen zu verstärken und ihre Betten mit harten Matratzen auszulegen, damit sie nur ja einen geraden Rücken bekommen.

Die wenigen Schaukeleinheiten, die das heutige Baby – außer im Arm der Eltern – bekommt, sind bei Kinderwagenausfahrten oder im Auto. Nicht umsonst machen alle Eltern die Erfahrung, dass ein möglichst holpriger Spazierweg oder eine Autofahrt mit vielen Schwellen hervorragende Einschlafhilfen sind. Leider besteht jedoch zunehmend die Tendenz, mit Kindern immer weniger und dann auch nur bei Prachtwetter spazieren zu gehen, sie hingegen im Auto zu allen Besorgungen mitzunehmen. Dass dieses ständige Rein-und-Raus und die künstlich vorgebogene Haltung, die ein Kindersitz vorgibt, keinen wirklichen Erholungs- und Beruhigungswert für ein Baby haben, ist nachvollziehbar.

Da Geschaukeltwerden beruhigt, aber im Alltag zu wenige Schaukeleinheiten geboten werden, haben die Schaukel-Strategien immer buntere Blüten getrieben. Von nächtlichen Autofahrten als Notmaßnahme berichten Eltern nicht selten. Kuriosere Ratschläge findet man vor allem in amerikanischen Elternratgebern, die empfehlen, Babys auf die schleudernde Waschmaschine zu legen. In den Vereinigten Staaten sind auch automatische Babyschaukeln – die einem futuristischen Hochstuhl ähnlich sehen – durchaus üblich.

Für den Alltag am sinnvollsten und realisierbarsten – Wiegen scheinen im Moment einfach ausgestorben zu sein – ist wohl die Einrichtung einer Babyhängematte. Achten Sie darauf, diese auf zwei Befestigungsseilen zu montieren, weil Ihr Baby mit nur einer einhakigen Montage zwangsläufig in alle Himmelsrichtungen und um die eigene Achse rotiert. Gerade das würde sensible Säuglinge noch mehr im wahrsten Sinne des Wortes aus dem Gleichgewicht bringen. Da eine Babyhängematte viel leichtgängiger als eine Wiege ist, kann sich Ihr Kind automatisch mit jeder Bewegung, die es macht, selbst ein wenig wiegen. Natürlich wird ein aufgeregt strampelndes Baby mehr gewiegt, was es in diesem Moment auch braucht, und ein ruhiges Kind wird entsprechend sanfter geschaukelt.

Nehmen wir nun ein akut schreiendes Baby. Um es – nach Abklärung, ob es sich nicht um Hunger handeln könnte – effektiv zu beruhigen, haben wir schon zwei Elemente: Wir werden es erstens am besten in ein Tragetuch packen und zweitens mit diesem in federnden Schritten auf und ab gehen. Je heftiger Ihr Kind weint, umso stärker können Sie die Schaukelbewegungen machen. Es ist wie bei einem Tanz, bei dem Ihr Baby den Takt vorgibt: Weint es stark, werden Sie mit gleichstarkem Schaukeln antworten; wird es immer ruhiger, werden Sie es sanft wiegen. Einen sich in einem Schreianfall verlierenden Säugling ganz sachte zu schaukeln wird das Kind, das in einer körperlich steifen Abwehrhaltung ist, kaum erreichen.

Und ein *drittes Element*, das Sie wahrscheinlich in dieser Situation auch automatisch einsetzen werden, wirkt auf Babys ebenso beruhigend:

- **Babys mögen zischende Sch-Laute**

Ähnlich wie wir ein weinendes Baby automatisch im Arm wiegen, werden wir dazu genauso automatisch, wie schon unsere Urgroßeltern oder auch z. B. die Eskimos »Sch-Sch-Sch-Sch« machen. Dass dies Säuglinge beruhigt, ist schnell erkannt und auch leicht erklärt, wenn wir an ihren ursprünglichen Lebensraum, den Bauch der Mama, denken. Alle Mütter mögen sich nur an ihr CTG erinnern, die Untersuchung, bei der man ihnen saugnapfähnliche Gummischeiben auf den Bauch klebte und auf einem Bildschirm zackige Linien erschienen. Nebenbei hörte man noch laute Geräusche, als ob in ihrem Bauch ein stampfendes Wasserrad seine Arbeit täte.

Automatisch senkt jeder beim Anblick eines schlafenden Babys die Stimme und möchte am liebsten auf Zehenspitzen schleichen, um nur ja keinen Lärm zu machen. Eine bestimmte Art von Lärm mögen diese Kleinen jedoch sehr gerne, nämlich alle rauschenden und zischenden Geräusche, die sie schon im Mutterleib erlebt haben. Und dass es dort nicht besonders leise zugeht, können wir ja anhand solcher Untersuchungen sehen. Wenn wir uns vorstellen, wie das mütterliche Blut durch die Arterien zischt, ist auch nachvollziehbar, dass Säuglinge gerade zischende Sch-Laute so beruhigend finden. Uns käme es komisch vor, jemanden so anzuzischen, weil wir es als unfreundlich empfinden würden, aber Babys mögen es.

Nun wird Eltern, deren Babys viel weinen, schnell die Kondition fürs schaukelnde Herumtragen ausgehen, und das Gleiche gilt für das durchaus auch anstrengende »Dauerzischen«. Diese Erfahrung hat – vor allem in amerikanischen Elternratgebern wie auch bei Karp – die Blüte getrieben, dass vorgeschlagen wird, Säuglingen möglichst Tag und Nacht eine CD mit Rauschen vorzuspielen und sie in eine automatische Babywippe zu setzen. Hierzulande sind findige Geschäftsleute auf die Idee gekommen, eiförmige Tonbänder, die ins Kinderbett gelegt werden und dort Meeresrauschen, Vogelgezwitscher, aber auch den menschlichen Herzschlag vorspielen, zu verkaufen.

Ich persönlich finde diese Auswüchse, die schon einem Baby einen »Als-ob-Zustand« suggerieren, bedenklich. Säuglinge brauchen liebenvollen *realen* Kontakt zu Menschen, und Kontakt heißt für so ein kleines Baby in den ersten drei Monaten noch vor allem Körperkontakt. Auf diese Weise erlebt es so automatisch den Herzschlag seiner Eltern und, wenn es sehr aufgeregt ist, dass sie es mit zischen Sch-Lauten beruhigen. Es spricht nun überhaupt nichts dagegen, kleine Babys, die eben noch sehr pflegeaufwändig sind, auch in schaukelnde Betten zu legen oder sie mal neben dem eingeschalteten Geschirrspüler einschlafen zu lassen. Ein Dauerersatz für Körperkontakt mit all den wohltuenden Begleiterscheinungen ist dies jedoch nicht. Es ist in meinen Augen auch bedenklich, dass Eltern sehr früh ein technischer Babysitter als Hilfe angeboten wird, an den man sich schnell gewöhnen kann. Die Hemmschwelle, später auch Einjährige vor den Fernseher zu setzen, sinkt dann einfach. Das bedeutet wiederum nicht, dass Säuglinge und Kleinkinder nicht mit dem Fernsehen in Berührung kommen dürfen. Es darf jedoch keine Alternative werden, ein »lästiges« weil Kontakt und Anregung suchendes Kind ruhig zu stellen.

Doch kommen wir zu unseren Zischlauten zurück: Erfahrungsgemäss müssen Sie diese nur in den Phasen einsetzen, wo Ihr Kind sehr aufgeregt, weil wahrscheinlich überreizt und übermüdet ist. Wenn Sie es dann zusätzlich ins Tragetuch packen, schaukelnd auf und ab gehen, und eben zischen, wird es sich jedoch sehr schnell beruhigen. Hier gilt dasselbe wie beim Schaukeln: Je lauter Ihr Baby weint, desto lauter müssen Sie auch zischen, damit Sie überhaupt zu ihm vordringen. Keine Angst vor dem scheinbar unfreundlichen Anzischen, denken Sie an die Lautstärke der Zischgeräusche in Ihrem Bauch. Und was Sie nicht unfreundlich – weil selbst überreizt – meinen, wird auch nicht so klingen.

Erfahrene Eltern werden an dieser Stelle noch ein *viertes Beruhigungsmittel* erwarten, das Babys offensichtlich am meisten lieben: das Saugen.

- **Babys können sich durch Saugen allein am besten beruhigen**
Saugen ist für ein Baby so ziemlich die einzige Möglichkeit, sich selbst zu beruhigen. Es kann sich weder selbst gut zureden noch mit einem Spielzeug aktiv ablenken. Ein im wahrsten Sinne des Wortes auseinanderfallendes Kind – denn so geht es Säuglingen in den ersten Lebenswochen oft – kann sich mit Hilfe des Saugens wieder zusammenfassen und zentrieren.

Da man diesem natürlichen Saugbedürfnis des Babys nicht ständig mit Füttern nachkommen sollte (siehe die Empfehlungen fürs Stillen, S. 69 ff.), empfiehlt es sich, dem Baby einen Schnuller anzugewöhnen, nachdem sich das Stillen gut eingependelt hat (frühestens nach einer Woche). Nun ist ein Schnuller eine ideologisch durchaus umstrittene Sache und ein oft diskutierter Punkt bei Eltern.

### Soll man Babys einen Schnuller angewöhnen?

Diese Frage lässt sich am besten beantworten, indem wir uns in ein ganz kleines Kind hineinversetzen. Ein Baby hat keine andere und vor allem keine bessere Möglichkeit, sich selbst zu beruhigen, als eben zu saugen oder zu nuckeln. Alle Raucher werden das vielleicht ganz gut verstehen können. Und es hat auch erwiesenermaßen zumindest im ersten Lebensjahr ein deutlich erhöhtes Saugbedürfnis. Saugen ist auch das erste, was ein Neugeborenes beherrscht: Obwohl es im Mutterleib niemals auf diese Art versorgt wurde, saugt es sofort an der Brust. Nicht umsonst wird es auch Säugling genannt und gehören wir Menschen zur Gattung der Säugetiere.

 *Ein Baby nicht saugen zu lassen wäre eine fast böswillige Behinderung.*

Nun haben wir zwei Varianten, ihm dieses Saugen zu ermöglichen: an der Brust/Flasche oder mittels Schnuller. Schauen wir uns diese beiden Varianten hinsichtlich ihrer Vor- und Nachteile an:

Grundsätzlich würde nichts dagegen sprechen, ein gestilltes Kind an die Brust zu nehmen, wann immer es saugen möchte. Bei Flaschenkindern ist dies insofern problematischer, als das Baby hier erstens mittels anderer Saug- bzw. Nuckeltechnik nicht den Milchstrom dosieren kann und zweitens Muttermilch aufgrund ihrer anderen Zusammensetzung viel verdaulicher ist.

Sie könnten also Ihr Baby, sobald es unruhig wird, auch als Einschlafhilfe einfach an der Brust saugen lassen. Mütter vom Stamm der Efé in Zaire tun dies auch – und das bis zu hundert Mal am Tag. In unserer Kultur ist dies aus folgenden Gründen unüblich:

Erstens wollen die meisten Frauen ihren anfangs noch empfindlichen Brustwarzen nicht diese Tortur auferlegen; zweitens geht man heute davon aus, dass ständiges Saugen und somit Essen gerade einem empfindlichen Baby noch mehr Verdauungsprobleme bereitet, und drittens ist es fast allen Müttern einfach zu viel, als Schnuller für ihr Baby zu fungieren – vor allem, wenn man bedenkt, wie lange Kinder einen Schnuller brauchen. Abgesehen davon, wird man spätestens mit Ende des ersten Lebensjahres mit diesem Thema Probleme bekommen, wenn ein Baby an die Brust als Einschlaf- und Beruhigungsmittel gewöhnt ist.

Meiner Erfahrung nach ist die Energie, die man im ersten Lebensjahr seines Babys aufbringt, zum einen enorm, zum anderen bewegt man sich doch sehr oft an der Grenze der eigenen Belastbarkeit. In unserer Gesellschaft ist es zudem häufig so, dass Frauen zumindest tagsüber allein ihr Baby und den Haushalt zu versorgen haben, sodass das Modell des Brustdauernuckelns vielfach zu anstrengend wird. Wenn sich eine Mutter jedoch für diese Art der Beruhigung entscheidet und ihr Kind dadurch auch keine Verdauungsprobleme – d. h. Bauchweh bekommt –, ist es sicher eine feine Art der Babyversorgung. Sie werden auch nie das Problem haben, mit einem schreienden Baby im Arm die Wohnung nach einem Schnuller durchkämmen zu müssen, der in solchen Momenten trotz eines Haufens an Ersatzmodellen grundsätzlich unauffindbar ist.

Die »Falle« dieser Variante besteht nach meiner Erfahrung im Zeitpunkt und in der Art des Abstillens – wann möchte wer abgestillt werden (und diese Ablösung gilt sowohl für das Kind als auch für seine Mutter)? – und in oft vorkommenden Ein- und Durchschlafproblemen. Wenn wir an unser Mutter-Kind-Paar aus Zaire denken, ist all das kein Problem. Mangels Nahrung werden Kinder sowieso bis weit ins Kleinkindalter hinein gestillt, und so etwas wie ein Kinderzimmer oder die Erwartung, dass ein Kind durchschläft, gibt es auch nicht. Verpflanzt man dieses Modell jedoch nach Berlin, Wien oder Zürich, ergeben sich Probleme, weil konträre entwicklungspsychologische Ansichten aufeinander stoßen. Diesen Punkt werden wir im zweiten Teil des Buches noch näher beleuchten.

Wir kommen nun zum Feind vor allem derjenigen Eltern, die sich einer ganzheitlich-alternativen Lebensweise verpflichtet fühlen: zum Schnuller. Eltern lehnen den Schnuller ab, weil sie ihn für ein Mittel halten, mit dem Kindern im wahrsten Sinn des Wortes der Mund gestopft werden soll. Wenn man sich den Umgang mit älteren Babys und Kleinkindern anschaut, kann man dieser Meinung auch einiges abgewinnen. Einem Kind *dieser* Altersgruppe, das schon Alternativen der Beschäftigung und Beruhigung hat, ständig den Schnuller in den Mund zu stopfen bzw. ihm diesen als Dauernuckel zu überlassen ist unsinnig. Langeweile oder Kummer auf diese Weise zuzustopfen und dem Kleinkind keine Handlungsalternativen anzubieten ist für seine Entwicklung nicht förderlich. Auf der anderen Seite finde ich persönlich es barbarisch, einem müden Kind, das sich ausruhen oder einschlafen möchte bzw. Stress durch Geschwisternachwuchs, Kindergarteneintritt o. ä. hat, den Schnuller einfach wegzunehmen. Viel vernünftiger ist es, das Kind in der jeweiligen Situation zu fragen, ob es den Schnuller denn noch braucht (hier muss aber auch ein »Ja« akzeptiert werden), und mit ihm einen Ort zu vereinbaren, wo es ihn sich jederzeit wieder holen kann. Diese Frage und die Freiheit, jederzeit Zugriff zu haben, lässt Kinder zum einen wirklich ihre Bedürfnisse spüren und gibt ihnen zum anderen die Möglichkeit, sich selbst zu helfen.

Aber kommen wir an dieser Stelle zu unserem kleinen Baby zurück. Es will und soll nach Herzenslust saugen dürfen! Speziell bei Blähungen, wenn kleine Säuglinge wie wild suchen und sich mittels Saugen, ohne zu trinken, beruhigen wollen, ist der Schnuller eine große Hilfe. Als viertes Element in unserem Babyberuhigungscocktail ist es das Sahnehäubchen auf der Torte: im Tragetuch schaukelnd getragen, von Sch-Lauten begleitet und noch am Schnulli saugend – Baby-Herz, was begehrst du mehr?

Nun gibt es aber – speziell bei Stillkindern – Babys, die sich anfangs heftig gegen den Schnuller wehren. Soll man hier quasi

Gewalt anwenden? Tatsächlich müssen Babys in den ersten Lebenswochen noch häufig würgen, wenn man ihnen einen Schnuller anbietet, weil der lange Sauger ungewohnt weit in den Rachen ragt. Aber der Vorteil und die Lebenserleichterung, die sie und ihre Eltern später durch den Schnuller haben, überwiegen diese Anfangsschwierigkeiten bei weitem. Man muss natürlich dem Kind den Schnuller dann anbieten, wenn man das Gefühl hat, dass er ihm gerade hilfreich sein könnte. Dies ist meist bei Blähungen der Fall, wenn Ihr Baby sucht, aber die Brustwarze klugerweise immer wieder auslässt, weil es eben nur saugen, aber nicht essen möchte. Dies ist der ideale Zeitpunkt, um es in der Stillhaltung in Ihren Armen zu wiegen und ihm den Schnuller anzubieten – und das immer wieder und wieder.

Auch wenn Ihr Kind nun seinen Schnuller als Beruhigungshilfe gerne angenommen hat, wird es ihn wahrscheinlich, sobald es in seinem Bettchen liegt und sich erneut aufregt, wieder verlieren. Gerade beim Einschlafen bewegen Babys oft noch den Kopf hin und her und werfen somit regelmäßig ihren Nuckel ab.

*Legen Sie eine locker zusammengefasste Stoffwindel als »Schnuller-rausfall-Schutz« neben Babys Gesicht. So kann es sich zum einen ein bisschen darin vergraben, was Babys sehr gerne haben, und es wird zum anderen verhindert, dass der Schnuller aus dem Mund fällt.*

Verstehen Sie diesen Tipp bitte richtig: Es geht nicht darum, einen Stoffknebel für Ihr Kind zu basteln! Viele Babys mögen es jedoch außerordentlich gern, sich zum Einschlafen in eine Stoffwindel zu graben, und ihren Schnuller verlieren sie ja auch nicht absichtlich. Diese einfache Hilfestellung kann Ihrem Kind somit helfen, sich wohl zu fühlen.

Noch ein paar Worte zum Thema »Wie gewöhne ich den Schnuller wieder ab?«, denn dies ist die andere Seite der Medaille und selbstverständlich ebenfalls oft gestellte Frage von Eltern. Normalerweise ergibt sich die Abgewöhnung so selbstverständlich wie z.B. der Umstieg von Milch auf feste Nahrung, weil alles im Menschen auf Autonomie und Weiterentwicklung ausgelegt ist. Die

Natur hat dies schon so eingerichtet, um den Fortbestand der Art zu garantieren. Meiner Erfahrung nach klammern sich Kinder an den Schnuller, wenn sie aus dem inneren Gleichgewicht sind. Das klingt hochdramatisch, bedeutet aber bei näherem Hinsehen einfach nur normale Gefühle wie Müdigkeit, Schmerz, Eifersucht, Langeweile, Einsamkeit o. ä. Diese Gefühle sind völlig normal und besonders im Kleinkindalter sehr häufig, wenn ein Kind sowieso mit sich und seiner Umgebung kämpft. Darum sieht man interessanterweise auch viel mehr Kleinkinder als größere Säuglinge – also gegen den erste Geburtstag hin – mit Schnullern. Kleinkinder brauchen wegen ihrer noch wackeligen Selbstkontrolle, aber umso heftigeren Emotionen einfach sehr oft eine Stütze. Auch hier kommt es sehr auf die Persönlichkeit des Kindes an. Manche Kinder benötigen viel mehr Halt und Zuwendung als andere, und so bleibt im Endeffekt nichts anderes übrig, als sich auf sein Kind und seine aktuellen Bedürfnisse bestmöglich einzustellen.

Am sinnvollsten ist es, mit dem Kind gemeinsam eine Einstellung gegenüber dem Schnuller zu entwickeln. Das bedeutet zu überlegen, wann der Schnuller wirklich eine Hilfestellung für welche Situationen ist. Also:

 *Wer müde ist, setzt sich hin und darf schnullern. Wer rumläuft und spielen kann, braucht dazu keinen Schnuller, der wie eine Zigarette im Mundwinkel hängt.*

Gerade im für Kinder und Eltern anstrengenden Kleinkindalter kann der Schnuller zum willkommenen Stöpsel verkommen. Darum überlegen Sie jedes Mal, wenn Ihr Kind den Schnuller möchte, welches Gefühl es gerade damit bekämpft und ob Sie ihm nicht dafür Handlungsalternativen anbieten können. Ein gelangweiltes Kleinkind kann man zu einem Spiel auffordern oder sich schlichtweg bei der Hausarbeit »helfen« lassen (auch hier: Geduld führt zu einem kooperativen und vor allem selbstbewussten Nachwuchs). Ein müdes Kind werde ich bald zu Bett bringen und ein trauriges oder eifersüchtiges in den Arm nehmen und über das, was in ihm vorgeht, reden.

Nehmen Sie Ihrem Kind den Schnuller bitte nie gewaltsam weg, weil dies kein Umgang mit Menschen ist, die man liebt und daher respektieren sollte. Sie würden damit auch nur bewirken, dass es sich ständig daran klammert, weil es die Entwendung fürchtet. Fragen Sie es vielmehr, ob es den Schnuller im Moment noch braucht, damit es eine Chance bekommt, seine Bedürfnisse aktiv zu spüren und auch danach zu handeln, statt wahllos dauerzuschnullern. Vereinbaren Sie mit Ihrem Kind einen Ort, wo Schnuller liegen, der aber nicht dauernd in seiner Sichtweite liegen sollte. Lassen Sie also die begehrte Ware nicht einfach in der Wohnung rumliegen, weil dann die Verlockung zu groß wird. Gestehen Sie Ihrem Kind auch Zeiten zu, wo es schnullern darf, z. B. in den Abendstunden, wenn es schon mit den Nerven am Ende ist, oder bei unangenehmen Dingen wie langen Autofahrten.

Falls sich ein Kleinkind nach seinem dritten Geburtstag partout nicht von seinem Schnuller trennen möchte bzw. fast süchtig dauernuckelt, muss man sich fragen, warum und aufgrund welcher Belastung es sich auf diese Art zu stabilisieren sucht. Belastungen sind nicht immer etwas »Objektives«; manche Kinder sind einfach sensibler und weniger belastbar als andere, was wir im Abschnitt »Die Bedürfnisse und das Temperament des Kindes« in Teil III (S. 169 ff.) noch darstellen werden. Bevor Sie es in einem solchen Fall zu einem Machtkampf bzw. einer Schnullerentführung ausarten lassen, wenden Sie sich für eine kurze Beratung an eine Beratungsstelle (siehe Anhang).

Nun haben wir fast alle Zutaten zum Babyberuhigungscocktail zusammen: Ihr Kind liegt im Tragetuch, wird dabei geschaukelt, wir summen mittlerweilen nur noch sanft und es nuckelt selig an seinem Schnuller. Mir nichts, dir nichts wird es eingeschlafen sein. Wenn Sie nun naheliegenderweise den Wunsch haben, sich einmal ohne Ihr Baby im Arm zu bewegen, dann werden Sie es nun hinlegen wollen. Wir kommen zum *fünften Element*, das Babys beruhigend finden.

- **Kleine Babys fühlen sich in der Seiten- bzw. Bauchlage wohler**
Für einen Säugling ist es in den *ersten drei* Monaten oft unangenehm, auf den Rücken gelegt zu werden. Der Akt des Niederlegens fühlt sich für ihn wie ein Fallen an und löst somit Erschrecken sowie den Moro-Reflex (das Auseinanderreißen beider Arme) aus.

Wenn wir nun unser eingeschlafenes Kind erfolgreich hinlegen wollen, ist es klüger, es seitlich abzulegen. Kleine Babys wachen oft allein durch das normale »Auf-den-Rücken-gelegt-Werden« auf, weil es dieses Fallgefühl aktiviert.

Auch ein waches Kind *dieses Alters* fühlt sich in Seitenlage oder in eine Decke gewickelt bzw. auf einer engen, mit Decken ausgepolsterten Liegefläche viel wohler. Viele Babys mit Blähungen schlafen in der Bauchlage besser, da durch den leichten Druck auf die Bauchdecke die Gase besser abgehen können.

Die Bauchlage bewirkt, dass die Babys tiefer und länger schlafen, weil sie sich in den Leichtschlafphasen nicht selbst durch hochschreckende Arme aus dem Schlaf reißen. Dieser Vorteil ist jedoch zugleich auch das Risiko dieser Position. Die Bauchlage gilt heute wegen der großen Schlaftiefe als Risikofaktor für SIDS, also den Plötzlichen Kindstod. Sie werden sicher schon davon gehört haben.

Was sollen Sie jetzt also tun? Gefährden Sie nun Ihr Kind nun mit der Bauchlage, oder ist sie für alle hilfreich und erholsam? Vielleicht ein paar kurze Fakten zu SIDS: Die Spitze der Sterbefälle liegt zwischen dem zweiten und vierten Lebensmonat des Kindes, und zwar in den Wintermonaten rund um November. Hier sterben statistisch gesehen die meisten Säuglinge, und zwar gegen 5 Uhr morgens. Besonders gefährdet sind Frühgeborene und Babys in Raucherfamilien. Da die meisten Babys nicht zu diesen Risikogruppen gehören, ist es erfahrungsgemäß ein guter Kompromiss, ein Kind tagsüber, wenn Sie in seiner Nähe sind, auf dem Bauch schlafen zu lassen – wenn es diese Position überhaupt mag. Nachts wäre dann die Seitenlage ein gute Lösung.

Die Seiten- bzw. Bauchlage hilft auch Babys mit Koliken. Auf dem Rücken zu liegen ist für einen Säugling mit akutem Bauchweh sehr unangenehm. Nicht umsonst ist in diesen Fällen der Fliegergriff (Sie legen Ihr Kind bäuchlings auf Ihren Unterarm) sehr erfolgreich bzw. hilft es auch, das Baby bäuchlings und quer über die eigenen Oberschenkel zu legen.

Es wird jedoch auch Situationen geben, in denen sich Ihr Baby so in einen Schreikoller hineingesteigert hat, dass es für unsere Beruhigungsstrategien gar nicht mehr zugänglich ist. Hier ist es hilfreich, aus der bestehenden erfolglosen Situation auszusteigen, ähnlich wie man bei einem festgefahrenen PC den Strom abstellt.

*Extratipp: Wenn sich Ihr Baby in einem scheinbar unberuhigbaren Schreikoller verfangen hat, legen Sie es einfach mal auf den Wickeltisch und öffnen Sie die Windelhose. So still dazuliegen unterbricht oft den Zyklus von erfolglosem Herumtragen o. ä. und es wird zugänglicher für die bewährten Beruhigungsstrategien.*

Wir kommen zum *letzten* und wahrscheinlich *wichtigsten Element* unseres Babyberuhigungscocktails: zu dem Beziehungshintergrund, vor dem sich alle Tipps auf der Handlungsebene abspielen.

- **Babys beruhigen sich bei derjenigen Person am besten, die die meiste Ruhe ausstrahlt**

Das ist eine Binsenweisheit, die aber im Alltag wenig realisiert wird. Zum einen, weil tagsüber meist die Mutter allein ihr Kind versorgt und somit zwangsläufig ausgelaugt ist, zum anderen – und das ist meiner Erfahrung nach viel häufiger der Fall – weil sich Eltern kaum wirklich im Baby-Beruhigen abwechseln oder einem Dritten das Feld räumen.

Das übliche Szenario der Abendschreistunden sieht meist so aus, dass das Baby zwar in regelmäßigen Intervallen vom mütterlichen zum väterlichen Arm hin und her wandert, aber derjenige, der gerade Auszeit hätte, harrt weiter im Zimmer aus. Aus dem – meist mütterlichen – Gefühl heraus, sein Kind nicht verlassen zu können, und dem – meist väterlichen – Gefühl heraus, die Partnerin nicht noch abends mit dem Säugling allein lassen zu wollen, trabt dann meist der eine Elternteil, der das Baby rumträgt, dem anderen hinterher und umgekehrt. Wechselseitig versorgt man sich mit meist allerlei Tipps und binnen kurzem liegen die Nerven von allen Beteiligten blank.

 *Wechseln Sie sich in den schwierigen Phasen Ihres Baby ab, d. h. der Partner, der gerade frei hat, sollte am besten die Wohnung, zumindest jedoch das Zimmer verlassen.*

Nur dann können Sie wirklich Kraft auftanken, um Ihr Kind effektiv zu beruhigen. Wider besseres Wissen neigen Eltern aus den erwähnten Gründen dazu, in solch belastenden Situationen zu verharren. Geben Sie sich also einen Ruck und erstellen Sie gemeinsam für die kritischen Stunden am Tag einen vernünftigen »Einsatzplan«, in den gegebenenfalls auch Dritte einbezogen werden.

Das Einbeziehen von Dritten ist jedoch der nächste heikle Punkt, nach meiner Erfahrung vor allem für die Mütter. Viele Frauen erleben es fast als Versagen, ihr Baby nicht *immer* selbst beruhigen zu können. Das Hinzuziehen beispielsweise der Mutter oder Schwiegermutter ist für sie dann quasi ein Beweis ihrer Schwäche. Auf diese Weise kann das anfangs ohnehin zarte mütterliche Selbstbewusstsein noch weitere Dämpfer bekommen.

Nun ist es in diesen Fällen wahrscheinlich klüger, die spätnachmittäglichen bzw. abendlichen Krisensituationen mit dem Partner allein zu bewältigen, um in dieser von Natur aus angespannten Situation nicht noch einen großfamiliäre Konflikt heraufzubeschwören. Zeiten, zu denen viele Familien die Hilfe von Dritten gut annehmen können, sind die ruhigen Phasen tagsüber. Darum:

> **Schicken Sie wann immer es geht tagsüber**
> **jemanden mit dem Baby spazieren,**
> **sodass Sie in Ruhe wieder auftanken können.**

Das ständige Zusammensein mit einem Säugling, der viel weint, löst naheliegenderweise bei Eltern Hilflosigkeit und somit auch Aggressionen aus. Mit zusammengebissenen Zähnen und innerer Verzweiflung versuchen sie dann, natürlich meist erfolglos, ihr Kind zu beruhigen. Doch gerade Schreibabys sind besonders sensible Kinder, die diese Stimmung selbstverständlich, so wie jedes Haustier auch, bemerken. Wir würden uns auch nicht im Arm von jemandem, der selbst ganz aufgewühlt ist, beruhigen.

> **Man kann einer Mutter nicht vorwerfen, zu**
> **wenig Ruhe zu haben. Man kann nur sein Mög-**
> **lichstes tun, damit sie zur Ruhe kommt.**

Ich weiß, es ist ein Teufelskreis, und das einzige, was Sie tun können, ist, ihn schnell zu unterbrechen, d. h. dafür zu sorgen, dass Ihre Nerven halbwegs stabil bleiben. Darum: Nützen Sie auch die Stillpausen – aber nicht, um die Wohnung aufzuräumen (es sei denn, Sie machen das gern), sondern um irgendetwas zu tun, das Ihnen hilft aufzutanken.

**Die ersten drei Monate mit einem Baby, das viel weint, sind absolute Krisen- und Ausnahmezeiten, in denen andere Gesetze gelten.**

Daher sollte man es sich in dieser Zeit leisten, öfter die Putzfrau kommen zu lassen, jede nur willige Freundin oder Oma einzuteilen und jedes Angebot von Hilfe oder mitgebrachten Speisen anzunehmen! Keine Sorge, binnen weniger Wochen werden Sie Ihren Haushalt wieder allein führen und Ihr Leben im Griff haben. Verlangen Sie nicht von sich das Unmögliche: ein Baby, das viel weint, ständig allein zu versorgen. In Afrika gibt es einen sehr weisen Spruch, der besagt, dass es eines ganzen Dorfes bedarf, um ein Kind (und zwar eines, dass normal viel weint) aufzuziehen. Also, versuchen Sie bitte in dieser Ausnahmesituation nicht, Übermenschliches vollbringen zu wollen. Es ist für das Gesamtklima wesentlich verantwortungsvoller, *jetzt und zeitlich begrenzt* jede nur mögliche Hilfe anzunehmen.

Zum Schluss das Allerwichtigste:

**Es ist nicht Ihre Schuld, dass Ihr Baby viel weint. Sie können nur Ihr Möglichstes tun, um ihm die Umstellung auf unser Leben zu erleichtern.**

Etwa 10 % aller Kinder sind eben besonders empfindliche, irritierbare Säuglinge – etwas, was sie von Geburt an mitbringen. Sie können dies nun genetisch, esoterisch, religiös oder wie auch immer interpretieren, die Tatsache als solche bleibt bestehen – und dafür sind Sie *nicht* verantwortlich. Ihre Verantwortung als Eltern besteht darin, sich möglichst einfühlsam auf die Bedürfnisse und die Persönlichkeit Ihres Kindes einzustellen, und das ist beileibe schon Aufgabe genug!

Wenn Sie jetzt all dies lesen und trotzdem das Gefühl haben, dass es Ihnen in Ihrem Zustand der Niedergeschlagenheit, Überforderung und Depression überhaupt nicht hilft, dann sollten Sie dieses Gefühl sehr ernst nehmen. Wie ebenfalls schon erwähnt leiden 10 % aller Mütter unter einer postpartalen Depression, einer ernstzunehmenden Erkrankung an der sie jedoch ebenfalls *nicht schuld sind*. Die Gründe für eine solche Depression sind sowohl biochemisch als auch psychologisch zu sehen. Wir werden uns im letzten Kapitel mit dieser Thematik aus psychologischer Sicht noch beschäftigen. Die postpartale Depression bedarf jedoch immer, und zwar ohne Ausnahme, *immer* einer ärztlichen bzw. psychotherapeutischen Behandlung, weil sie in absehbarer Zeit von ein paar Wochen bis Monaten *nicht* von selbst vergeht. Diese Wochen und Monate bedeuten einen ernsthaften Einschnitt in der Möglichkeit, eine lebendige und positive Beziehung zum eigenen Baby aufzunehmen, was sowohl im Kind (wenn es nicht noch andere hauptverantwortliche Betreuungspersonen hat) als auch in der Mutter Spuren hinterlässt.

Diese Erkrankung ist keine Schande, es ist vielmehr eine Schande, einer von zehn Müttern, der es so schlecht geht, nicht zu helfen. Reden Sie mit Ihrem Partner über Ihre Gefühle und bitten Sie ihn, mit Ihnen als erste Anlaufstelle zu Ihrem Hausarzt zu gehen bzw. eine der angegebenen Säuglingsberatungsstellen aufzusuchen. Nur ein Bruchteil aller Frauen mit einer postpartalen Depression werden behandelt, weil sie aus Unwissenheit, Scham bzw. Gelähmtheit gar keine Hilfe suchen. Was diese oft monatelange, *unnötige* weil behandelbare Qual für Mutter und Kind bedeuten kann, ist leicht nachzuvollziehen.

Mit dem Hinweis auf die Bedeutung dieser Erkrankung ist die letzte und wahrscheinlich wichtigste Zutat (weil sie faktisch der Hintergrund ist, vor dem sich alle anderen Tipps auf der Handlungsebenen abspielen) für unseren Babyberuhigungscocktail fertig.

Ganz schön viel Aufwand, mögen Sie sich vielleicht nun denken oder sich die Frage stellen, ob das alles nicht ein bisschen übertrieben ist bzw. ob Sie damit Ihr Baby nicht heillos verwöhnen, sodass es noch als Dreijähriges nur herumgetragen werden möchte. So kommen wir abschließend zu der zentralen Frage vieler Eltern:

## Wird ein Baby durch vieles Tragen nicht verwöhnt?

Ja. Atmen Sie nicht erleichtert auf, weil Sie meinen, dann hätten Sie jetzt einen guten Grund, Ihr Baby nicht ständig herumzutragen. Dass dauerndes Tragen verwöhnt, gilt nämlich erst für Kinder, die sich bereits im flotten Krabbeltempo ihrem ersten Geburtstag nähern.

Doch schauen wir uns erst einmal an, was man unter »Verwöhnen« verstehen kann. Meinem Verständnis nach kann man zwischen hilfreichem und entwicklungsblockierndem Verwöhnen unterscheiden. Hilfreiches Verwöhnen ist so etwas wie die Sahne im Alltag: ein kleiner Liebesbeweis, den auch wir Erwachsenen zu schätzen wissen. Grundsätzlich geht es darum, jemandem das Leben zu erleichtern, *obwohl* er auch ohne diesen kleinen Luxus gut zurechtkommen würde bzw. sich die jeweilige Hilfe selbst organisieren könnte. Um bei einem praktischen Beispiel zu bleiben: Ein zehn Monate altes Krabbelkind könnte sich einen weggerollten Ball durchaus schon selbst holen. Es wird aber Momente geben, wo wir seiner deutlichen Bitte auch einmal gern nachkommen. Oder: Ein vier Monate altes sattes und ausgeschlafenes Baby kann schon gut auch eine Zeit unzufrieden quengelnd überbrücken, wenn wir gerade das Mittagessen kochen müssen. Es aber trotzdem hochzunehmen und zu kosen wird ihm das Leben einfach schöner machen.

Um den Unterschied zum entwicklungsblockierenden Verwöhnen klarer herauszustreichen, noch einmal das Beispiel unseres zehn Monate alten Krabbelkindes. Dieses dauernd herumzutragen wäre nicht besonders liebevoll, sondern entwicklungsblockiernd. Warum? Weil wir ihm die Möglichkeit nehmen, Erfolgserlebnisse zu haben. Wie stolz macht es Kinder, wenn sie etwas schon selbst können! Sehen Sie sich das Strahlen so eines Zehnmonatigen an, wenn es große Distanzen erkrabbelt oder vielleicht gar selbst laufen kann. Was bei einem zwei Monate alten Baby einen großen Liebesdienst bedeutet, ist für diesen großen Säugling eher ein Bärendienst.

An dieser Stelle ist es notwendig zu überlegen, *wer* denn den engen Körperkontakt durch ständiges Herumtragen noch braucht. Im vorletzten Kapitel über das Verständnis der Eltern-Kind-Beziehung als Schlüssel für ein zufriedenes Kind werden wir uns mit dieser Thematik der unterschiedlichen Bedürfnisse noch beschäftigen.

Aber auch unser vier Monate altes Baby könnte man mit so genanntem Verwöhnen auch behindern. Es ist das Alter, in dem Babys am liebsten mit den Eltern plaudern oder auch mal zufrieden daliegen und herumschauen. Wenn wir es in dieser Phase z. B. dauernd im Tragetuch herumtragen (was einen Säugling im Alter von einem Monat durchaus glücklich machen würde), tun wir ihm damit keinen Gefallen. Wir würden genau diese Kommunikationsmöglichkeit und das Erleben, endlich friedlich im eigenen Körper zu ruhen und die Umgebung nicht mehr als massive Reizüberflutung, sondern hochspannend zu finden, unterbinden.

 *Entwicklungsblockierendes Verwöhnen bedeutet, ein Baby in seinem nächsten Entwicklungsschritt zu behindern, indem wir es nicht seinem Alter und seinen Kompetenzen gemäß behandeln.*

Versetzen wir uns jetzt kurz in unser neugeborenes bzw. wenige Wochen altes Kind hinein: Was kann es schon allein, bei dem wir es durch Herumtragen entwicklungsbehindernd verwöhnen könnten? Sehr wenig. Es braucht noch die körperliche Begrenzung und den Körperkontakt im wahrsten Sinn des Wortes not-wendig. Damit ist wohl die Frage, ob man Babys in diesem Alter verwöhnen kann, hinlänglich geklärt. Wir werden uns jedoch wieder bei den weiteren Altersstufen mit dieser zentralen Frage bzw. Sorge vieler Eltern beschäftigen.

Babys in den ersten drei Lebensmonaten bedürfen aufgrund ihrer Unreife noch einer Spezialbehandlung, die dem Leben im Mutterleib ähnlich ist. Folgende Elemente beruhigen sie deswegen am effektivsten: enger Körperkontakt bzw. das Lagern in einer Wickeldecke oder einem Tragetuch, Schaukeln, Sch-Laute, Saugen am Schnuller oder Brust und das Betten in Seiten- oder Bauchlage. Diese Behandlung *in*

> *den ersten drei Monaten* ist keine Verwöhnung, weil das Baby noch nicht die Fähigkeit hat, sich selbst zu beruhigen oder von Spielsachen bzw. Ablenkungen zu profitieren. Der vermehrt notwendige Körperkontakt in dieser Altersstufe dient dem Säugling auch dazu, ein Gefühl vom eigenen Körper und somit von sich selbst zu bekommen. Ein ruhiger und »actionarmer« Alltag hilft Ihrem Kind, erst gar nicht »die Fassung zu verlieren«. Grundsätzlich sollte der, der im Moment »die besten Nerven« hat, das Baby beruhigen, weil sich die Unruhe naheliegenderweise überträgt.

Dies sind die Dinge, die für ein schreiendes Baby in den ersten drei Lebensmonaten hilfreich sind.

Erinnern Sie sich an das Beispiel vom Feuerlöscher im Holzhaus? Ein wenig sind wir jetzt genau an dieser Stelle. Wir haben einen hoffentlich gut funktionierenden Feuerlöscher, d. h. Babyberuhigungscocktail und schon eine gewisse Ahnung, wann »Feuersgefahr« droht.

Und damit wir unsere doch auch aufwändige Feuerlöschprozedur nicht allzu oft anwenden müssen, erfahren Sie im Folgenden, was Ihrem Kind hilft, stabil und zufrieden zu bleiben. Da es in den ersten drei Monaten mit einem Baby noch in erster Linie darum geht, überhaupt so etwas wie einen Rhythmus des Kindes zu entwickeln, werden die anschließenden Ratschläge auch diese grundlegenden Bereiche betreffen.

## Tipps zum Still-/Fütterrhythmus

Das erfolgreiche Füttern bzw. Gedeihen eines Babys ist wohl der Bereich, der Müttern besonders am Herzen liegt. Kaum etwas ist mit soviel Sorge und Selbstzweifel verbunden wie ein Kind, das das Trinken verweigert oder schlecht zunimmt. Und gerade beim ersten Kind sind sich viele Mütter unsicher, ob sie es überhaupt ernähren, d. h. wirklich erfolgreich stillen können. Kommen zu dieser völlig normalen Unsicherheit noch widrige Umstände, z. B. ein sehr schläfriges oder trinkfaules Baby, unfreundliches Krankenhauspersonal oder ein dem Stillen abgeneigter Kindesvater[8] hinzu, kann es zu einem jähen Ende einer noch jungen Stillkarriere kommen. Nimmt ein Säugling dann bereitwillig das Fläschchen, ist eine Sorge zwar gebannt, aber was bleibt, ist eine oft noch jahrelang pochende Narbe bei seiner Mutter, dass sie ihr Kind damals nicht ernähren konnte.

So bleibt das Thema Ernährung ein zentraler Punkt der ersten Lebenswochen und gipfelt in der Frage, ob das Baby denn genug Milch bekommt. Nicht umsonst ist dieser Bereich neben dem rein physiologischen Aspekt der Ernährung auch ein psychologisches »Schwergewicht«.

Stillen bzw. Füttern ist das erste große »Interaktionsprojekt« zwischen Ihnen und Ihrem Baby. Und wie dies bei einer gelungenen Interaktion eben der Fall ist, müssen beide Partner gut zusammenspielen. Ein bisschen ist das so wie mit dem Tanzen. Der eine mag der geborene Tänzer sein, aber wenn man auch mit dem Partner gelungene Walzerdrehungen vollbringen will, muss man sich feinfühlig aufeinander einstellen. Gerade bei Personen, die uns eben nicht egal sind, ist der Druck höher, wenn man in so ein Tänzchen geht. Mit dem Tischnachbarn zu tanzen wird keine besonderen Erwartungen in einem wecken, wie Ginger Rogers und Fred Astaire übers Parkett zu schweben. Vom Lebenspartner wird man dieses perfekte Tanzgefühl wahrscheinlich erhoffen.

Ganz ähnlich ist es mit dem eigenen, womöglich ersten Kind. Erfahrungsgemäß haben dann oft gerade die Mütter Probleme, die von der Schwangerschaft an einen hohen Erwartungsdruck hatten, unbedingt stillen zu wollen. Babys reagieren – wie im Grunde jedes Lebewesen – abwehrend auf jede Form von Druck. Speziell erhöht wird dieser Druck, wenn Mütter – quasi als Gegenzauber gegen ihre Unsicherheit, ob sie wirklich eine perfekte und gute Mutter sind – erfolgreiches Stillen als Beweis dafür einsetzen wollen. Trifft nun eine solche sich selbst unter Druck setzende »Supermutter« auf ein schläfriges oder eben einfach langsameres, schwach saugendes Baby, wird ein krampfhaftes Dahinstolpern auf dem Tanzparkett, bei dem der eine zerrt und der andere blockt, schnell der gemeinsame Interaktionsstil. Haben die beiden zu allem Übel noch einen uneinfühlsamen Tanzlehrer, der eher verunsichernd oder abwertend als hilfreich zur Seite steht (gemeint ist das Krankenhauspersonal), kann sich ein vielleicht nur kurz auftretendes, schwieriges Interaktionsmuster – das Stillproblem als Dauerbeziehungsstil verhärten. Die psychologischen Ursachen, die nicht nur das Stillen bzw. Füttern, sondern oft auch eine runde und befriedigende Eltern-Kind-Beziehung erschweren können, werden im dritten Teil über die Eltern-Kind-Beziehung noch dargestellt (vgl. S. 167 ff.).

Im Grunde beginnen fast alle Mütter ihre Fütterkarriere als stillende Mütter. Aus verschiedenen Gründen werden statistisch gesehen rund 60 % aller Babys nach drei Monaten doch zumindest teilweise mit dem Fläschchen ernährt. Haben die Mütter dieser 60 % nun alle eine schlechtere Beziehung zu ihrem Baby? Ich bin nach jahrelanger Erfahrung überzeugt, dass Stillen an und für sich noch kein *Garant* für eine befriedigende Mutter-Kind-Beziehung ist. So erleben wir im klinischen Alltag voll gestillte Babys, deren Mütter es aufgrund verschiedener Umstände nicht schaffen, eine lebendige, liebevolle Beziehung zu ihnen herzustellen. Umgekehrt gibt es Frauen, die eine herzliche, einfühlsame Beziehung zu ihrem Kind haben und es aus ebenso unterschiedlichsten Gründen mit der Flasche ernähren.

Vergleichen wir es wieder mit dem Tanzen. Für manche Mutter-Kind-Paare passt ein langsamer »Schmuse-Walzer«, d. h. ganz viel Körperkontakt und Stillen perfekt, für andere ist es eben eher Rock 'n' Roll, also mehr körperlicher Abstand und Freiraum, damit sie sich wirklich wohl fühlen. Und genau das spürt Ihr Kind: Ob Sie gern mit ihm zusammen sind. Und genau *das* ist das wirklich Entscheidende, um sich geliebt und geborgen zu fühlen, nicht die Form der Ernährung.

Von einer Mutter, die einfach mehr Freiraum braucht und sich – mehr oder minder bewusst – wahrscheinlich auch einen entsprechenden Partner gesucht hat, nun als Beziehungsideal die 24-Stunden-Verfügbarkeit von Körper und Seele zu verlangen wäre für dieses Mutter-Kind-Paar einfach unpassend. Sehr schnell würde diese Frau ebenfalls mehr oder minder bewusste Aggressionen gegenüber ihrem Kind entwickeln oder den Konflikt unbewusst vielleicht mittels einer postpartalen Depression lösen. So wie sich bei verschiedenen Ehepaaren das Maß an Nähe und Distanz erheblich unterscheidet, gibt es auch für Mütter und Babys kein

Gesetz, dass nur Stillen die wahre Art der Ernährung und Beziehungsgestaltung zum eigenen Kind ist.

 *Wenn es für beide Seiten passt, ist Stillen sicher eine emotional sehr gute Lösung für Mutter und Kind. Sie können Ihr Baby aber genauso liebevoll und Geborgenheit schenkend auch mit einem Fläschchen aufziehen!*

Kommen wir nun wieder auf die Frage zurück, welche Ratschläge sich im Umgang mit Säuglingen zum Thema Füttern bewähren. Wir werden an dieser Stelle zwischen Still- und Fläschchenkindern unterscheiden, weil beide Ernährungsformen andere Vor- und Nachteile sowie unterschiedliche mögliche Probleme und Fragestellungen aufwerfen. Die zentrale Frage, wie man einem Baby helfen kann, das beim Füttern zu weinen beginnt, wird dann im Anschluss beantwortet.

### Tipps für Stillkinder

Mit dem Stillen ist es so eine Sache: An und für sich ist es die praktischste und einfachste Art, ein Baby zu ernähren, und man kann nebenbei noch viel für die Beziehung[9] zu seinem Kind tun. Dummerweise gilt es gerade jedoch am Anfang die größten Hürden zu überwinden. Diese Hürden betreffen zum einen ganz simpel die nicht ganz angenehmen Begleiterscheinungen an der Brust, zum anderen das gelungene Zusammenarbeiten mit dem Kind.

Rund ums Stillen dreht sich – neben der Frage, ob es denn auch genug bekommt – anfangs alles um das Thema »Wie oft soll man ein Baby anlegen?«. Hier gibt es zwei historisch gewachsene große Meinungsblöcke. Die derzeit als »Nachwehe« der Post-68er-Bewegung vorherrschende Meinung ist, dass ein Säugling trinken soll, wann er möchte. Nach dem strengen Vier-Stunden-Takt-Regime aus den Jahrzehnten davor hat sich diese »ad libitum-Theorie« (übersetzt: Nach-Bedarf-Theorie) nun an den Geburtskliniken und bei den Kinderärzten durchgesetzt.

Eine zweite Gruppe von Fachleuten empfiehlt jedoch sehr wohl, langsam eine Art von Fütterrhythmus einzuführen und nicht jedes Weinen des Babys mit Anlegen an die Brust zu beantworten. Begründet wird diese Haltung mit der Erkenntnis, dass bei den meisten Kindern Dauerkessen Bauchweh verursacht und regelmäßige Mahlzeiten dem Säugling helfen, ein besseres Hunger-Satt-Gefühl zu entwickeln, die ihm, wenn er satt gegessen ist, längere Schlafblöcke erst ermöglichen.

Meine Erfahrung deckt sich mit der Meinung der Gruppe von Kollegen, die einem gemeinsam mit dem Baby entwickelten Rhythmus den Vorzug geben. Man muss jedoch beim Thema »Wie oft anlegen?« drei Phasen unterscheiden, weil in jeder Phase etwas andere »Gesetze« gelten:

1. **Vor dem Milcheinschuss**
2. **Nach dem Milcheinschuss**
3. **Etwa zwei Wochen nach der Geburt**

### 1. Vor dem Milcheinschuss

In dieser Phase nach der Geburt soll man dem Baby immer wenn es wach ist die Brust anbieten, was meistens sowieso nicht öfter als rund alle drei Stunden passiert. So bekommt es genug vom Kolostrum, d.h. der an Immun- und Inhaltsstoffen reichen Vormilch, und regt mit seinem Saugen den Milcheinschuss an. Eine wichtige, aber leider schmerzhafte Begleiterscheinung ist ebenso, dass, sobald das Baby an der Brust saugt, sich die Gebärmutter wieder zusammenzieht. Naheliegenderweise sollte in diesen ersten zwei bis drei Tagen dem Säugling weder ein Schnuller noch eine Flasche angeboten werden. Das gilt auch für die leider immer noch beliebten Teefläschchen.

### 2. Nach dem Milcheinschuss

Hier macht es einen Unterschied, ob Sie eher zuviel oder eher zuwenig Milch haben. Da sich Babys bei Frauen mit zuviel Milch pro Mahlzeit richtig satt trinken können, ist es sinnvoll, einen Abstand von anderthalb Stunden zwischen den Mahlzeiten einzuführen. Dadurch lernt ein Säugling, sich richtig satt zu essen, und er wird im Weiteren bald etwa alle drei Stunden nach Essen verlangen. Die meisten schaffen dann bereits eine Phase am Tag, in der sie rund fünf Stunden durchschlafen können. In den Tagen rund um den Milcheinschuss legen Sie Ihr Kind noch an beiden Seiten an bzw. auf der Seite, die am meisten spannt, um die Gefahr eines Milchstaus zu verhindern und die Milch rechtzeitig »abtrinken« zu lassen. Falls Ihr Baby beim Essen immer wieder einschläft, können Sie es am Ohr kitzeln, aufstoßen lassen oder wickeln, sodass es aufwacht und genug pro Mahlzeit trinken kann.

Frauen, die eher zuwenig Milch haben, können und sollen ihr Kind an der Brust nuckeln lassen, so oft wie es den Brustwarzen zuträglich ist, weil nur durch Saugen die Milchproduktion angeregt wird.

### 3. Etwa zwei Wochen nach der Geburt

Jetzt verändern sich zwei Dinge, die nach meiner Erfahrung von kaum einem Experten angekündigt werden, aber Frauen immer wieder überraschen: Der Brust wird plötzlich weicher, erscheint kleiner, und die Milchzusammensetzung ändert sich.

Ersteres merkt man sofort und löst bei vielen Müttern die Sorge aus, plötzlich weniger Milch zu haben, was aber nicht stimmt. Die Natur hat sich nun vielmehr eingestellt, wie viel Bedarf tatsächlich besteht, und Sie fließen einfach nicht mehr verschwenderisch über. Wenn man bedenkt, wie viel Energie die Milchproduktion auch braucht – etwa 500 bis 800 kcal täglich –, ist dies eine sehr vernünftige Einrichtung.

Aber auch die Milchzusammensetzung hat sich geändert. Das merken Sie allerdings nur, wenn Sie ein empfindliches Baby haben, das sich plötzlich in seiner dritten Lebenswoche nach dem Essen in Krämpfen windet. War die Milch bislang ein homogenes Gemisch aus Kolostrum und Muttermilch, so produzieren Mütter jetzt zunächst die so genannte Vormilch (lactosehaltiger), die durstlöschend ist, und nach etwa zehn Minuten Trinkdauer die Hintermilch (fetthaltiger), die sättigender ist.

 **Wichtig!! Ihr Baby sollte zumindest an der ersten Brust ca. 10–15 Minuten trinken, um zu der fetthaltigeren Hintermilch zu kommen.**

Diese Tatsachen wissen viele Stillende nicht und bieten ihrem Kind in der ersten Trinkpause nach etwa 5 Minuten gleich die zweite Brust an! Das Resultat ist, dass der Säugling so nicht zu der gehaltvolleren Hintermilch kommt und schneller hungrig geworden, wieder gefüttert werden will. Der zweite unangenehme Nebeneffekt ist, dass die lactose-, also zuckerhaltige Vormilch allein genossen empfindlichen Babys leicht Blähungen verursacht. Umso wichtiger ist es also, dass Ihr Kind nicht dauergefüttert wird, weil es sonst immer nur halbhungrig ist und dann nie lange genug an einer Brust saugt, um zur sättigenden Hintermilch zu kommen.

 *Es ist sehr sinnvoll, mindestens zwei, besser zweieinhalb Stunden Abstand zwischen den Mahlzeiten einzulegen.*

Bei Frauen mit viel Milch reicht es somit aus, wenn das Baby nur eine Brust leer trinkt. Lassen Sie Ihr Kind auf jeden Fall gute 15 Minuten an einer Seite und bieten Sie ihm erst dann noch die andere Seite an. Wenn es nicht mehr mag oder nur wenige Schlucke trinkt, ist es schon satt. Babys machen nach dem ersten Hunger oft eine Trinkpause, die man zum Aufstoßenlassen nutzt, um sie dann wieder weiterzufüttern. Die nächste Mahlzeit wird mit der angefangenen bzw. nicht benutzten Brust begonnen.

Bei Frauen, die nach wie vor zu wenig Milch produzieren, wird in den meisten Fällen ein Zufüttern mit der Flasche notwendig geworden sein. Um den trägen Milchfluss jedoch weiter anzukurbeln, legen Sie Ihr Baby immer zuerst an die Brust und geben ihm erst im Anschluss ein Fläschchen, sodass es seinen Mehrbedarf decken kann. Wenn Ihr Kind an der Brust jedoch häufig weint und unzufrieden ist, sich jedoch am Fläschchen saugend schnell beruhigt, dann ist zu überlegen, inwieweit Stillen für Sie beide noch ein gute Form der Ernährung ist.

In Wachstumsphasen kann es jedoch sein, dass Ihr Baby einen Fütterabstand von zweieinhalb Stunden nicht einhalten kann und wieder häufiger trinken möchte. Sie merken es daran, dass es heftig zu suchen beginnt, wenn Sie seine Wange berühren, und nach Ihrem Finger schnappt.[10] Einen Mindestabstand von anderthalb Stunden Pause sollten Sie aber auch in diesen Phasen beachten.

## Tipps für Babys, die mit der Flasche gefüttert werden

Das Füttern mit der Flasche ist vor allem für diejenigen Frauen eine Erleichterung, denen es sehr wichtig ist, genau zu wissen, wie viel Ihr Baby pro Mahlzeit trinkt. Die Frage, ob ein Säugling genug bekommt bzw. schon satt oder wieder hungrig ist, kann durch das »Maß aller Dinge«, nämlich die Milliliterangabe des Fläschchens beantwortet werden. Wenn diese Kontrolle einer Mutter wichtig ist, um entspannt sein zu können, ist das Füttern mit Fläschchen für sie und ihr Baby sicher auch die beste Art von Ernährung. Ein Kind hat wesentlich mehr von einer entspannten, zufriedenen Mutter als von einer, die sich ständig Sorgen macht.

Einen sehr großen Vorteil hat das Fläschchenfüttern vor allem für die Vater-Kind-Beziehung. So kann der Papa von Beginn an aktiven Kontakt zu seinem Baby bekommen und das Füttern macht auch den meisten Vätern mehr Freude, als die Windeln zu wechseln oder ein schreiendes Kind herumzutragen. Und nach meiner Erfahrung verlassen sich Väter beim Füttern mehr auf ihr Gefühl als auf die Milliliterangabe in der Flasche, weil sie selten die gleichen »Verhungerängste« wie Mütter haben. So ist ein engagierter Papa, der mit dem Fläschchen füttert, sehr bald auch ein besserer Co-Dolmetscher in der Frage »Warum weint unser Kind jetzt?«. Als erfolgreicher Fütterer ist sein väterliches Selbstbewusstsein meist gestärkter als das von Männern, die nur als Babywickler oder Herumtrager zum Einsatz kommen können. Sie haben dann oft den längeren Atem, weil sie erleben, dass sie bei ihrem Kind auch etwas Wichtiges bewirken können.

Die Möglichkeit der »objektiven Einfuhrkontrolle« hat jedoch den Nachteil, dass man dazu verführt wird, beim Füttern mehr den Milchpegel in der Flasche als sein Baby zu beobachten. Eine wichtige Motivation, sich in die manchmal komplizierte Schule der Babysignale zu begeben, fällt somit weg. Nach meiner Erfahrung fällt es gerade Müttern, deren Säugling mit der Flasche gefüttert wird, oft schwerer, die Signale ihres Kindes zu verstehen – weil sie nicht soviel Übung darin haben müssen. Der Umstand, dass man sich die Fütterungen aufteilen kann und so nicht dauernd mit dem Baby zusammen sein »muss«, birgt als Kehrseite den Nachteil, die Reaktionen seines Kindes oft weniger gut einordnen zu können. Gerade bei schreienden Babys ist es wichtig zu wissen, was vor dem Schreianfall passiert ist, d. h. ob das Kind schon länger nicht geschlafen oder gegessen hat, bzw. ob ihm einfach etwas zu viel geworden ist. Steigt man immer nur für bestimmte Sequenzen in die Babypflege ein, können so leicht Informationslücken entstehen, die sich dann in verstärkter Ratlosigkeit niederschlagen. Sie sehen: Das Fläschchenfüttern mit seiner Kontrollmöglichkeit der Nahrungsaufnahme ist zwar für manche Mütter sehr erleichternd, kann aber die Fähigkeit, einen Säugling gut zu »lesen«, untergraben.

Einen weiteren Nachteil kann das Fläschchenfüttern dann für ein Baby mit sich bringen, wenn seine Eltern aus Angst, es könnte zu wenig trinken, Druck machen. Mit einer Flasche kann man ein Kind zur Not auch mehr oder minder gewaltsam füttern, was mit der Brust nicht möglich ist.

Was ist nun trinktechnisch beim Fläschchenfüttern zu beachten? Zunächst: Viele technische Raffinessen und Fragestellungen fallen hier weg, weil man im Grunde nicht sehr viel falsch machen kann. Ein häufiger Fehler ist jedoch, das Loch des Saugers zu vergrößern, um die »Fütterungsprozedur« zu verkürzen.

 *Vergrößern Sie niemals das Loch des Saugers! Das Bewältigen des unnatürlich starken Milchflusses ist für kleine Babys sehr unangenehm und führt zum Verschlucken von Luft und somit zu Blähungen.*

Gerade bei langsam trinkenden Säuglingen ist man versucht, diesen kleinen Trick anzuwenden, der sich aber wirklich als Bumerang erweist. Sie tun Ihrem Baby damit nichts Gutes, zum einen, weil es eine bestimmte Zeit braucht, um saugen zu können, damit es sich wohl fühlt und in dieser es nicht mit Milch überflutet werden soll. Bei manchen Kindern dauert dieses genüssliche Nuckeln eben einfach länger. Zum anderen besteht wegen des erhöhten Saugbedürfnisses von Säuglingen einfach die Gefahr, sie schlichtweg zu überfüttern und damit ihr Hunger-Satt-Gefühl dauerhaft zu stören.

Ähnliche Nebenwirkungen wie beim Saugervergrößern gibt es auch, wenn die Dosierung der Milchpulvermenge nicht eingehalten wird. Flaschenmilch ist im Vergleich zu Muttermilch wegen der weniger feinen Aufspaltung der Fett- und Eiweißmoleküle schwerer verdaulich. Hat ein überfüttertes Baby dann zusätzlich einen viel zu großen »Milchklumpen« im Bauch, sind die Bauchschmerzen und Schreistunden vorprogrammiert.

Wichtig ist auch, in welcher Position Sie Ihr Baby füttern. Es ist von der Natur so eingerichtet, dass Säuglinge sowohl kalorische als auch emotionale Nahrung brauchen, damit sie gut gedeihen können. Diese emotionale Nahrung besteht aus Körper- und Augenkontakt, der in der »Stillhaltung« optimal gegeben ist.

 *Füttern Sie Ihr Baby möglichst nur, wenn es auf Ihrem Arm ist (und nicht im Bettchen oder Kindersitz).*

Nehmen Sie sich für die Fütterung wirklich Zeit, damit Sie entspannt Ihrem Kind mehr als nur Essen geben können. Dass »Liebe durch den Magen geht«, weiß jeder von uns aus eigener Erfahrung. Wir fühlen uns auch viel wohler und geliebter, wenn uns in wohlwollender Stimmung der Partner/die Eltern ein leckeres Essen servieren, als wenn wir es mittags vom mürrisch-hektischen Kantinekoch auf den Teller geklatscht bekommen. Das bedeutet nun nicht, dass Sie Ihr Baby die ganze Zeit anschauen müssen. Es geht um eine ruhige, zugewandte *Stimmung*, in der man aber durchaus – bedenkt man die vielen Stunden des Fütterns pro Tag – auch einmal lesen kann. Es ist ebenso verträglich, Ihr Baby zu füttern, wenn gerade Ihre Lieblingssendung im Fernsehen läuft. Die Mehrzahl der Mahlzeiten sollte jedoch nicht in dieser Ablenkung und mit dem Hintergrundlärm stattfinden, denn so würden wir uns an Babys Stelle auch nicht wohl fühlen.

Noch eine kleiner Hinweis: Da es bis heute umstritten ist, inwiefern die Mikrowelle nicht Eiweiß- und Vitaminsubstanzen verändert bzw. zerstört, ist es einfach verantwortungsvoller, heißes Wasser in der Thermoskanne parat zu haben, um so schnell ein Fläschchen zuzubereiten, als vorgefertigte Milchfläschchen in die Mikrowelle zu stellen. Vielleicht werden Sie jetzt zu Recht entgegnen, dass Sie diese Methode in der Klinik abgeschaut haben und dass sie daher nicht so schlecht sein kann. Aber der Zeitdruck und die Personalknappheit zwingen die Wochenbett- bzw. Kinderstationen zu dieser Art der Nahrungszubereitung, und sie betrifft ja aufgrund des relativ kurzen Aufenthalts nur ein paar Tage im Leben Ihres Kindes, was sicher nicht als schädlich anzusehen ist. Doch für ein ganzes Babyleben zu Hause sollte man seinem Kind nicht weniger Zeit und Fürsorge in der Essenszubereitung zukommen lassen als – hoffentlich – sich selbst.

### Was hilft Babys, die während des Fütterns weinen?

Bevor wir uns näher mit Hilfestellungen und Tipps beschäftigen, vorab ein paar Informationen, warum Babys überhaupt so oft während des Fütterns zu weinen beginnen.

Dieses Problem trifft Säuglinge, die mit der Flasche ernährt werden, und Stillkinder etwa gleich häufig. Wir können hier zwischen zwei Ursachen unterscheiden, die jedoch oft ineinander greifen. Zum einen ist es der bereits erwähnte gastro-kolische Reflex, bei dem sich der Darm zusammenzieht, sobald Nahrung in den Magen kommt, um sich für seine Arbeit bereit zu machen. Ein empfindliches Baby kann dieses Zusammenziehen wie einen Boxhieb empfinden. Zum anderen kann aus verschiedenen Ursachen während des Fütterns zwischen Baby und Mutter eine angespannte Atmosphäre entstehen, die sensible Kinder schreien und das Gefüttertwerden verweigern lässt.

Aber der Reihe nach: Gerade in den ersten drei Monaten macht die Verdauung vielen Babys noch sehr zu schaffen. Und dummerweise werden fast alle Verdauungsvorgänge beim Essen aktiviert. Der erwähnte Magen-Darmreflex sorgt zudem noch dafür, dass Platz für neue Nahrung geschaffen wird, indem das Baby ein Häufchen bzw. das Stillkind ein Süppchen in die Windel produziert. Zum Ziehen im Bauch kommt für den Säugling dann noch das völlig ungewohnte Körpergefühl der Stuhlentleerung dazu, das manche Kinder regelrecht aus dem Häuschen bringt. Darum ist es also in den *ersten drei Monaten* noch durchaus normal, wenn Ihr Baby beim Essen *manchmal* weint. Sollte dieses Weinen länger als vier Monate andauern, wäre es ratsam, eine Säuglingsberatungsstelle aufzusuchen, um herauszufinden, welche Faktoren für Ihr Kind beim Essen noch Stress erzeugend sind. In begrenztem Umfang werden wir auf diese Thematik in den weiteren Kapiteln in denen die jeweilige Altersstufen näher betrachtet werden, eingehen.

Für viele Eltern ist verwirrend, dass ihr Kind anfangs noch zufrieden nuckelt, um nach wenigen Minuten herzzerreißend zu schreien. Dann geht das große Rätselraten los. Bekommt es auf einmal zu wenig Milch? Dies ist selten, aber doch manchmal der Fall. Eine regelmäßige Gewichtszunahme beantwortet diese Frage schnell. Falls Sie sich zur Anschaffung einer Babywaage entschließen, wiegen Sie Ihr Kind in diesem Alter höchstens einmal täglich. Alles andere bringt Sie und Ihr Baby schnell in einen Stresskreislauf, der wegen der nervlichen Belastung oft mit Abstillen endet. Ein Baby kann aber auch losweinen, wenn es zu viel Milch bekommt. Bei Frauen mit sehr vollen Brüsten bzw. Fläschchen mit großer Öffnung kann der Milchfluss schon einmal so stark sein, dass er für ein Kind stressig wird. Da sich Ihr Baby in diesem Fall sowieso wegdrehen wird, können Sie die überlaufende Milch aus Ihrer Brust getrost ablaufen lassen bzw. sogar herausdrücken, um ihm das Trinken zu erleichtern. Über die »Nebenwirkungen«, die ein Vergrößern der Saugeröffnung hat, haben wir ja bereits gesprochen.

Die häufigste Ursache für das Weinen ist, dass der Magen-Darm-Reflex Ihrem Baby zu schaffen macht, d. h. es hat schlicht und einfach Bauchweh. Wie wir im ersten Teil des Buches erfuhren, kommt es hier häufig zu einem klassischen Signalmissverständnis zwischen Eltern und Kind. Aber wir können jetzt zwei Spielarten unterscheiden:

1. **Es ist normale Essenszeit: Ihr Baby beginnt gierig zu trinken, aber nach wenigen Minuten bitterlich zu weinen und mit den Beinen zu strampeln.**
2. **Es ist gut eine Stunde nach der letzten Mahlzeit: Ihr Baby weint, sucht hektisch und strampelt mit den Beinen. Legt man es an, trinkt es nur wenige Schlucke, verliert scheinbar die Brust, weint und strampelt usw.**

Im ersten Fall hat unser Kind ordentlich Hunger, ist aber durch den nach wenigen Minuten aktiv werdenden Magen-Darm-Reflex schmerzhaft irritiert. Im zweiten Fall hat unser Baby wahrscheinlich Blähungen und Bauchweh und versucht, sich mittels Saugen zu beruhigen. Da es nur saugen, aber nicht essen möchte, lässt es die Brust auch immer wieder los, was wie ein unabsichtliches Verlieren aussieht.

 *Häufig haben Kinder im Zuge der Verdauung etwa eine Stunde nach der letzten Mahlzeit Bauchwehattacken, die aufgrund des heftigen Suchens mit Hunger verwechselt werden.*

Das Naheliegendste und Vernünftigste in beiden Fällen ist, die Mahlzeit zu unterbrechen, indem Sie Ihr Baby kurz aufstoßen lassen oder besser noch bäuchlings über Ihre Oberschenkel legen. Der Druck auf seinen Bauch und die Lageveränderung führen meist zu einem sofortigen Ende des Weines. Ein hungriges Kind werden Sie, wenn es sich beruhigt hat, wieder anlegen und trinken lassen. Einem Kind mit Bauchweh werden Sie besser einen Schnuller anbieten, den es in dieser Situation auch meist gern annimmt.

Wenn Ihr Baby bislang den Schnuller eher abgelehnt hat, versuchen Sie, ihm genau in dieser Situation, wenn es offensichtlich saugen möchte, diesen immer wieder anzubieten. Am besten nehmen Sie hierfür Ihr Kind auf den Arm und tragen es mit sanften Sch-Lauten herum. In dieser dem Körper zugewandten, leicht aufrechten Haltung ist das Bauchweh erträglich und der Schnuller kann im Auffangbecken Ihres Armes nicht so leicht verloren gehen.

Aber was ist, wenn das Baby vielleicht doch Hunger hat und nun arglistig mit dem Schnuller getäuscht wird? Eine kurze Überprüfung des Abstands zur letzten Mahlzeit mit Hilfe des Tagesablaufprotokolls (siehe Anhang) und folgender Test liefern den Beweis: Testen Sie, was Ihr Kind braucht: Ist es wirklich Hunger, wird es an der Brust zufrieden saugen und nachher beruhigt sein. Ist es Bauchweh, wird es nur kurz saugen, die Brust scheinbar verlieren, wieder weinen, suchen, wieder saugen, wieder weinen, Luft schlucken, weinen etc.

 *Ein häufiger Fehler ist, Babys, die eigentlich Bauchweh haben, mehr oder minder beharrlich weiterfüttern zu wollen.*

Und:

 **Gerade Babys, die viel weinen, versucht man oft mit vermehrtem Stillen zu beruhigen, was das Ganze aber noch schlimmer machen kann.**

In letzterem Fall versuchen viele Mütter wieder und wieder, den Säugling anzulegen, nicht zuletzt um auch dem Geschrei ein Ende zu bereiten. Schnell entwickelt sich dann so etwas wie ein K(r)ampf in der Fütterungssituation, denn man am besten sofort beendet. Ein Kind, das sich so aufregt und offensichtlich nicht trinken möchte, wird es auch bei längerem »Bedrängen« nicht tun.

Mütter, die in einen solchen Kreislauf hineingeraten, empfinden einen enormen Leidensdruck. Aus ihnen meist selbst nicht ganz verständlichen Gründen können sie ihrem Baby einfach nicht zutrauen, was sie jedem Hundewelpen sofort zugestehen würden: dass es genau weiß, wie viel es essen möchte. Nach meiner Erfahrung sind es oft eigene Essprobleme (z. B. kein gutes Gespür dafür zu haben, wann man hungrig oder satt ist) bzw. die tief sitzende, meist unbewusste Sorge, dem Kind im wahrsten Sinne des Wortes nicht genug geben zu können. Oft können auch beide Aspekte einander »unheilvoll« ergänzen.

Im ersten Fall dient die übermäßige Kontrolle vornehmlich dazu, ein täglich vorgeschriebenes »Plan-Soll« ins Kind »hineinzubekommen«. Unglücklicherweise finden sich dann auch im Grunde wohlmeinende Kinderärzte, die Müttern genau dies bei schlecht trinkenden Kinder raten und dadurch den Teufelskreis noch mehr anheizen. Im Falle der Angst, keine wirklich gute Mutter sein zu können, sind es meistens problematische Erfahrungen mit der eigenen Mutter, die als nicht nährend und fürsorglich erlebt wurde. Den offensichtlichen Beweis, dass man es nun mit dem eigenen Kind viel besser macht, soll ein möglichst pausbäckiges, viel trinkendes Baby liefern. Dieses Kind soll endlich »genug bekommen«. Dass sich hinter diesem »Genug-Bekommen« weniger eine Milliliteranzahl Milch, sondern die Sehnsucht nach *eigenem* emotionalen Genährtwerden verbirgt, ist den meisten Betroffenen nicht bewusst. Wir werden uns mit den verschiedenen, oft schwierigen Gefühlen, die ein Baby bei seinen Eltern auslösen kann, im Kapitel über die Bedeutung der Eltern-Kind-Beziehung (S. 167 ff.) noch näher beschäftigen und kommen jetzt zum zweiten großen »Lebensbereich« eines Babys: dem Schlafen.

> Füttern ist die erste gemeinsam zu bewältigende Aufgabe von Mutter und Kind und für die Mutter oft mit größerem psychischen Druck verbunden, weil es ja wichtig ist, dass das Baby gut gedeiht. Dieser Druck kann durch biografische Probleme mit der eigenen Mutter noch verstärkt werden. Auf der Handlungsebene sind folgende Dinge wichtig, um die gefürchteten Koliken zu vermeiden: einen Mindestabstand von anderthalb, später zweieinhalb Stunden zwischen den Mahlzeiten einhalten; ein Stillbaby *immer* gut 15 Minuten an einer Brust trinken lassen, damit es an die fetthaltigere Hintermilch kommt; bei Babys, die mit der Flasche gefüttert werden, nicht die Saugeröffnung vergrößern; wenn das Baby während des Trinkens weint, zwischen Bauchwehattacken und Hunger unterscheiden und dementsprechend handeln.

## Tipps zum Schlafrhythmus

Wie wir im ersten Teil (S. 12 ff.) bereits erfuhren, haben im Grunde alle Babys, die viel weinen, auch ein Schlafproblem, denn diese Kinder können meist schwer abschalten, schlafen dadurch vor allem tagsüber viel zu wenig und geraten schnell in einen Zustand der völligen Überreizung, der sie natürlich auch vermehrt schreien lässt.

Ein merkwürdiger Mechanismus, der bei älteren Kindern und bei uns Erwachsenen deutlich wird, ist auch bei Babys zu beobachten: Je müder und überdrehter der Mensch, desto *schlechter* kann er einschlafen. So erweist sich die Idee, Kinder tagsüber wenig schlafen zu lassen, damit sie dies dann in der Nacht möglichst am Stück tun, als kontraproduktiv. Also ergibt sich folgende Grundregel:

*Je müder ein Baby, desto schwerer kann es oft abschalten und einschlafen. Darum versuchen Sie bei den ersten Müdigkeitssignalen, Ihrem Kind beim Einschlafen zu helfen.*

Wie wichtig es ist, dass ein Kind ausgeschlafen und dadurch stabiler und ausgeglichener ist, wird noch deutlicher, wenn wir uns wieder an das Ruderbootbeispiel – Babys sind in den ersten drei Monaten von Natur aus sehr instabil – erinnern. Und gerade Sie als frisch gebackene Eltern werden wohl die Gereiztheit und Labilität, die aus Schlafmangel entsteht, im Moment am eigenen Leib erfahren. Wenn Sie nun noch aus dem ersten Kapitel die Grundregel, dass Babys dieser Altersstufe spätestens nach anderthalb Stunden Wachsein wieder schlafen sollen (vgl. S. 12), im Hinterkopf haben, muss jetzt noch folgende Frage beantwortet werden:

### Wie hilft man einem Baby in den ersten drei Lebensmonaten einzuschlafen?

Bei Babys in den ersten drei Lebensmonaten sind noch alle Einschlafhilfen erlaubt, weil es in diesem Alter so ungeheuer wichtig ist, dass Ihr Kind regelmäßig schläft, um nicht überreizt in Schreiattacken zu verfallen.

Wie im Abschnitt »Elterliche Beruhigungsversuche und die Frage des richtigen Zeitpunkts« (S. 20 ff.) dargestellt wurde, versuchen die meisten Eltern jedoch, das zunehmend unruhig werdende Kind vom Quengeln bzw. Weinen abzulenken. Diese Ablenkungsmaßnahmen wirken, wie Sie wahrscheinlich schon selbst erfahren haben, nur ganz kurz, schaukeln den Erregungspegel des Kindes noch mehr auf und enden meist in einem haltlosen Schreien.

Da ein kleines und besonders empfindliches Baby selten allein im Gitterbett einschläft, wenn es müde sind, sollen und dürfen Sie ihm das Einschlafen noch auf jede erdenkliche Art erleichtern. Praktisch heißt das: erste Müdigkeitssignale des Babys erkennen (wie Gähnen, zunehmendes Quengeln – das Tagesablaufprotokoll im Anhang kann bei Unklarheit hilfreich sein –, es in den Arm nehmen, wiegen, ihm den Schnuller geben und schaukeln. Nach etwa 20 Minuten ist Ihr Baby in der Tiefschlafphase, dann können Sie es in sein Bettchen legen.

Bei Säuglingen, die viel schreien, ist es wichtig, die *ersten Anzeichen* von Müdigkeit oder anderem Unwohlsein wie Hunger oder Einsamkeit zu erkennen, *bevor* im Baby der Großalarm losgeht. Und wie Sie bereits erfahren haben, kann dies äußerst schnell und ohne besondere Vorwarnung passieren.

 *Ein Baby aus einem Schreikoller herauszuholen ist weit schwieriger, als sorgsam zu beobachten, wann es ins Schreien zu kippen droht.*

Nun gibt es gerade bei oft weinenden Säuglingen solche, die nur sehr undeutliche Müdigkeitssignale aussenden. Wenn Ihr Kind für Sie anfangs noch in diese Gruppe fällt, ist es wirklich hilfreich, sich anhand des Tagesablaufprotokolls auf den Wach-Rhythmus von anderthalb Stunden zu stützen. Wenn Ihr sattes Baby also auf einmal unruhig und weinerlich wird, fehlt ihm in den meisten Fällen Schlaf.

Nehmen wir nun an, Sie haben Ihr Kind rechtzeitig vor einem Schreianfall »erwischt« und in den Schlaf schaukeln können. Sehr gut! Bleiben Sie wachsam für seine Müdigkeitssignale, und Sie werden im Weiteren mit immer weniger Einschlafhilfen – also Tragen *und* Schaukeln *und* Schnuller – auskommen können. Spätestens mit drei bis vier Monaten wird Ihr Kind wahrscheinlich schon in seinem Bett einschlafen können.

Was aber ist bei einem Schreianfall, der schon eingesetzt hat, und einem scheinbar unberuhigbaren Kind zu tun? Für ein müdes Baby gibt es keine Alternative zum Schlafen. Also werden Sie jetzt noch alles unternehmen, damit es regelmäßig schläft. Natürlich könnten Sie sich bei einem Schreianfall jedes Mal ins Auto setzen und es mit einer Spritztour in den Schlaf schaukeln. Diese für alle Betroffenen mühsame, sehr kurzfristige und zudem ökologisch bedenkliche Einschlafmethode ist wenig alltagstauglich.

Schauen wir uns vielleicht ein Stufenprogramm an Einschlafhilfen an, aus dem Sie je nach »Notfall« auswählen können. Auf allen Stufen werden zusätzlich beruhigende Sch-Laute verwendet.

1. Das Baby im Bett mittels Schnuller und Stoffwindel, die über Stirn und Augen gelegt wird, beruhigen. Es liegt am besten in Seitenlage, von einer Art Nestchen rundherum eng begrenzt.
2. Sie bewegen das Bett dabei.
3. Sie nehmen Ihr Baby auf den Arm und wiegen es, wobei Sie selbst noch sitzen.
4. Sie tragen Ihr Baby *in der Stillhaltung* (die aufrechte Haltung bietet zuviel neue Eindrücke) umher.
5. Sie gehen wie in 4. vor, decken jedoch seine Augen mit einer Stoffwindel ab.
6. Sie verwenden ein Tragetuch (das Baby wird in liegender Haltung, ähnlich einer Banane, vor den Bauch gebunden)
7. Sie gehen mit dem Baby im Tragetuch auf und ab, geben ihm einen Schnuller und wiegen es mit Sch-Lauten.
8. Sie legen Ihr Baby in den Kinderwagen und schaukeln diesen.
9. Sie gehen mit dem Baby im Kinderwagen spazieren (Verdeck zu bzw. Windel über Kopf und Augen legen).
10. Sie fahren mit dem Baby Auto.

Sie können dann Ihr eingeschlafenes Baby nach rund 20 Minuten wieder in sein Bettchen legen, weil es dann bereits in der Tiefschlafphase ist und nicht sofort wie von der Tarantel gestochen hochfährt, sobald es die Matratze berührt. Wichtig ist, dass Sie Ihr Kind *in Seitenlage niederlegen*, weil es das scheinbare Fallen in der Rückenlage als erschreckend erlebt und mit dem Moro-Reflex reagieren kann. Säuglinge, die im Tragetuch eingeschlafen sind, belassen Sie einfach darin. Spannen Sie hier die Enden des Tuches am besten ein wenig über den Gitterbettrand, sodass Ihr Kind weiterhin das feste »Hängemattengefühl« hat.

Nehmen wir also an, Sie haben Ihr Kind erfolgreich in den Schlaf begleitet, plumpsen erschöpft auf das Sofa und sehnen eine längere Ruhepause herbei. Es vergehen jedoch keine 15 Minuten und Ihr Baby ist wieder putzmunter. Diese, wie ein Vater einmal treffend bemerkte, unökonomische Einschlafprozedur – viel Aufwand für wenig Schlaf im Gitterbett – ist leider typisch für ganz kleine Babys. Sie werden wahrscheinlich auch schon die Erfahrung gemacht haben, dass Ihr Kind noch länger schlafen würde, wenn Sie es im Arm behielten. Das ist auch normal für Säuglinge dieser

Altersgruppe, in der sie einfach noch sehr, sehr viel Körperkontakt brauchen, um entspannt zu sein und somit auch länger schlafen zu können.

So wird auch deutlich, warum häufige Unternehmungen empfindliche kleine Säuglinge so stressen. Zwei Dinge passieren, die gleichermaßen kontraproduktiv sind: weitere Reizüberflutung durch immer neue Eindrücke und schlechtes Erreichen der Tiefschlafphase durch die häufigen Manipulationen mit dem Kindersitz. Babys schreien oft nicht während der Unternehmung, sondern schlagartig dann, wenn man sie, während sie friedlich schlafen, zu Hause auspackt. Wenn sich ein so kleines Baby seinen Tagesablauf aussuchen könnte, dann gäbe es zwei ausgedehnte Kinderwagenausfahrten – die man von Fall zu Fall auch durch ein Abstellen des Kinderwagens auf dem Balkon o. Ä. ersetzen kann – und ansonsten genug Zeit, um im Arm der Eltern zu dösen. Was dieser Zwang zum langweiligen, gleichbleibenden Alltag wiederum für ihre Mütter bedeuten kann, werden wir am Ende des Kapitels überlegen.

Es gilt als »Gesetz« im Babyalter:

 *Wecken Sie Ihr Baby nur in wichtigen Ausnahmefällen auf und respektieren Sie seine Schlafenszeiten im Tagesablauf.*

Ihrem Kind zu helfen, seine innere Stabilität zu bewahren, gilt mehr, als es Verwandten zu präsentieren oder eben mal schnell zu einer vielleicht aufschiebbaren Einkaufstour mitzunehmen. Diese Rücksichtnahme wird für Sie als Eltern im Weiteren mit einem ausgeglichenen, zufriedenen Kind belohnt, das Ihren gemeinsamen Alltag im Endeffekt weniger anstrengend sein lässt.

Da Babys anfangs noch relativ oft schlafen, kann man dies gut einplanen, um z. B. einkaufen zu gehen. Legen Sie so Ihr vielleicht gerade im Arm eingeschlafenes Kind in den Kinderwagen, oder lassen Sie es gleich dort einnicken, wenn Sie später eine Erledigung planen. Dieser für empfindliche Babys in den ersten drei Monaten ideale Tagesablauf ist jedoch für viele Familien so nicht realisierbar. Darum planen Sie notwendige Erledigungen, bei denen Sie Ihr Kind mitnehmen müssen, besser für die Vormittagsstunden ein, in denen es grundsätzlich noch stabiler ist.

In den ersten drei Monaten ist es dabei noch nicht von vordringlicher Bedeutung, dass Sie nur noch in Socken und auf Zehenspitzen zu Hause herumschleichen. Kleine Babys haben noch einen guten akustischen Reizschutz, der sie ein normales Maß an Hintergrundgeräuschen auch schlafend gut bewältigen lässt. Erst Säuglinge ab dem vierten bis fünften Monat schlafen deutlich besser, wenn man sie zu ihren dann bereits meist regelmäßigen Tagschlafzeiten in ein ruhiges Zimmer bringt.

Es ist ebenso nicht notwendig, dass Sie für den Tagesschlaf Ihres Kindes das Zimmer abdunkeln. Das wäre sogar kontraproduktiv. Kleine Babys lernen nicht zuletzt mittels unterschiedlicher Helligkeit im Raum, einen stabilen Tag-Nacht-Rhythmus zu entwickeln, der für einen möglichst ungestörten Nachtschlaf von großer Bedeutung ist.

Dunkelheit signalisiert dem Gehirn des Kindes, ebenso wie dem des Erwachsenen, dass nun eine längere Tiefschlafphase mit all den wichtigen Entwicklungs- und Regenerationsprozessen ansteht.

Wenn Sie jedoch nicht zu der Gruppe der Frühaufsteher gehören, die vital um 5 Uhr morgens aus den Kissen federn, dann ist es überaus hilfreich, das Schlafzimmer Ihres Babys für den Nachtschlaf möglichst dunkel zu halten. Sonst regen die ersten morgendlichen Sonnenstrahlen bei Ihrem Kind die Melatoninproduktion an, d. h., dem Gehirn wird signalisiert, dass es Tag und die Schlafenszeit vorbei ist.

 *Mit einem verdunkelten Zimmer und dem Übersiedeln des Babys ins Elternbett lassen sich oft an die zwei Stunden morgendliche Schlafenszeit für alle »herausschinden«, die Sie als Kraftreserve für den Alltag gut brauchen können.*

Wichtig ist jedoch, dass Sie diesen Trick nicht auch tagsüber anwenden, weil Ihr Kind dann nicht lernt, seine langen Schlafphasen in die Nachtstunden zu verlegen. Selbst wenn Sie aus Erschöpfung versuchen würden, Ihr Baby auf diese Weise Tag *und* Nacht zu längeren Schlafphasen zu bewegen, werden Sie damit nicht erfolgreich sein. Die menschliche Natur lebt vom Wechsel, und man kann einen natürlichen 24-Stunden-Tag-Nacht-Rhythmus nicht einfach austricksen; Ihr Baby wäre nur verwirrt und würde zu keiner Tageszeit mehr wirklich lange schlafen.

Der Sinn, ein Baby in den frühen Morgenstunden ins Elternbett zu nehmen, ist naheliegend: Kleine Kinder fühlen sich, wenn sie neben ihren Eltern liegen, einfach geborgener, was nicht zuletzt die Schlafdauer verlängert.

> Babys, die viel weinen, schlafen meist zu wenig, und das Überreiztsein aus Schlafmangel lässt sie wieder weinen. Aber gerade diesen Säuglingen, die den Schlaf so notwendig brauchen würden, fällt das Abschalten und Einschlafen schwer. Achten Sie auf erste Müdigkeitssignale Ihres Kindes und helfen Sie ihm, rechtzeitig einzuschlafen. Verwenden Sie als Unterstützung ein Tagesablaufprotokoll und achten Sie darauf, dass es spätestens nach anderthalb Stunden Wachphase wieder schläft. Je nach Überreiztheit Ihres Baby können Sie verschiedene Einschlafhilfen anwenden, die Sie je nach Situation weder unter- noch überdosieren sollten. Wecken Sie Ihr Baby nur in Ausnahmefällen auf und vermeiden Sie Unternehmungen, die seinen Schlafrhythmus stören. Verdunkeln Sie für den Nachtschlaf das Zimmer Ihres Kindes.

## Tipps zur Tagesgestaltung

In diesem Abschnitt werden wir nun alle erwähnten Ratschläge in ein sinnvolles Ganzes bringen, um Ihnen eine Orientierung zu geben, wie der Alltag mit einem Baby für alle Beteiligten befriedigender ablaufen kann. Es mag für Sie jetzt vielleicht merkwürdig klingen, dass man dafür so etwas wie eine Anleitung braucht. Im klinischen Alltag sehe ich jedoch viele Familien, gerade beim ersten Kind, die nahezu wie ein Stück Holz auf dem Wasser durch die Tage treiben und sich nach etwas Struktur und Verlässlichkeit sehnen. Aus Sorge, zu autoritär zu sein, erwarten die Eltern jedoch, dass ihre Kinder ihnen diese Struktur vorgeben. Und wenn wir uns wieder in unser kleines Baby einfühlen und dabei an das Ruderboot denken, dann ist es logisch, dass mit dieser Erwartung die gesamte Familie »schwimmt«.

Es geht auch jetzt nicht darum, Ihrem Kind ein strenges Korsett aufzuzwingen, wie es z. B. noch in den sechziger Jahren mit dem Vier-Stunden-Fütter-Rhythmus üblich war. Vielmehr soll so etwas wie eine »Garderobe« geschaffen werden, in der Sie dann Ihre Aktionen einreihen können. Vergleichen wir es mit einem Kleiderständer, der zunächst einmal einfach die Möglichkeit gibt, etwas aufzuhängen, sodass Ihre Kleider – gemeint sind Interaktionen mit Ihrem Baby – nicht mehr in einem unübersichtlichen Haufen auf dem Boden liegen. Wir werden nun als erstes diesen Kleiderständer, d. h. ein Alltagsgerüst entwerfen, um uns anschließend gute Plätze für einzelne Garderobeteile zu überlegen, sprich Interaktionen mit dem Baby zu planen.

Um einen ersten Überblick über den derzeitigen Rhythmus Ihres Kindes zu bekommen, ist das Tagesablaufprotokoll (siehe Anhang) sehr hilfreich. Bevor wir eine Art Tagesplan entwerfen, ist es wichtig, sich einmal ein bis zwei Tage auf diesem Protokoll anzusehen, um herauszufinden, welche Ess- und Schlafgewohnheiten Ihr Baby zur Zeit überhaupt hat. In der Legende des Tagesablaufprotokolls finden Sie unterschiedliche Symbole für Essens-, Schlafens- und Schreizeiten, die Sie in das 24-Stunden-Zeitraster des Protokolls eintragen. Wenn Sie nun anhand der zufälligen und ungeordneten Anzahl dieser Symbole sehen, dass Ihr Baby keine regelmäßigen Essens- oder Schlafzeiten hat, dann können wir mit dem ersten Schritt beginnen.

 *Erste Fixpunkte im Alltag eines Babys sind seine Essenszeiten. Versuchen Sie, einen Abstand von mindestens zwei, besser zweieinhalb Stunden zwischen den Mahlzeiten einzuhalten. Jede Mahlzeit sollte nicht länger als maximal 45 Minuten dauern, weil sonst die Essenszeiten mit den Schlafphasen verschwimmen.*

Gerade bei Müttern, die stillen und ein Baby haben, das viel weint, gehen (Dauer-)Essenszeiten in Phasen des Weinens und des kurzen

Einnickens über, sodass der Alltag oft zum quälenden Einheitsbrei wird. Diese Säuglinge sind dann oft weder vernünftig satt noch ausgeschlafen, sondern meist permanent quengelig. In diesen Fällen bringt ein regelmäßiger Essrhythmus eine erste Erleichterung, vor allem Babys, die unter verstärkten Koliken leiden. Ihr Kind lernt so, sich richtig satt zu essen, was eine Voraussetzung dafür ist, dass es auch längere Schlafphasen haben kann. Das bedeutet jetzt nicht, dass Sie immer sklavisch zweieinhalb Stunden abwarten müssen, bis Sie Ihr Baby füttern. Es sollte jedoch ein Rahmen sein, der grundsätzlich eingehalten wird, sodass sich etwa ein Drei-Stunden-Rhythmus ergibt, den selbst Stillkinder sehr gut einhalten können. Keine Regel ohne Ausnahme: Wenn Sie in Wachstumsphasen Ihres Kindes vor allem in der sechsten bis achten Lebenswoche und rund um den dritten Monat das Gefühl haben, dass Ihr Baby früher Hunger bekommt, z. B. weil es bei der letzten Mahlzeit nicht so viel bekommen hat, dann empfiehlt sich, mindestens anderthalb Stunden Abstand einzuhalten und möglichst rasch wieder auf den normalen Fütterrhythmus zurückzukommen.

 *Der zweite Fixpunkt sind die Schlafzeiten. Ein Baby in den ersten drei Monaten sollte spätestens nach anderthalb Stunden Wachphase wieder schlafen.*

Nachdem Sie gerade das Kapitel über Babys Schlaf gelesen haben, sollten Sie jetzt ein Werkzeug in der Hand haben, Ihrem Kind das Einschlafen zu erleichtern. Ein regelmäßiger Schlaf ist – und seien es nur kurze Phasen von gut einer halben Stunde – enorm wichtig, damit Ihr Kind stabil und zufrieden bleibt.

So, wir haben unsere Garderobe. Viel mehr an wirklich notwendigen Fixpunkten brauchen wir in den ersten drei Monaten noch nicht. Anhand des Tagesablaufprotokolls werden Sie nun merken, wann Ihr Kind gute Zeiten hat und wann es sich einfach schwerer tut, stabil zu bleiben. Aller Wahrscheinlichkeit nach wird es jetzt nach einer »Grundrhythmisierung« in den Vormittagsstunden noch sehr viel schlafen und bis in den Nachmittag hinein auch kaum nennenswerte Schreiphasen haben. Die späteren Nachmittags- sowie Abendstunden werden von spärlicher werdenden Schlaf-

und vermehrten Schreiphasen gekennzeichnet sein. So sieht ein »normaler« Babyrhythmus meistens aus.

Auch Säuglinge, die nicht vermehrt weinen, haben diese Unruhephasen, wenn sich der Tag langsam neigt, weil sie – wie größere Kinder und Erwachsene auch – vom Tag angestrengt sind und ihre Nerven mehr oder minder blank liegen. Leider können sie in diesen Zeiten typischerweise schlecht bis gar nicht mehr einschlafen. Hier können Sie zu »stärkeren« Einschlafhilfen zurückgreifen, wie z. B. Spazierengehen oder das Tragetuch.

 *Dosieren Sie Ihre Einschlafhilfen je nach Tageszeit und Verfassung Ihres Babys; d. h. reservieren Sie starke Hilfen wie Spazierengehen oder das Tragetuch für die Nachmittags- und Abendstunden.*

Jetzt können wir uns den einzelnen »Garderobeteilen« zuwenden und überlegen, wann Ihr Kind am aufnahmebereitesten ist und Sie sich Zeit für intensivere Plaudereinheiten nehmen wollen. Wir verwenden dafür den Begriff Interaktion, der vielen Eltern in Bezug auf ihr Baby vielleicht fremd oder eigenartig vorkommt.

Interaktion bedeutet, dass zwei Lebewesen miteinander in einen Dialog treten. Am einfachsten können wir sie uns wie ein Tischtennisspiel vorstellen: Ping-Pong – einmal schlägt der eine den Ball rüber, dann der andere. Wenn nun einer den anderen mit Bällen nur »zuballert«, wird sich weder ein sinnvolles Spiel ergeben, noch bekommt man einen besonders zufriedenen Spielpartner. Mit Säuglingen geschieht dies aber leider regelmäßig. Warum?

Viele Eltern von kleinen Babys sind anfangs noch so darauf bedacht, ihr Kind vom Weinen abzuhalten, dass sie ein ganzes Programm von Aktivitäten abspulen und kaum auf die Idee kommen, einmal zu beobachten, was ihr Nachwuchs überhaupt signalisiert. Mit diesem Irrtum waren Eltern nicht allein. Sowohl in der Gesellschaft allgemein als auch der Kinderheilkunde traute man kleinen Babys weder ein Schmerzempfinden zu (kleine Operationen wurden bei Neugeborenen noch bis in die sechziger Jahre ohne Narkose vorgenommen!) noch, dass sie ihren Eltern irgendetwas Sinnvolles vermitteln können. Erst spätere Forschungsergebnisse zeigten, dass ein Säugling von Geburt an aktiv mit seinen Eltern in Kontakt tritt – und treten möchte. Was heißt das jetzt für unseren Alltag mit einem Baby? Abgesehen von Füttern und Schlaflegen gilt es ja im Weiteren zunehmend mehr Dinge zu erledigen und Plauderzeiten zu nutzen. Und hierfür gibt es günstige und kritische Zeitpunkte.

### Günstige Phasen im Tagesverlauf

Mit »günstiger Phase« sind Zeiten gemeint, in denen das Baby weder hungrig noch müde, d. h. stabil genug ist, um zusätzliche »Belastungen« gut ausbalancieren zu können. Vermeiden Sie auch hier einen Marathon an Erledigungen, also z. B. Baden *und* Nägelschneiden. Es spricht nichts dagegen, unangenehme Dinge wie eben Nägelschneiden zu stückeln, wenn Ihr Baby dagegen protestiert (und beim Schneiden der Nägel im Schlaf immer wieder aufgeweckt wird). Es ist besser, Sie schneiden täglich nur drei Nägel und haben dafür ein stabiles Kind. Keine Sorge, auch diese Regel gilt nur für das frühe Säuglingsalter. Mit einem Kleinkind kann man diesbezüglich schon ganz anders verhandeln.

 *Legen Sie wenn möglich anstrengende oder unangenehme Dinge wie Baden, Nägelschneiden oder Umziehen in die »guten« Phasen Ihres Babys.*

Diese aufmerksamen und ausgeruhten Phasen sind anfangs ein kostbares Gut, weil sie noch so kurz andauern. Erst etwa mit fünf bis sieben Wochen, also dann, wenn auch das erste bewusste Lächeln Ihres Kindes auf seinem Gesicht erscheint, ist es reif genug, um länger wach und aufmerksam zu sein. Das ist vor allem nach dem Füttern, bei dem Babys ganz intensiv ihre Mütter oder auch ihre fütternden Väter anschauen. Anfangs sind es nur ein paar Minuten, aber mit rund drei Monaten sind die Babys schon für längere Flirts zu haben.

Doch genau hier setzt bei Eltern von Babys, die viel weinen, ein Teufelskreis ein: Durch das meist schon wochenlange »Angebrülltwerden« sind sie heilfroh, wenn ihr Kind endlich einmal ruhig ist –

und meiden es wie eine heiße Kartoffel. Ein Vater formulierte: »Nur nicht anrühren«, und drückte somit treffend den Beginn einer Vermeidungshaltung aus. Da Schreibabys ihre Eltern so fordern, sind diese über kurz oder lang kontaktüberdrüssig. Kontakt heißt in diesen Fällen eben meist frustrierende Interaktion, nämlich stundenlange Beruhigungsversuche, die mit »Anbrüllen« quittiert werden (genauso erleben es Mütter und Väter in nachvollziehbarer Weise). Sind Eltern von »braven Babys«, d. h. von solchen, die viel schlafen, meist ganz erpicht darauf, mit ihrem endlich wachen Schatz auch einmal in Kontakt treten zu können, laborieren Mamas und Papas von irritierbaren Säuglingen genau am Gegenteil – am Zuviel an Kontakt. Und eine andere Form von Interaktion kann sich durch die erwähnte Vermeidungshaltung oft gar nicht aufbauen.

 *Eltern von Schreibabys brauchen nicht mehr, sondern befriedigenderen Kontakt zu ihrem Kind.*

Da das »Beziehungskonto« zu einem Baby, das viel weint, meist längst in den roten Zahlen ist, braucht es ganz dringend »Einzahlungen« in Form von schönen Erlebnissen mit ihm. Denn durch Kontaktvermeidung und das häufige Einsetzen von Babysittern entsteht zwangsläufig eine distanziertere Beziehung, die einen im Weiteren auch um die innigen Glücksmomente bringen kann. Gemeint ist jetzt nicht, dass ausschließlich in den schwierigen ersten drei Monaten das Fundament für eine geglückte Bindung gelegt wird. Was jedoch angelegt wird, ist die innere Einstellung zum Nachwuchs: Ein Baby, das anfangs als sehr mühsam empfunden wird, kommt aus dieser Etikettierung manchmal nicht so schnell wieder heraus. Denn einen Mitmenschen, den man anstrengend findet, möchte man naheliegenderweise nicht näher anrühren und tieferen Kontakt zu ihm suchen.

 *Darum nutzen Sie die guten, d. h. aufnahmebereiten Phasen Ihres Kindes für erste Flirtversuche und Plaudereinheiten, sodass vor allem auch Sie etwas für Ihren Einsatz zurückbekommen.*

Und hier ist Mutter Natur verlässlich: Einem Baby, das einen anstrahlt, kann man kaum widerstehen. Aus Erfahrung schießt das »Liebesbarometer« bei den Eltern sprunghaft in die Höhe, wenn sie die Gelegenheit zu solchen Erlebnissen haben und diese im Weiteren auch in schwierigen Phasen häufiger werden. Die Seele ist nun einmal, wie auch die gesamte Natur, ökonomisch eingerichtet, d. h. die Dinge müssen im Gleichgewicht bleiben.

Darum ist es auch nur verständlich, wenn Eltern, die von ihrem Baby hauptsächlich »angeschrien« werden, viel mehr Mühe haben, liebevolle Gefühle zu entwickeln. Speziell Mütter plagen dann stille, quälende Zweifel und Schuldgefühle, dass sie ihr Kind nicht genug lieben. Dabei ist es sowieso schon ein enormer Liebesvorschuss, sich geduldig, oft erfolglos und bis zur Erschöpfung 24 Stunden am Tag um ein weinendes Baby zu kümmern. Dass bei diesem Einsatz und der noch wenig deutlich geäußerten »Gegenliebe« von Seiten des Kindes die große Elternliebe (vorerst) ausbleibt, ist nur logisch. Gerade Eltern, die als Bestätigung Ihres Engagements ein deutliches »Lob« in Form eines sonnigen Kindes brauchen, werden von so einem kleinen, empfindlichen Schreibaby arg frustriert. Auf die Beziehungsdynamik, die entsteht, wenn ein Kind nicht so ist, wie man es sich innerlich gewünscht hat, wird im Abschnitt »Die Vorstellungen und Wünsche der Eltern« (S. 171 ff.) noch eingegangen.

 *Achten Sie darauf, dass Sie mehrmals täglich Momente erleben, in denen Sie sich mit Ihrem Baby »von Herz zu Herz« treffen.*

Gemeint sind diesen kurzen innigen Augenblicke, in denen zwei Menschen einander im Innersten berühren. Und genau diese Momente sollte es auch zwischen Ihnen und Ihrem Partner in der stressigen Anfangszeit zumindest alle paar Tage geben. Ich weiß, es ist schwierig, das Gleichgewicht zu halten, und im Grunde kommen alle immer ein wenig zu kurz. Aber dass Sie den Kontakt als Paar zueinander nicht verlieren, ist für Ihr Kind in seiner weiteren Entwicklung mindestens genauso wichtig wie für Sie als Paar.

Zurück zum Alltag mit unserem Baby. Wir haben nun seine wachen und aufnahmebereiten Zeiten mit Plaudereinheiten zum gegenseitigen Kennenlernen genutzt – denn im Grunde ist ein

Säugling eine genauso fremde Persönlichkeit wie jeder andere auch, der erst vor so kurzer Zeit in unser Leben getreten ist. Weiterhin konnten wir ein paar anstrengende oder unangenehme Dinge mit dem Baby erledigen. Wie kann man nun die oft kurzen Zeiten, in denen das Baby schläft, bestmöglich nutzen?

 *Scheinbar logisch, doch selten verwirklicht: Nutzen Sie diese Zeiten zur wirklichen Erholung bzw. zur Erledigung Ihrer Pflichten.*

Diese Aussage mag vielleicht banal klingen, aber erfahrungsgemäß kommt es häufig vor, dass Eltern diese, oft nur sehr kurzen ruhige Phasen – quasi den Joker des Alltags – einfach verbummeln, was für sie sehr unbefriedigend ist. Sie sind zwar völlig ausgelaugt, doch ruhen sie sich weder wirklich aus noch tun sie die notwendigen Handgriffe im Haushalt, um nicht ganz im Chaos zu versinken. Meist verbringt man die Zeit unschlüssig auf dem Sofa oder geht planlos herum, und der Konflikt zwischen einem schier unbewältigbaren Berg an Verpflichtungen und einem unsagbaren Schlafbedürfnis wird immer größer. Erschwert wird diese Planlosigkeit durch den Umstand, dass gerade bei so kleinen Säuglingen nie klar ist, wie lange sie denn jetzt wirklich schlafen werden. Viele Mütter haben diese »tickende Zeitbombe« im Hinterkopf und können sich dann natürlich schwer entspannen oder wirklich eine Arbeit beginnen.

Für sich selbst Nischen im Alltag zu finden, die man beliebig und bestmöglich nutzt, ist genauso wichtig, wie sein Kind dabei zu unterstützen, zu einem stabilen Tagesrhythmus zu finden. Es hilft Ihnen in dieser anstrengenden Zeit, einfach selbst stabil zu bleiben, und beugt einem Kentern des ganzen Familienbootes vor.

### Kritische Phasen im Tagesverlauf

Diese Phasen sind Ihnen sicher wohlbekannt und bedürfen keiner näheren Erläuterung. Selbst bei stabileren Babys sind die Spätnachmittags- und Abendstunden eine heikle Zeit. Und auch mit den Nerven der Eltern, die meist ab den frühen Morgenstunden Tagdienst schieben, steht es nicht zum Besten. Sehr schnell eskaliert in dieser für alle anstrengenden Tageszeit ein beginnendes Quengeln in Schreien oder eine harmlose an den Partner gerichtete Bemerkung in einen Streit. Darum:

 *Planen Sie in diesen kritischen Phasen nichts, was eine zusätzliche Anstrengung bzw. einen größeren Energieaufwand für Sie und Ihr Kind bedeutet.*

Dazu gehören auch Besuche sowie Küchenputz- oder Kochaktionen und Ähnliches. Am hilfreichsten ist es, angenehme und beruhigende Dinge einzuplanen wie den täglichen Spaziergang. Sie werden in diesen Stunden ohnehin nichts Entscheidendes zustandebringen, weder an Erledigungen noch an Erholung. Also ist es viel vernünftiger, mit dem Strom zu schwimmen und gemeinsam mit dem Partner für die Abendstunden eine Art Einsatzplan auszumachen. Ein Vater, der z. B. aus dem Büro kommt und dann eine längere Auszeit verlangt, weil er erschöpft ist und in der Nacht meist auch schlecht geschlafen hat, wird das innere Familiengleichgewicht genauso ins Wanken bringen wie eine Mutter, die sich just in dieser Zeit einem längeren Telefonat hingeben möchte.

Ist Ihr Baby dann, endlich, im Bett, nutzen Sie klug die Zeit, um sich entweder wirklich zu erholen oder gemeinsam schnell und effektiv den Haushalt auf ein Mindestmaß an Ordnung zu bringen. Über die Schwierigkeiten in dieser Phase, sowohl für sich selbst als auch füreinander etwas zu tun, werden Sie gleich im Anschluss an dieses Kapitel erfahren.

Wir haben nun unsere Garderobe, in die wir hoffentlich je nach Verfassung und Tageszeit sowohl alle Aktivitäten mit dem Baby als auch Nischen für sich selbst und das notwendige Übel Haushalt unterbringen können. So kommen wir zu einer häufigen gestellten Frage:

**Wie viel Unterhaltung bzw. Spielzeug braucht ein Baby?**

Ein Baby in den ersten drei Lebensmonaten braucht im Grund weder »Unterhaltung« im Sinne von Aktivitäten noch Spielzeug. In seinen anfangs noch kurzen aufnahmebereiten Phasen zieht es bis in den vierten, fünften Monat hinein das menschliche Gesicht eindeutig allen anderen Betrachtungsobjekten vor, wie viele wissenschaftliche Untersuchungen gezeigt haben.

Ihr Gesicht ist für Ihr Kind das allerschönste »Spielzeug«. Wenn Sie, was man automatisch tut, seine jeweiligen Laute und Grimassen nachahmen, beglücken Sie es am meisten. Diesen Prozess nennt man »Spiegeln«, was bedeutet, dass sich Ihr Kind in Ihren hoffentlich leuchtenden Augen widerspiegelt und emotional erlebt, dass es als Lebewesen existiert. Ein Baby hat anfangs kaum ein Gefühl für sich selbst, weder für seinen Körper noch für seine Psyche. Es weiß im wahrsten Sinne des Wortes nicht, wo es anfängt und wo es aufhört. Erst durch engen Körperkontakt entwickelt es ein Gespür für seine Körpergrenzen (etwa: »Aha, das ist Mamas Arm, der stößt an meinen Arm«). Ebenso wird es durch Ihre freudige Reaktion überhaupt ein Gefühl für seine Emotionen bekommen (etwa: »Aha, wenn ich lächle und mich freue, dann freut sich der Papa auch und lächelt«). Ein Säugling entwickelt also erst durch körperlichen und emotionalen Kontakt zu seinen Bezugspersonen überhaupt die Wahrnehmung, da zu sein und zu existieren.

Kein Mobile oder Stofftier kann einem Baby diese überlebensnotwendige Selbsterfahrung vermitteln. Ein perfekt eingerichtetes Kinderzimmer dient anfangs mehr dem Gefühl der Eltern, für ihr Kind Platz und Raum geschaffen zu haben, und *so gesehen* ist es eine sehr notwendige Sache. Meine Erfahrung ist jedoch:

 *Gerade Babys, die viel weinen, sind sehr schnell überreizt und werden durch Dinge wie Mobiles eher aus dem Gleichgewicht geworfen.*

Probieren Sie vielleicht einmal selbst aus, sich unter ein drehendes Mobile zu legen, und stellen Sie dann noch die dazugehörige Spieluhr an. Im Grunde ist es ein Hagel an Eindrücken, der auf ein Baby niederprasselt. Darum sollten Sie mit diesem Spielzeug warten, bis Ihr Kind etwa drei Monate alt ist, und dann auch testen, wie viele Umdrehungen es verträgt, ohne loszuweinen. Gegebenenfalls können Sie auch Einzelteile des Mobiles abmontieren. Die »volle Besetzung« plus Musik vertragen sensible Babys meist erst ab dem vierten, fünften Monat. Hier gilt:

 **Weniger ist mehr. Beginnen Sie mit einem Gegenstand am Mobile, ohne Musik, und beobachten Sie dabei die Reaktion Ihres Kindes.**

Lassen Sie Ihr Baby auch möglichst nicht stundenlang unter diesem Spielzeug liegen, weil es sich vor dieser Dauerberieselung noch nicht schützen kann und so leichter zu weinen anfängt. Klüger ist es, dem Kind punktuell einen Gegenstand zum Betrachten anzubieten, und wenn Sie merken, dass es beginnt, den Kopf wegzudrehen oder unruhig zu werden, den Gegenstand wieder zu entfernen bzw. das Mobile abzunehmen.

Wenn Sie einen Eindruck davon gewonnen haben, was Ihr Baby stresst und welche Belastungen ihm gar nichts ausmachen, können Sie an die Umsetzung Ihrer Wünsche bezüglich der Tagesgestaltung gehen. Dabei ist wichtig zu beachten, dass ein möglichst regelmäßiger, »langweiliger« und reizarmer Alltag für so einen kleinen Säugling, vor allem für ein Schreikind, das Allerbeste ist – einfach weil es dadurch nicht noch durch weitere Eindrücke belastet wird. Da diese Art Lebensführung, je nach Temperament, nicht allen jungen Eltern gleich entspricht, ist es vernünftig, sich nach einem Babysitter umzusehen. Es ist für ein Kind in diesem Alter weit weniger belastend, mit einer unvertrauten Person spazieren zu gehen bzw. von ihr herumgetragen zu werden, als seine Mutter durch Shoppingcenter oder in Cafés zu begleiten. Nutzen Sie daher, wenn Sie stillen, die Stillpausen für kleinere Ausgänge, damit Sie das Leben mit einem kleinen Baby nicht in manchen Momenten als zu erdrückend erleben.

### Und wo bleibt Zeit für Sie selbst bzw. das Elternpaar?

Diese Frage stellt sich oft erst dann, wenn das Baby abends endlich in seinem Bett schläft, was bei einem Schreikind in den ersten Lebenswochen häufig erst so spät eintritt, dass seine Eltern selbst schon absolut erschöpft und todmüde sind. Es ist ein heikles Problem, das in den ersten drei Lebensmonaten kaum wirklich befriedigend zu lösen ist.

Die gesellschaftliche Entwicklung hin zur Kleinfamilie hat viele Vorteile mit sich gebracht, aber in der Anfangszeit mit einem Neugeborenen auch entscheidende Nachteile. Zwei Personen, im Regelfall meist aber nur eine, müssen 24 Stunden lang emotional und organisatorisch ein Übermaß an Einsatz bringen, um einem Säugling, der viel weint, gerecht zu werden. Nicht nur, dass all das, was ein so kleines Baby beruhigt, aus der Mode gekommen ist, sondern aufgrund der geschlechtsspezifischen Arbeitsteilung muss die Mutter den Säugling zumindest tagsüber allein versorgen. Naturvölker, bei denen Kinder in Frauenverbänden betreut werden, haben diese Probleme nicht.

Ganz drastisch ist diese an und für sich schon belastende Situation naturgemäß für allein Erziehende. Weder verfügen sie meist über ein Netz von hilfreichen Verwandten, noch haben sie einen ständigen Ansprechpartner, der im selben Ausmaß wie sie selbst an dem Baby interessiert ist. So sehen sie sich einem Berg von unerledigten Behördengängen, Einkäufen, Wäschehaufen und einer chaotischen Wohnung völlig allein gegenüber. Schläft ihr Baby abends, dann ist niemand da, dem man von seinem Kind und der eigenen Befindlichkeit erzählen kann. Jeder Kontakt, jede Hilfeleistung muss mühsam organisiert werden. Kommt zu dieser tristen Grundsituation, die neben der Freude über das Baby auch ständig Trauer über den verlorenen Traum vom intakten Familienleben umfasst, noch ein besonders anstrengendes, viel weinendes Baby hinzu, droht der Kollaps.

Aber auch für ein Elternpaar, das zusammenlebt, ist in dieser stressigen Ausnahmesituation bei weitem nicht alles so idyllisch, wie es vor allem in den Augen von allein Erziehenden aussieht. Für viele Paare kommt noch ein weiterer Problembereich hinzu, mit dem sie in dieser Form nicht gerechnet haben. Entgegen dem gesellschaftlichen Trend zur partnerschaftlichen Aufteilung jedes Lebensbereichs scheinen mit der Geburt eines Kindes archetypische Verhaltensweisen von Männern und Frauen wieder verstärkt einzurasten. Dies betrifft nun weniger die tatsächliche Versorgung des gemeinsamen Babys, sondern vielmehr das unterschiedliche Erleben dieser für beide Eltern so anstrengenden Zeit. Und genau diese

Unterschiede im Erleben können für viele Missverständnisse und reichlichen Konfliktstoff zwischen den Partnern sorgen. Darum:

 **Setzen Sie – überspitzt gesagt – in diesen Wochen am besten Ihre gegenseitigen Erwartungen bezüglich Verständnis, Anerkennung, Streicheleinheiten, Sex und Aufmerksamkeit möglichst niedrig an.**

Ich weiß natürlich, dass genau in dieser Zeit sowohl Frauen als auch Männer besonders viel Zuwendung vom anderen brauchen. Mütter sind allein durch die Hormonumstellung in den ersten sechs Wochen nach der Geburt sowie durch die psychischen und physischen Strapazen besonders anlehnungsbedürftig. Sie benötigen selbst besonders viel »Nahrung« von ihrem Partner, aber auch von der eigenen Mutter. Dies ist völlig verständlich, geben sie doch schon dem Baby soviel Nährendes jeglicher Art, was einfach wieder zurückgewonnen werden muss. Darum sollte man Frauen in dieser Zeit auch jegliche Stimmungsschwankungen und besondere Ansprüche nachsehen. Sie leisten einfach Außergewöhnliches (auch wenn es viele Mütter so nicht sehen können). Das ist für die meisten Männer auch noch gut nachvollziehbar, speziell dann, wenn sich dieser Zustand nicht länger als ein paar Wochen, also die Zeit des Wochenbetts hinzieht.

Für die Partnerschaft kommt erschwerend hinzu, dass es vielen Frauen in dieser frühen Phase des Mutterseins enorm schwer fällt, auch noch Energie für ihren Partner aufzubringen. Sowohl ein Baby, das viel weint, als auch ein unkompliziertes Kind besetzen ihre Aufmerksamkeit fast gänzlich. Sind Mütter eines anstrengenden Babys meist völlig ausgelaugt und kämpfen mit ihrer eigenen Unsicherheit in dieser neuen Rolle, so fallen Mütter eines stabileren Babys meist in eine fast symbiotische Liebe zum Kind, die den Vater in gewisser Hinsicht ausschließt. So sind die Karten für den Partner in beiden Fällen nicht gut. Mütter, die den ganzen Tag ein viel weinendes Baby versorgen müssen, lechzen dem Moment entgegen, in dem sich die Wohnungstür öffnet und Ablösung naht. Und dieser Moment ist für sie fast immer viel zu spät. Zu groß ist das Bedürfnis, endlich Pause zu haben, mit einem Erwachsenen zu reden sowie liebevoll verwöhnt und aufgebaut zu werden. So bekommt der Partner statt dieses Wunsches nach Zuwendung oft nur den Ärger seiner Partnerin zu spüren, warum er nicht schon früher nach Hause kommen konnte – und wird auf sie dementsprechend »falsch« reagieren.

Auf der anderen Seite werden Väter von einer Partnerin, die in frischer Liebe zum gemeinsamen Baby verfangen ist, oft auch nicht gerade enthusiastisch begrüßt. Zeit und Aufmerksamkeit, die von ihr für den frisch gebackenen Vater aufgebracht werden, sind oft gar knapp bemessen. Diese Frauen können dann oft nicht verstehen, warum sich ihr Partner immer mehr zurückzieht und vielleicht noch mehr arbeitet. Dieser für sie sehr kränkende Rückzug kann dann vielmehr ein weiterer Grund sein, sich ganz in die symbiotische Beziehung zum Baby zu versenken und sich dort die Streicheleinheiten und den vermissten Körperkontakt zu holen.

Selbst der Vorteil, den die Arbeitsteilung – einer betreut das Baby, einer geht Geld verdienen – für Mütter hat, die gern ihr Baby betreuen wollen, kann zum partnerschaftlichen Bumerang werden. So verlieren Frauen plötzlich ihre finanzielle Unabhängigkeit und fühlen sich in der Rolle derjenigen, die um Geld fragen muss, vielfach sehr unbehaglich. Der ehemals finanziell gleichberechtigte Partner kommt auf einmal in die Rolle des Geldgebers, was für beide Elternteile belastend werden kann.

Aber auch Männer sind in einem beachtenswerten Ausnahmezustand. Erfahrungsgemäß sitzt der allergrößte Teil der Väter bereitwilligst in den Startlöchern, um Frau und Kind gut zu versorgen. Versorgen heißt jedoch angesichts der geschlechtsspezifischen Aufgabenverteilung primär Geld verdienen, d. h. arbeiten – und in vielen Fällen noch mehr arbeiten, um ein noch besserer Versorger zu sein. Für die Väter ist der Umstand, nun allein eine Familie ernähren zu müssen, oft genauso belastend wie für ihre Partnerin, kein eigenes Geld mehr zu haben. Je nach finanzieller Situation einer Familie – und gerade die Familiengründung zieht nicht zuletzt in Sachen Wohnraum eine Kostenexplosion nach sich – kann dieser Faktor zur Nagelprobe einer Beziehung werden.

Hat ein Vater jedoch dann endlich frei, kümmert er sich meist genauso engagiert um das Baby, und selbst die größten Kochmuffel beginnen spätestens zu diesem Zeitpunkt, ihre Partnerin auch kulinarisch zu verwöhnen. Aber gerade wenn die Nächte durch ein viel schreiendes Baby immer kürzer werden und ein Vater tagsüber im Job massiv gefordert wird, lässt auch seine Erschöpfung nicht lange auf sich warten. Was er dann brauchen könnte, ist, dass sein Einsatz auch dementsprechend gewürdigt wird. Fatalerweise ist das aber nicht immer der Fall. Vor allem wenn sich der Zeitpunkt seiner abendlichen Heimkehr durch Überstunden immer mehr hinausschiebt, wird seine Partnerin ihn in diesem Moment nicht als besonders verantwortungsvollen Familienernährer erleben, sondern vielleicht als unsolidarischen Drückeberger, der möglichst lange dem Baby-Dienst entkommen möchte.

Aber auch ein engagierter Vater mit mehr Tagesfreizeit hat es nicht immer leicht. Nicht selten wird von einem kritischen mütterlichen Augenpaar verfolgt, ob er denn auch wirklich alles richtig macht, wenn er sich mit dem Kind im Arm dem Wickeltisch nähert. Hier passiert vielfach etwas für Väter Unverständliches: Die Partnerin erwartet eine Beteiligung an der Arbeit – und kritisiert dann fast jeden am Baby ausgeführten Handgriff. Diese gehäufte Kritik, aber auch das häufige Desinteresse ihrer Partnerin an ihrer Person und die völlig Hinwendung zum Baby, das nun alle Streicheleinheiten bekommt, ist für Männer ausgesprochen kränkend. Hinzu kommt das in ihren Augen völlige Unvermögen ihrer Partnerin, auch einmal länger als zwei Minuten über etwas anderes als das Baby zu reden. Diese »Gehirnwäsche«, die selbst die interessiertesten und gebildetsten Frauen nach der Geburt ihres ersten Kind mehr oder weniger befällt, ist für ihre Partner meist nicht nachvollziehbar.

So bringt der Familienzuwachs nicht nur das gut eingespielte Leben zu zweit durcheinander, er verändert auch beide Elternteile und ihre Fähigkeit, mit Konflikten umzugehen. Da heutzutage die meisten Paare partnerschaftlich leben, ändert sich mit der Geburt des ersten Kindes eine vertraute Lebensweise. Plötzlich kommt es zur »klassischen« Arbeitsteilung, bei der ein Elternteil sich vornehmlich um das Wohl des Nachwuchses kümmert und der andere »die Beute nach Hause bringt«. So wollen nun viele Väter ihrer Verantwortung als »Familienernährer« mit einem möglichst guten Monatseinkommen verstärkt gerecht werden. Die Rolle der Frau ändert sich naturgemäß noch drastischer, und daher suchen die meisten frisch gebackenen Mütter noch stark nach Orientierung. Das geschieht vor allem in einer starken Fokussierung des Interesses auf alles, was mit dem Baby zu tun hat. Die Neigung mancher Frauen, ihren Partner im Umgang mit dem Baby aus geringfügigem Anlass zu kritisieren, entsteht erfahrungsgemäß bei solchen Müttern, die sich in ihrer Mutterrolle selbst noch sehr unsicher fühlen. Zum einen sind sie über einen kompetenten Kindesvater erleichtert, zum anderen stellt er aber auch eine Konkurrenz dar, die das mütterliche Selbstbewusstsein untergräbt. Darum hat die fast ausschließliche Beschäftigung mit allem, was das Baby betrifft, einen tieferen Sinn: Sie verstärkt die Bindung zum Kind und erleichtert den für Frauen doch schwierigen Rollenwechsel.

Aber nicht nur in den Auslösern dieser Konflikte können sich Partner oft schlecht verstehen, auch in deren Lösung hakt es oft gewaltig. Beide Elternteile sehnen sich im Grunde nach vermehrten Streicheleinheiten, nach Anerkennung für ihren enormen Einsatz und – durch die geänderten Lebensumstände und Rollenbilder – nach Verständnis für ihre Bedürfnisse. Paradoxerweise können sich aber viele junge Elternpaare genau diese beiderseits so benötigte Zuwendung nicht geben. So fällt es manchen jungen Vätern bis heute schwer, ihre weinende und verzweifelte Partnerin auch emotional offen zu trösten. Diese Männer lieben ihre Partnerin zwar genauso, fühlen sich aber weitaus wohler, wenn sie ihr konkret Tipps und Lösungsvorschläge liefern können. Dieses Nicht-Eingehen auf ihr Gefühlsleben kränkt junge Mütter jedoch sehr, weil sie selbst vielfach vom Grad ihrer Verletzbarkeit und Bedürftigkeit überrascht sind und gerade von ihrem Partner alles, aber nur keine guten Tipps brauchen. Hinzu kommt der Umstand, dass viele Frauen in dieser Drucksituation oft mehr oder weniger begründet aggressiv reagieren, was ihrem Partner ein Näherkommen auch nicht leichter macht. Und speziell Erstgebärende sind von ihrem Baby oft so in Beschlag genommen, dass sie wiederum die Bedürfnisse ihres Partners kaum sehen können. Erschwert wird diese Situation, wenn ein Mann seiner Partnerin auch nicht vermitteln kann, wie es ihm geht und was er sich von ihr wünscht.

Gelingt es nun einem Paar, sowohl Zeit als auch Muße für gemeinsame Streicheleinheiten zu finden, dann droht das nächste Problem. So sehr junge Eltern meistens Zärtlichkeit und die Möglichkeit sich anzulehnen genießen, so wenig sind jedoch junge Mütter, speziell wenn sie stillen, an »mehr« interessiert. Auch dieses Gebiet, nämlich Sex, das Paare früher innig vereinte und ebenso eine Möglichkeit zur Nähegewinnung in schwierigeren Zeiten war, bleibt somit häufig verschlossen. Für Frauen ist der Verzicht auf Nähe dieser Art zwar ebenso bedauerlich, aber im Innersten sind sie rein hormonell – was von der Natur im Grunde klug eingerichtet ist – auf die Versorgung des Babys und nicht die Produktion eines weiteren Kindes programmiert. Dazu kommt, dass ihr Körper meist noch wund und nicht zuletzt mit den tröpfelnden Brüsten und dem bestehenden Wochenfluss so gar nicht auf Sex eingestellt ist. Dieser Libidoschwund dauert bei stillenden Müttern oft bis zum Abstillen des Babys bzw. zum reichlichen Zufüttern an und stellt eine Partnerschaft auf eine gewisse Probe. Denn selbst die verständnisvollsten Väter können im Grunde nach ein paar Wochen bzw. Monaten des Lebens zu dritt nicht ganz verstehen, warum ihre Partnerin noch immer keinen Sex will. Ihre Hormonsituation verändert sich zwar interessanterweise auch – Männer produzieren rund um die Geburt ihres Babys mehr Östrogen, das sie verstärkt fürsorglich werden lässt –, sie pendelt sich aber nach ein paar Wochen wieder auf das gewohnte Maß ein. Darum ist für sie der totale Sinneswandel ihrer Partnerin in Sachen Sex so schwer nachzuvollziehen. Zieht sich dieser Zustand dann über ein paar Monate hin, erleben viele Väter dies als Ablehnung ihrer Person. Diese Situation kann für ein Paar eine wirkliche Belastung darstellen, weil speziell stillende Mütter – denn nur sie trifft die nachhaltig veränderte Hormonlage – diesen erhofften Liebesbeweis kaum erbringen können. Erschwerend kommt noch hinzu, dass manche Frauen durch den ständigen, vor allem beim Stillen intensiven Körperkontakt mit dem Baby nicht noch mehr Nähe haben wollen.

Aber auch auf einem anderen Kanal der gegenseitigen Verwöhnung ist oft Ebbe angesagt: dem Kochen. Ist der Mann gerne derjenige, der den Kochlöffel schwingt, sieht die Lage wenigstens an den Wochenenden besser aus. Das bewahrt jedoch ein Paar nicht davor, zumindest an den Wochentagen eine gewisse Durst- bzw. Hungerstrecke zurücklegen zu müssen. Denn selbst den größten Köchinnen versagt in den ersten Lebenswochen ihres Kindes auf einmal die kochlöffelantreibende Kraft und der Ideenfluss an leckeren Speisen. Die Vorstellung, noch weitere Personen neben dem oft auslaugenden Baby versorgen zu müssen – darum sind zu bekochende Freundesrunden für frisch gebackene Mütter oft eher eine Belastung als eine Bereicherung –, überfordert und lähmt sie buchstäblich. Diese Frauen sehnen sich nach einem ihnen servierten Mahl, möglichst mit Leibspeisen aus der eigenen Kindheit (die Stunde einer guten Großmutter ist nun gekommen), und horten auf einmal Nahrungsmittel, als ob in Bälde ein staatlicher Versorgungsengpass zu erwarten sei. Sie kommen damit aus weiblicher Sicht dem gleichen Versorgungs-Urprinzip nach, das den Mann, aus seiner Sicht, vielfach länger im Büro bleiben lässt. Sie baut einer plötzlichen Lebensmittelknappheit vor, er einem plötzlichen Verarmen – beides im Grunde oft unlogische Handlungsweisen, aber auch wir Menschen können nicht unser Jahrhunderte altes, genetisches Überlebensprogramm mittels Logik über den Haufen werfen.

Wir haben nun ein Paar, das einer enormen Belastung durch ein viel weinendes Baby ausgesetzt ist und sich aber, bildlich gesprochen, die gegenseitigen Batterien schwer aufladen kann. Mit einer guten und stabilen Beziehungsbasis wird man diese leider so üblichen und normalen Belastungen auch bewältigen. Eine gewisse Krise stellt diese Zeit jedoch mehr oder weniger für alle Jungfamilien dar.

Gerade Eltern mit einem Schreikind sind hier noch einmal einer besonderen Belastung ausgesetzt: wie sie ihre wütenden und frustrierten Gefühle gegenüber ihrem Baby bewältigen sollen. Im Regelfall werden diese heftigen und für junge Eltern oft erschreckenden Emotionen mit zusammengebissenen Zähnen hinuntergeschluckt, alleine um weiter funktionieren zu können. Diese Gefühle kommen natürlich an anderer Stelle wieder zum Vorschein. Und diese Stelle ist meist der Partner, der oft als Blitzableiter dient. Da Mütter in den allermeisten Fällen das gemeinsame Baby tagsüber allein versorgen müssen, sammelt sich auch bei ihnen viel mehr von diesen schwierigen Emotionen an. Erfahrungsgemäß leisten hier viele Väter im Stillen Großes, indem sie sich oft ungerechtfertigt kritisieren und anherrschen lassen. Sie schützen damit unbewusst ihr Baby, das seine Mutter als Hauptbezugsperson so oft überfordert, aggressiv und verzweifelt macht. Vielen Frauen ist oft gar nicht bewusst, dass ihr Partner vielfach diese so überaus wichtige Rolle in den ersten Wochen mit dem Baby tadellos und unsichtbar spielt.

So ist der eingangs hervorgehobene Satz also zu verstehen: Erwarten Sie möglichst wenig voneinander, denn all Ihre Energie fließt derzeit in die Versorgung Ihres Kindes. Je mehr es ein sensibles, irritierbares Baby ist und viel weint, desto mehr Kraft fehlt logischerweise Ihnen beiden. Aber freuen Sie sich über jede einfühlsame und hilfreiche Aktion Ihres Partners und lernen Sie diese zu schätzen.

Folgender Ansatz kann zusätzlich helfen, die beiderseitigen Tanks wieder aufzufüllen: Nutzen Sie jede Gelegenheit, um Ihrem Partner zu sagen, was er/sie gerade besonders gut gemacht hat, bzw. was von ihm besonders mitdenkend und liebevoll war. Diese Momente verstreichen im hektischen Alltag vielfach ungenutzt und bringen doch so viel an gegenseitigem Auftrieb. Bestärken Sie einander in Ihrer Elternrolle und sprechen Sie dieses Lob auch aus, denn der andere wird es, ähnlich wie Sie selbst, nicht »sowieso wissen«. Außerdem braucht man es gerade in einer so gravierenden Stresssituation, dass man dieses »Wissen« auch gesagt bekommt. Müttern hilft sehr, wenn man ihre Leistung, das Baby weitgehend allein und vor allem gut zu versorgen, auch sieht, und Vätern tut es enorm wohl, wenn ihre Doppelbelastung durch Beruf und Baby anerkannt wird. Sprechen Sie miteinander darüber, wie es Ihnen wirklich geht, und vermitteln Sie Ihrem Partner, was Sie sich jetzt von ihm wünschen. Ihr Partner wird das vielleicht nicht automatisch wissen bzw. die Tragweite Ihres Wunsches nicht absehen können, weil er selbst es vielleicht anders erlebt. Diese Art von Gesprächen ist besonders für das Thema Sexualität von großer Bedeutung, weil es in dieser Phase – vor allem wenn ein Baby voll gestillt wird – selten zu einer für beide Elternteile wirklich befriedigenden Lösung kommt.

Falls Sie beide es in dieser ersten schwierigen Zeit mit einem Schreibaby immer wieder schaffen, sich gegenseitig nahe zu kommen, werden Sie wieder Kraft und Liebe haben, um die nächsten Wochen durchzuhalten. Bald naht Licht am Ende des Tunnels, denn wir nähern uns dem magischen Entwicklungssprung um den dritten Lebensmonat, der nach den anfänglichen »Härtetests« das Leben von Babys und Eltern so viel einfacher macht.

> Da empfindliche Babys in den ersten drei Monaten noch sehr leicht durch zu viele Eindrücke überreizt werden, ist ein »langweiliger« und regelmäßiger Alltag in möglichst der gleichen Umgebung genau das, was sie (im Gegensatz zu ihren Eltern) brauchen. Es ist hilfreich, anhand der Tagesablaufprotokolle einen ungefähren Ess- und Schlafrhythmus zu entwickeln, der für Schreibabys so etwas wie ein verlässliches Gerüst ist. Wecken Sie Ihr Kind möglichst nicht auf und respektieren Sie in Ihrer Tagesplanung seine Schlafzeiten. Nutzen Sie die anfangs noch sehr kurzen aufmerksamen, stabilen Wachphasen, um mit dem Baby in einen für Sie beide befriedigenden »Flirtkontakt« zu kommen oder um anstrengende Dinge zu erledigen. Überprüfen Sie, ob Ihr Baby von Spielzeug wie Mobiles jetzt schon profitieren kann. Koordinieren Sie Ihren Tagesablauf nach den günstigen und kritischen Phasen Ihres Kindes und nutzen Sie jede ruhige Phase, um sich selbst zu erholen. Versuchen Sie als Eltern, jeweils die Lage des anderen Partners zu verstehen und seine Leistungen anzuerkennen, aber erwarten Sie nicht zu viel voneinander.

# Zuwendung zum richtigen Zeitpunkt – das Säuglingsalter im zweiten Trimenon (4–6 Monate)

Nach drei Monaten passiert etwas, das für viele Eltern einem Zauber gleicht: Schlagartig verwandelt sich ihr unruhiges und oft weinendes Baby in ein rundes, freundliches und stabiles Kind. Hokuspokus und vorbei sind die täglichen Abendschreistunden und das dauernde Herumtragen-Müssen. Wie verwandelt liegt der Nachwuchs ganz friedlich in seinem Bettchen und bestaunt die Zimmerdecke oder sein Mobile. Kaum kommt ein vertrautes Gesicht in sein Blickfeld, strahlt der Säugling bis über beide Ohren und gurrt zufrieden. Endlich ist eingetreten, was sich viele Eltern unter dem Leben mit einem Baby vorgestellt haben.

Wie kommt es, dass sich unser Baby von einem schreienden, kleinen Würmchen in ein rundes Strahlekind verwandelt hat? Viele Leserinnen und Leser wissen natürlich sofort: Unser Säugling (und seine Eltern) haben die kritischen ersten drei Monate, in denen er eigentlich noch nicht reif für unseren Alltag war, überstanden. Und er ist stabil genug, um jetzt sowohl ein gelegentliches Bauchgrimmen als auch alltägliche Belastungen gut auszuhalten. Erst jetzt hat unser Kind Arme und Beine unter Kontrolle, schielt nicht mehr, kann seinen Kopf schon halten und frei auf dem Rücken liegen ohne wild mit Armen und Beinen herumzurudern und zu weinen. Es sieht schon völlig normal auch weiter entfernte Gegenstände, und beginnt langsam zielgerichtet zu greifen. Und das Allerbeste: Es ist meistens prächtiger Laune, vor allem wenn es seine Eltern sieht und mit ihnen plaudern kann.

Diese für Eltern und Baby meist problemlose und innige Phase wird in der Literatur »Attachement«, also Bindung, genannt. Erlebt ein Neugeborenes noch Körperkontakt als die höchste Form von Geborgenheit, kommt beim rund vier Monate alten Baby ein ebenso wichtiges Element dazu: der Blickkontakt. Die Natur hat dies auch schlau eingefädelt, denn Eltern mit einem irritierbaren Baby, das anfangs noch viel weint, dürsten nach einem entspannten und vor allem dauerhaft befriedigenden Kontakt zu ihrem Kind, auch um den Gedanken, es vielleicht doch an der nächsten Kirchentür abzugeben, endgültig fallen zu lassen. Und in dieser Bindungsphase passiert genau das: Nichts ist dem Baby lieber, als seine Eltern anzustrahlen und mit ihnen zu plaudern. Damit wird sinnvollerweise der Grundstein für eine stabile und gute Eltern-Kind-Beziehung gelegt. In keinem der folgenden Entwicklungsschritte wird Ihr Baby nur mehr *ausschließlich* Sie als liebstes »Spielzeug« haben wollen. Schon gegen den sechsten Monat hin wird seine Aufmerksamkeit immer mehr auf Gegenstände gelenkt, die es greifen und in den Mund stecken will. Darum:

 **Nutzen Sie die wenigen Wochen bis zum sechsten Monat, in denen fast ausschließlich Sie im Zentrum des Interesses Ihres Babys stehen, zum Aufbau eines stabilen Fundaments Ihrer Beziehung.**

Keine Sorge, das bedeutet nicht, dass Sie nun den ganzen Tag unentwegt mit ihm plaudern müssen, um ja eine gute Beziehung aufzubauen. Es bedeutet nur soviel, dass Sie diesen Plaudereien besondere Aufmerksamkeit widmen sollten, weil es in diesem Alter genau die Art von Kontaktaufnahme ist, bei der sich Ihr Kind wirklich geliebt fühlt. Ein neun Monate altes Baby wird vielleicht am glücklichsten sein, wenn Sie es allein in seinem Brei rummatschen lassen und dabei wohlwollend anschauen. Ihr Lächeln und Ihr Gesicht als alleinigen Joker und Maß aller Befriedigungsdinge reicht dagegen nur in dieser Phase aus.

Sie werden sich vielleicht gefragt haben, warum »Zuwendung zum richtigen Zeitpunkt« in diesem Zeitraum so bedeutend ist, dass dies sogar im Titel des gesamten Kapitels hervorgehoben wird. Doch wenn wir uns noch einmal gelungene Interaktion anhand von Tischtennis ansehen, wird es deutlicher: Im Alltag mit Ihrem Baby gibt es Phasen, in denen es sich einen lebhaften Ballwechsel – hier wechselseitige Plauderei – wünscht, und Phasen, in denen es zufrieden in sich selbst ruht und keinen weiteren Input braucht. Beide Seinszustände sind für Ihr Kind von Bedeutung, um sich einfach wohl zu fühlen. Ist zum einen das Erleben von Gemeinsamkeit und

Liebe beim Plaudern für seine Psyche wichtig, befriedigt zum anderen auch der Umstand, endlich stabil im eigenen Körper ruhen zu können, einen Säugling sehr.

Um das Wechselspiel der Bedürfnisse eines Babys in dieser Altersphase zu kennen, bedarf es einiger Beobachtung. Im Alltag unserer Beratungsstelle können wir oft erleben, dass Eltern ihren Nachwuchs z. B. dann herausnehmen oder mit ihm zu plaudern beginnen, wenn er gerade friedlich oder interessiert umherschaut. Das würde ein Kind ja noch nicht grundsätzlich stören, aber die Tatsache, dass diese Kontaktaufnahme dann oft nur sehr kurz und oberflächlich verläuft, bringt das Baby zu Recht »auf die Palme« und aus dem Gleichgewicht. Wir überlegen kurz: Dieses Baby hätte im Moment nicht unbedingt eine Plaudereinheit gebraucht. Andererseits gibt es auch Fehlkoordinierungen, bei denen ein Kind nach seinen Eltern ruft und aus verschiedenen Gründen nicht oder nur kurz erhört werden kann. Wir werden im Abschnitt über Tipps zur Förderung der Selbstregulation (vgl. S. 117 ff.) noch näher auf diese Problematik und ihre Lösung eingehen.

Sehen wir uns an dieser Stelle die verschiedenen Lebensbereiche eines Babys an und was in dieser Altersstufe Ihr Zusammenleben mit Ihrem Kind reibungsloser und befriedigender verlaufen lässt.

## Tipps bei Fütterproblemen

Der Lebensbereich Füttern verläuft in dieser Altersphase meistens recht unproblematisch. Zum einen hat sich die Verdauung weitgehend eingependelt, sodass das böse Bauchwehgespenst vertrieben ist, zum anderen hat sich ein verlässlicher Rhythmus herausgebildet, der den Alltag von Baby und Eltern erleichtert.

Es gibt jedoch eine »Eigenheit«, die Säuglinge mit rund vier Monaten entwickeln und die auf manche Eltern verwirrend wirken: Sie beginnen, das Gefüttertwerden zu unterbrechen, um immer wieder wegzuschauen bzw. zu plaudern oder zu lächeln. Vor allem Frauen, die stets in leichter Sorge sind, dass Ihr Kind auch genug zu essen bekommt, werden durch dieses Verhalten irritiert.

Warum trinken Babys in diesem Alter nicht mehr so »brav« wie anfangs, d. h. in einem Zug, ohne nach links und rechts zu schauen? Wenn wir kurz an das jetzt anstehende Entwicklungsthema denken, wissen wir eigentlich schon die Antwort: Zum einen ist Beziehungsaufbau und Kontaktaufnahme jetzt Thema Nummer 1, zum anderen ist ein Baby nun endlich nicht mehr kurzsichtig und beginnt, sich für seine Umgebung zu interessieren. Von einem Erwachsenen würden wir es nie erwarten bzw. es als grob unhöflich empfinden, würde er wortlos und ohne uns eines Blickes zu würdigen in Rekordzeit sein Essen in sich hineinschaufeln. Von einem Baby bzw. Kleinkind erwarten wir das dagegen und geben ihm dafür dann sogar das Prädikat »Guter Esser«.

Wir sehen, das Ganze ist ein völlig normaler Entwicklungsschritt, der den Säugling nun auch beim Essen zum selbstständigeren Interaktionspartner werden lässt, der zunehmend sein Tempo und seine Pausen selbst bestimmen möchte.

 *Wenn Ihr Baby sich nun vermehrt wegdreht oder häufiger das Trinken unterbricht, heißt das nicht, dass es sich bei Ihnen nicht mehr wohl fühlt.*

Erst wenn man aus einer Sorge heraus beginnt, Druck zu machen, wird sich ein Baby aufgrund der zunehmend spannungsgeladenen Situation vielleicht wirklich abwenden.

Diese entstehende Dynamik kann sich genauso auf das bei Fläschchenkindern beginnende Zufüttern mit Brei übertragen. Je nach Temperament oder Persönlichkeit wird ein Baby anfangs mehr oder weniger von dem orangefarbenen Brei löffeln bzw. zeigen, ob es esstechnisch der geborene »Löffler« ist oder mit dem Plastikding im Mund so seine Probleme hat. All das ist völlig normal, kann jedoch bei einer überbesorgten Mutter eine Spirale an Ängsten auslösen. Paradoxerweise tritt dann oft genau das ein, was sie befürchtet hat, nämlich dass ihr Kind immer mehr Abwehr beim Thema Essen zeigt. Und das nicht etwa, weil es ihm nicht mundet, sondern weil ihm die Anspannung und der Druck, der das Gefüttertwerden nun begleitet, nicht schmeckt.

Für Mütter, die Ängste bezüglich des »Genug-Bekommens« plagen, gibt es leider wenig Erleichterung durch rationale Erklärungen. Dieser für sie oft selbst unverständlichen und unvernünftigen Angst ist mit Logik nur vorübergehend beizukommen. Zu schnell schleicht sich wieder das Sorgengespenst ein. Sie möchten, dass sich ihr Kind ohne große Verzögerungen mit möglichst viel Nahrung füttern lässt, und das Baby möchte einfach selbst ausprobieren, was man mit Essen anstellen kann. Es möchte z. B. in Ruhe selbst spüren, wann es essen möchte, wie viel es haben will, ob es lieber herumspielt oder schnell satt werden möchte.

Ein diesbezüglich willensstarkes und wenig irritierbares Kind wird trotz Sorge der Mutter seine Mahlzeiten unbeirrt einnehmen können. Einem etwas sensibleren, langsameren Baby, dem Essen vielleicht von Natur aus nicht so wichtig ist, wird die mütterliche Anspannung jedoch ordentlich zusetzen und den Appetit verschlagen. Wir werden im dritten Teil (S. 167 ff.) noch näher auf diese die Eltern-Kind-Beziehung sehr belastende Problematik sowie die Möglichkeiten einer dauerhaften Lösung eingehen.

Ein praktischer Tipp kann Ihnen auf jeden Fall das beginnende Zufüttern leichter machen:

*Legen Sie die Löffelmahlzeit in eine Phase, in der Ihr Baby weder sehr hungrig noch müde ist!*

Einem wirklich hungrigen Baby geht das Gefüttertwerden mit dem Löffel in diesem Alter einfach zu langsam. Erst mit etwa acht bis neun Monaten hat es die dafür erforderliche Technik soweit geübt, dass es schneller essen und somit schneller satt werden kann. Und ein müdes Baby wird selbst mit einem Jahr das Essen mit dem Löffel einfach zu anstrengend finden und daher verweigern. Am günstigsten ist es daher, die Löffelmahlzeiten nach den Schlafzeiten anzusetzen.

## Tipps zum Aufbau längerer Schlafphasen

Bei einem vier Monate alten Kind hat sich meist ein relativ stabiler Schlafrhythmus herausgebildet. In den meisten Fällen schlafen Babys dieses Alters etwa gut drei Stunden tagsüber, wobei sie mindestens einen langen Schlafblock von etwa anderthalb Stunden einlegen sollten. Ihr Nachtschlaf dauert meist durchgehend 11 Stunden und wird nur durch Fütterungen unterbrochen.

 *In diesem Alter ist es wichtig, dass Ihr Kind allmählich lernt, ohne etwaige, meist gar nicht mehr notwendige Hilfen einzuschlafen.*

Gerade Eltern eines Babys, das anfangs viel weinte, sind gewohnt, das volle Programm an Einschlafhilfen abzuspulen, damit ihr Kind oft nach langem Sträuben endlich einschläft. Sie können sich gar nicht vorstellen, dass es auf einmal auch ohne z. B. Herumtragen einschlafen könnte. Es kann! Probieren Sie es einfach einmal aus. Jetzt ist der richtige Zeitpunkt, da Ihr Baby endlich reif genug und noch nicht bereits monatelang an das volle Einschlafprogramm gewöhnt ist.

Beginnen Sie mit dem Vormittagsschlaf, einer Schlafphase, die für die meisten Säuglinge noch leicht selbst zu bewältigen ist. Achten Sie darauf, wann Ihr Kind erste Müdigkeitssignale, meist in Form von Quengeln und vermehrter Unzufriedenheit, zeigt. Tragen Sie es in sein Schlafzimmer und legen Sie es in sein Bettchen, das mit einer Stillschlange oder Ähnlichem ausgestattet ein einladend kuscheliges Nest sein sollte. Legen Sie Ihr Baby langsam in Seitenlage ab, streicheln es kurz und geben ihm vielleicht eine Stoffwindel über Stirn und Augen, damit es besser abschalten und sich eingraben kann. Noch ein Schnuller zum friedlichen Nuckeln, und schon lässt es sich rasch einschlafen. Trachten Sie danach, den Übergang sanft zu gestalten, ihm also anzukündigen, dass es jetzt schlafen wird, und belassen Sie, wenn es unruhig wird, vielleicht noch Ihre Hand bei seinem Kopf oder seiner Brust. Sobald es beginnt ruhiger zu werden, können Sie sich langsam entfernen.

 *Sie müssen Ihr Baby nicht so lange anschauen oder streicheln, bis es einschläft. Es kann sogar oft besser allein und ungestört abschalten und einschlafen.*

Ich weiß, es klingt völlig unglaubhaft, aber probieren Sie es einfach einmal aus. Ihr Baby braucht Sie jetzt zum Einschlafen weniger als

Sie glauben. Gehen Sie aus dem Zimmer, selbst wenn es noch etwas unruhig hin und her zappelt. Wenn Sie in steigender Anspannung, ob es nun tatsächlich das Einschlafen schafft, daneben stehen, stecken Sie sich wahrscheinlich beide mit dieser Unruhe an. Wenn es Sie wirklich braucht, wird Ihr Kind Sie verlässlich rufen (das wissen Sie ja nun schon).

Etwas können Babys in diesem Alter jedoch tagsüber noch schlecht: ihre einzelnen Schlafphasen miteinander verbinden. Der Schlaf ist ja kein einförmiges Geschehen, sondern eine Abfolge von Tief- und Leichtschlafphasen. Eine Tiefschlafphase dauert etwa vierzig Minuten. Nun gilt es für den Säugling, die wenigen Minuten Leichtschlafphase zu überwinden, also nicht aufzuwachen, um einen erneuten Tiefschlafblock gleicher Länge anzuhängen. Viele Kinder schaffen das noch nicht, und so ergibt sich das häufige Schlafmuster des erwähnten Vierzig-Minuten-Schläfchens, nach denen ein Baby wieder aufwacht.

*Wenn Ihr Kind weinend oder übellaunig aufwacht, ist es wahrscheinlich noch müde. Reagieren Sie schnell und versuchen Sie, es in seinem Bettchen wieder zum Weiterschlafen zu bewegen, damit es lernt, mindestens einmal tagsüber einen »Doppel-Schlaf-Block« von rund anderthalb Stunden einzulegen.*

Die Fähigkeit, die einzelnen Schlafphasen miteinander zu verbinden, ist wirklich wichtig. Nur dann kann sich Ihr Kind in längeren Schlafblöcken wirklich dauerhaft erholen und lernt dadurch, auch nachts besser durchzuschlafen. Das ist auch der Grund, warum die Schlafzeiten von Babys »heilig« sein sollten, weil man sie andernfalls im Aufbau dieser Grundkompetenz sehr stört. Säuglinge, die dauernd auf Achse sind, schaffen bestenfalls die kurzen Nickerchen von vierzig Minuten, weil sie beim Auftauchen in die Leichtschlafphase durch den Umgebungslärm geweckt werden (Ausnahme: Kinderwagenfahrten). Im Endeffekt kommt es Ihnen als Eltern nur zugute, wenn Ihr Kind auch längere Schlafphasen schafft: Sie haben somit längere Erholungsphasen tagsüber und bereiten Ihr Baby auf die Fähigkeit vor, im Weiteren durchzuschlafen. Und noch etwas ist überaus wichtig:

 *Die meisten Babys zeigen tagsüber ihre Müdigkeit kaum – man muss ihnen die Gelegenheit zum Schlafen geben!*

Es ist eine erstaunliche Tatsache, dass Babys in diesem Alter vielfach erst nach Angebot schlafen. Sie merken es am deutlichsten, wenn Sie z. B. mit dem Kinderwagen unterwegs sind. Hier schlafen Kinder oft stundenlang, was sie, wenn sie zu Hause auf der Krabbeldecke lägen, nicht tun würden. Nach meiner Erfahrung gibt es keine Babys, die tagsüber nur wenig Schlaf brauchen, es gibt nur sehr viele Kinder, denen keine für sie passende Umgebung zum Schlafen geboten wird. Die natürliche Neugier in diesem Alter putscht sie immer wieder hoch und lässt sie topfit erscheinen.

Testen Sie, ob Ihr Baby müde ist. Am sichersten erkennt man dies daran, dass es vermehrt quengelt. Wenn Sie genau hinsehen, merken Sie, dass Ihr müdes Kind oft kleinere und gerötete Augen hat. Selbst wenn Ihr Baby Sie dann noch mit offenen Augen anschaut und scheinbar ganz fit ist, probieren Sie es einfach aus und legen Sie es mit dem üblichen Beruhigungsritual in sein Bettchen. Das Schlafzimmer dunkeln Sie am besten nur leicht ab. Es ist für Eltern immer wieder erstaunlich bis unglaublich, wie ihr vorerst noch scheinbar quicklebendiges Kind auf einmal »wegbricht« und einschläft. Vielen Säuglingen sieht man es einfach schlecht an, dass sie müde sind. Darum:

 *Vermehrtes Quengeln und etwa zwei bis drei Stunden Abstand zum letzten Schlaf sind das sicherste Zeichen für Müdigkeit.*

Nur Quengeln allein kann jede Form von Unzufriedenheit ausdrücken, wie z. B. den Wunsch, hochgenommen zu werden, oder einfach Langeweile. Damit kommen wir zum nächsten, immer bedeutsamer werdenden Aspekt im Leben eines Babys, aber auch seiner Eltern.

## Tipps zur Förderung der Selbstregulation

Erinnern Sie sich an unser kleines Schreibaby, das wir mit einem kippeligen Ruderboot verglichen haben? Dieses Kind war die Verkörperung davon, wie es einem gehen kann, wenn man kaum Selbstreguiationskompetenz hat, d. h. schlecht mit sich selbst und den Anforderungen der Umwelt zurecht kommt.

 *Eine gute Selbstregulationskompetenz würde z. B. bei einem vier Monate alten Kind Folgendes bedeuten: ein bisschen warten zu können, auch einmal länger zu quengeln, bevor man losbrüllt, allein einschlafen oder sich konzentriert einem Spielzeug widmen zu können.*

Selbstregulationskompetenz bedeutet, dass man es schafft, alle inneren Impulse wie Müdigkeit, Hunger, Langeweile, Zorn o. ä. sowie äußere Anforderungen wie z. B. Wartenmüssen, Angezogenwerden oder einen Kinderarztbesuch gut auszuhalten. Die Fähigkeit zu dieser Selbstregulation ist zum einen angeboren, d. h. es gibt stabilere oder eben sensiblere und temperamentvollere Kinder; zum anderen kann man sie aber durch einfühlsames Verhalten deutlich fördern.

Die meisten Eltern erwarten nicht zu Unrecht, dass ihre Kinder über kurz oder lang durchschlafen, sich auch selbst beschäftigen können und nicht bei jeder Frustration oder Trennung in Schreikrämpfe verfallen. Dass die Bewältigung dieser Entwicklungsaufgaben für einen Säugling eine enorme Leistung darstellt, wird dabei übersehen. Im Allgemeinen wird davon ausgegangen, dass Babys das alles eben eines Tages können sollen – wie sie aber zur diesen Fähigkeiten gelangen, wird kaum beachtet, weil man es als Selbstverständlichkeit betrachtet. Im Grunde wird hier viel gesellschaftliche Ignoranz deutlich – man würde von einem Achtjährigen ohne Schulbesuch ja auch nicht ein tadellos vorgetragenes Gedicht erwarten.

Unser Baby soll aber all diese Großtaten ohne »Schule«, d. h. fördernde Umgebung automatisch vollbringen können. Führen wir uns vielleicht mit einem Beispiel noch einmal vor Augen, was für eine Leistung die Selbstregulation ist. Wenn wir es als Erwachsene schaffen, frühmorgens übermüdet aufzustehen, uns in der Straßenbahn anrempeln und vom Chef anraunzen zu lassen sowie abends noch im überfüllten Supermarkt einzukaufen und für eine meuternde Bande von »Ich-will-aber-Pizza«-Skandierern zu kochen, dann haben wir eine ausgezeichnete Selbstregulationskompetenz. Wir haben nicht unserem dringenden Schlafbedürfnis sowie dem heftigen Wunsch nachgegeben, alle Drängler, meckernden Chefs, Kinder und trödelnden Supermarktkassiererinnen *zumindest* einfach anzubrüllen. Dies ist eine im Grunde großartige Leistung, unsere inneren Bedürfnisse mit den äußeren Anforderungen unter einen Hut zu bringen, d. h. gut »zu funktionieren«. Psychisch erkrankte Menschen erkennt man genau daran, dass sie diese Fähigkeiten der Frustrationstoleranz nicht mehr dauerhaft aufbringen können.

Und genau diese Fähigkeiten, die uns in *unserer* Kultur (aber da leben wir nun einmal) ein erfolgreiches und befriedigendes Leben ermöglichen, beginnt man im Alter von etwa vier bis fünf Monaten zu lernen. Und es geschieht im Grunde völlig von selbst, wir müssen als Betreuer nur mit dem Strom dieser Entwicklung mitschwimmen sowie ab und zu geschickt und dezent das Boot steuern.

Was bedeutet dies nun konkret in Babys Alltag? Wir kommen zur ersten goldenen Regel:

 *Ein Baby, das gerade zufrieden schaut, spielt oder schläft, soll man nicht stören! Wir behindern damit seine Fähigkeit zur Konzentration und Selbstregulation.*

Und genau das passiert im Alltag mit Kindern sehr oft. Beobachten Sie sich einmal selbst, wie Sie vielleicht lieber zu Ihrem zufrieden lallenden Nachwuchs hingehen und ein paar Worte mit ihm wechseln, als wenn Ihr Kind gerade weint. Oder wie Sie Ihr Baby vielleicht dann hochnehmen, wenn *Sie* gerade einen »Liebessturm« verspüren, ungeachtet, welche Signale es gerade aussendet.

Da sich in diesem Alter langsam die Fähigkeit ausbildet, auch mal selbst klar zu kommen, ist es wirklich wichtig, dass man schaut, ob der Säugling überhaupt interaktionsbereit oder -willig ist. Grundsätzlich ist es natürlich kein Fehler, ein z. B. mit seiner Greifkette spielendes Kind anzusprechen oder hochzunehmen. Ein Baby in dieser Altersphase, die nicht umsonst Bindungsphase genannt wird, freut sich über jeden Kontakt wie ein Schneekönig. Wenn wir es jedoch öfter in Phasen herausreißen, in denen es sich gerade allein und zufrieden beschäftigt, wird die Fähigkeit zur Konzentrationsentwicklung behindert. Ein »Aufmerksamkeitsgehüpfe« entsteht: Das Baby spielt kurz allein, dann wird es kurz von seinen Eltern angeredet oder hochgenommen und dann wieder allein gelassen – woraufhin es dann verständlicherweise frustriert zu weinen beginnt. Es wurde doppelt irritiert und zum einen aus seinem Spiel herausgerissen, zum anderen nur mit einem meist kurzen und oberflächlichen Kontakt bedacht und wieder abgelegt.

*Wenn Sie mit Ihrem Baby Kontakt aufnehmen, lassen Sie es die Dauer des Kontakt mitbestimmen.*

Gemeint ist, dass die leider häufig vorkommenden kurzen »Du-du-du-Kontakte« für ein Baby oft mehr frustrierend als beglückend sind. Es ist, wie wenn man uns, verallgemeinernd gesprochen z. B. ein tolles Elektrogerät (für die meisten Väter) oder einen schicken Schuhkatalog (für die meisten Mütter) in die Hand drückt und nach zwei Minuten wieder wegnimmt.

Keine Angst, Sie müssen aber jetzt nicht stundenlang am Gitterbett stehen, bis Ihr Kind Sie wieder »freigibt«. Säuglinge haben noch eine beschränkte Aufmerksamkeitsspanne und brauchen nach intensivem Blick- und Plauderkontakt auch eine Pause. Sie merken dies daran, dass Ihr Baby vermehrt den Kopf wegwendet oder beginnt, ins Leere zu schauen. Das ist ein Zeichen für »Ich habe jetzt genug«. Dann können Sie sich auch langsam zurückziehen.

Wir kommen zur zweiten, goldenen Regel:

*Beenden und initiieren Sie Kontaktaufnahmen nicht abrupt, sondern schaffen Sie Übergänge!*

Klingt logisch, ist aber ein Fehler, der im Alltag mit Babys sehr häufig vorkommt. Es würde uns im Kontakt mit einem Erwachsenen wahrscheinlich niemals einfallen, abrupt aufzutauchen, eine herzliche Interaktion einzuleiten und ebenso unverhofft abrupt wieder zu verschwinden. Mit Babys tut man das aber regelmäßig. Darum nähern Sie sich Ihrem Kind, wie Sie sich jedem anderen Menschen auch nähern würden, nämlich in angemessenem Tempo und angemessener Intensität.

 **Kündigen Sie Ihrem Baby an, was Sie nun mit ihm vorhaben.**

Das bedeutet soviel, dass man nicht wie ein Schachtelteufel plötzlich neben dem Gitterbett auftauchen, sondern sowohl sein Kommen als auch sein Gehen ankündigen und kommentieren sollte. Das Gleiche gilt, wenn Sie vorhaben, Ihr Baby aus seinem Bettchen heraus- bzw. es dann wieder hineinzulegen. Da ein Säugling noch völlig ohne Zeitgefühl ganz im Moment lebt, ist es an uns, so etwas wie einen roten Faden in seinen Alltag zu bringen, um ihm das Leben überschaubarer und damit leichter zu machen. Ein plötzlich und unberechenbar auftauchender und verschwindender Elternteil, der dann auch noch an einem herumhantiert, ist natürlich für ein Baby irritierend.

Das Schaffen von fließenden Übergängen in Wort und Handlung ist ein weiteres Geheimnis, das dabei hilft, ein Baby auch wieder in sein Bettchen bzw. schlafen zu legen. Im klinischen Alltag erleben wir, dass dies sehr oft nicht passiert, obwohl jedes Elternpaar diese Aussage sofort unterschreiben würde. Säuglinge werden oft wie ein kleines Holzscheit einfach und kommentarlos in ihr Bett verfrachtet. Wenn sie dann empört protestieren, ist die Verwunderung bzw. der Ärger groß. Darum: Wenn Sie vorhaben, Ihr Kind wieder hinzulegen, dann kündigen Sie es ihm an, legen Sie es sanft und langsam nieder und belassen Sie noch die Hand auf seinem Körper. Reden Sie weiter mit ihm und entfernen Sie Ihre Hand erst, wenn es sozusagen »angekommen« ist. Zeigen Sie ihm ein interessantes Spielzeug, z. B. die in diesem Alter sehr empfehlenswerten Greifketten, die man über das Bettchen spannt.[11] Wenn es seine Aufmerksamkeit nun langsam von Ihnen abzieht, können Sie sich in gleichen Tempo entfernen, bzw. sich in Sichtweite zurückziehen.

Kontakt in dieser Altersphase bedeutet auch nicht ständigen Blick-, Körper- oder verbalen Kontakt. Ihr Baby wird schon sehr zufrieden sein, wenn Sie es mit dem Stubenwagen oder wegen des Ausblicks besser noch in einer höhenverstellbaren Gehschule auf Rollen einfach in den Raum mitnehmen, in dem Sie gerade sind. Hier kann es Sie beobachten, man kann zwischendurch plaudern, und sowohl Eltern als auch Baby können auch ihre eigenen Sachen machen.

Säuglinge in dieser Altersstufe sind oft wirklich unkompliziert in den Alltag zu integrieren, weil sie noch in ihrem Bettchen bzw. auf der Krabbeldecke in Gegenwart einer Bezugsperson zufrieden bzw. und vor allem noch nicht mobil sind.

*Tipp für erholungsbedürftige Eltern: Wenn Sie es sich auf der Couch oder auch im Sommer im Campingbett bequem machen wollen, dann legen Sie Ihr Baby einfach zwischen Ihre Beine.*

Ihr Kind kann dann mit einer Rassel spielen, und Sie können z. B. die Zeitung lesen. Nützen Sie diese für Eltern wahrscheinlich entspannendste Phase des ersten Lebensjahres, allein um sich von den anstrengenden ersten drei Monaten zu erholen.

Wir werden uns im nächsten Kapitel noch ausführlich damit beschäftigen, wie man bei Babys das eigenständige Spiel fördern kann. Da Spielen aber in dieser Altersstufe der vier bis sechs Monate alten Kinder beginnt, noch ein kleiner Hinweis:

*Bieten Sie Ihrem Kind nicht mehr als ein Spielzeug an und erwarten Sie nicht, dass es anfangs länger als etwa 15 Minuten damit spielt.*

Zum Leidwesen aller Spielzeughersteller sei gesagt: Babys dieser Altersstufe brauchen zu ihrem Spielglück im Grunde nicht mehr als eine Greifkette, einen glatten, kleineren Greifring und eventuell noch eine weiche Rassel – aus. Mehr und vor allem ein dauernder Wechsel der Spielsachen überfordert sie. So können sie ihre Fähigkeiten im Greifen, Halten und Zum-Mund-Führen mit den rund drei vertrauten Objekten ausbauen. Alle schenkwütigen Verwandten sind anfangs mit einem Sparbuch besser beraten und können ihre Spendierfreudigkeit bezüglich Spielsachen im Laufe eines Kinderlebens noch öfters unter Beweis stellen. Was ist aber, wenn Ihr Baby trotz allem häufig unzufrieden ist?

### Warum quengeln Babys so häufig?

Vorab gesagt: *Alle* Babys quengeln (mehr oder weniger). Gerade beim ersten Kind hält man dies einfach nicht für möglich, und so suchen viele Eltern die Ursache hierfür bei sich. So quält der perfektionistische und vor allem unrealistische Anspruch, dass das eigene Kind niemals unzufrieden sein soll, viele Eltern und im Weiteren auch ihre Babys. Sie können diesen kaum zu erbringenden Beweis, dass es Mama und Papa auch wirklich perfekt machen, durch Nicht-Quengeln einfach nicht erbringen.[12] Die daraus entstehende Frustration und Anspannung ihrer Eltern überträgt sich natürlich dann auch auf sie.

Aber warum quengeln Babys nun mal so häufig? Ich denke, weil sie im selben Ausmaß auch strahlen und lachen. Bei so kleinen Kindern ist der Affekt, d. h. die Gefühle, noch ganz an der Oberfläche. Sie können sich weder wirklich beherrschen noch verstellen. Darum kann man auch jedes Gefühl an ihrem Gesicht ablesen und vertont aus ihrem Mund entnehmen. Genau diese Echtheit macht sie so anziehend und bezaubernd. Babys verfügen noch über wenig emotionelle Abstufungen. Schnell kippen sie vom herzzerreißenden Weinen in ein Strahlen über das ganze Gesicht – und umgekehrt. Im selben Maße, wie wir ihre erfreuten Regungen mitbekommen, werden wir genauso mit ihren unzufriedenen Momenten und dem schnellen Wechsel dieser Gefühle konfrontiert sein.

 *Ein phasenweise vermehrtes Quengeln ist durchaus normal. Erst wenn ein Baby nicht mehr auch im selben Ausmaß lacht und offensichtlich zufrieden ist, sollte man sich überlegen, was ihm derzeit das Leben schwer macht.*

Wenn Ihr Kind also auch in einer veränderten Situation – z. B. auf Ihrem Arm oder in einer größeren Runde – noch immer unglücklich wirkt, dann muss man dieses Unzufriedensein ernst nehmen und am besten eine Säuglingsberatungsstelle aufsuchen. Oft sind Säuglinge gerade vor größeren Entwicklungssprüngen wie eben zum dritten, sechsten, neunten oder zwölften Monat besonders unausgeglichen. Wenn Ihr Baby jetzt um den sechsten Monat herum vermehrt quengelt, dann ist dies meist ein Zeichen, dass es schon viel mehr können möchte, als es tatsächlich kann. Das Liegen unter dem Babyreck nervt und langweilt ebenso wie die Tatsache, dass es von der Welt schon monatelang nur die Zimmerdecke mitbekommt. Und das ist der häufigste Grund, warum Babys quengeln: Es ist ihnen schlicht und einfach langweilig bzw. sie sind über ihre eingeschränkten motorischen Möglichkeiten frustriert. Angenommen, wir würden einen Säugling jetzt immer herumtragen, ihn auch in höher gelegenen Regionen alles anfassen lassen oder z. B. stundenlang neben dem Waschbecken verharren, damit er die glänzenden Armaturen untersuchen kann. Wäre das für ein Baby eine gute Lösung?

Nein, ganz entschieden nicht (was nicht bedeutet, es nicht auch, wenn es Ihnen gut möglich ist, zu Attraktionen wie Waschbeckenarmaturen hochzuheben).[13] Ich denke, es ist mit eine Entwicklungsaufgabe des Menschen bzw. eines Kindes, auch mit einem gewissen Maß an Langeweile und Frustration fertig zu werden. Genau das gehört zu einer guten Selbstregulationskompetenz. Das Leben besteht eben nun einmal aus dem Wechsel von schönen und aufregenden, aber auch langweiligen und frustrierenden Dingen. Die derzeit aus Amerika kommende »Happy-Ideologie« (jeder muss dauernd »super drauf« sein) entspricht weder dem Wesen der Natur – so scheint auch nicht 24 Stunden am Tag die Sonne – noch des Menschen. Sie helfen Ihrem Baby somit im Endeffekt am besten, ein zufriedener Mensch zu werden, wenn Sie ihm in solchen Phasen vermitteln, dass Sie sehen, wie es ihm geht (»Bist du jetzt ganz unzufrieden, hm?«) und ihm Alternativen, d. h. Gegenstände zum Untersuchen anbieten, um die Zeit besser zu überbrücken.

Wenn es dann im Alter von rund einem halben Jahr mit dem Umdrehen und Robben besser klappt bzw. wenn Babys endlich den

Status von sitzenden Mitbürgern erreicht haben – und darüber gewaltig strahlen –, dann wird das Leben wieder für Sie alle leichter.

> Um bei Ihrem Baby die Fähigkeit zu unterstützen, auch mit sich selbst zufrieden zu sein, beobachten Sie, wann es Kontakt haben möchte, interessiert Spielsachen betrachtet oder vor sich hin plaudert. Unterbrechen Sie es möglichst nicht in solchen zufriedenen Phasen und lassen Sie bei Plaudereinheiten Ihr Kind das Ende dieser Interaktionen bestimmen, wie bei einem wechselseitigen »Ping-Pong«. Achten Sie beim beginnenden Zufüttern darauf, dass Ihr Baby weder zu müde noch zu hungrig für die anfangs anstrengenden Löffelmahlzeiten ist. Ein Abwenden während des Trinkens bedeutet nicht, dass es kein Interesse mehr an Ihnen hat, sondern dass nun auch die Umgebung zunehmend interessanter wird. Jetzt ist außerdem ein sehr guter Zeitpunkt damit zu beginnen, einen Säugling langsam ohne Einschlafhilfen hinzulegen. Da viele Babys in diesem Alter noch undeutlich – vor allem über vermehrtes Quengeln – zeigen, dass sie müde sind, versuchen Sie, entsprechend seinem Rhythmus weitgehend regelmäßige Schlafzeiten einzuführen, und bieten Sie Ihrem Kind diese Schlafmöglichkeiten auch an.

# Respekt vor Babys Grenzen – das Säuglingsalter im dritten Trimenon (7–9 Monate)

Unser Baby macht nun eine weitere, für Eltern oft urplötzliche Verwandlung durch. Allein äußerlich: Jetzt beginnt die Zeit, in der sie besonders fotogen sind, weil sie dem Bild, das man von einem Baby hat, so besonders typisch entsprechen. Sie sind noch rund und knuddelig, können aber schon sitzen und aktiv greifen und sind aus dieser sitzenden Position erstmals so richtig »gleichwertige« Interaktionspartner. Nicht umsonst sind die meisten Babys in TV-Werbespots rund neun Monate alt.

Der Preis für diese entzückende Aktivität ist, dass ein Säugling dieses Alters – je nach Temperament früher oder später – langsam aber sicher auf den Geschmack des eigenen Willens kommt. Waren vier bis sechs Monate alte Kinder noch bescheidene Wesen, die mit einem ihnen zugeteilten Spielzeug und der Gegenwart der Eltern glücklich waren, so sind Babys dieses Alters nicht mehr ausschließlich damit zufrieden, ihre Eltern anzustrahlen oder sich mit zugeteiltem Spielzeug zu begnügen.

Und Spielzeug ist in dieser Altersstufe einfach alles, was sie aus dieser nun viel besseren Position im Sitzen erspähen können. Warum gerade Vasen, Besteck oder Handys nicht dazu zählen sollen, ist selbstverständlich nicht einzusehen – und aus Babys Sicht auch höchst unfair. Wieso sollen nur Papa und Mama mit dem anscheinend hochinteressanten Knochen am Ohr spielen dürfen, in den sie voller Engagement hineinreden? Und nicht genug der Ungerechtigkeiten: Wieso dürfen Eltern ihr Besteck selbst halten, und man selbst wird zu einem passiven Löffelempfänger degradiert? Warum darf nur die Mama mit der Popocreme-Tube spielen? Und warum wird man als einziger x-mal täglich aufs Kreuz gelegt und wiederholt mit Windelhosen belästigt? Da soll man als Baby keinen Zorn bekommen?

Eigentlich sind Kinder dieser Altersstufe zu bedauern. Nichts macht ihnen jetzt mehr Spaß, als sich selbst als Urheber bzw. Verursacher von etwas zu erleben, also z. B. zu beobachten: Wenn ich den Ball werfe, dann rollt er weg. Für ein noch vor kurzem relativ passiv auf dem Rücken liegendes Baby ein absolutes Hochgefühl! Man wird Herr über die Gegenstände um einen herum, die man endlich aus eine höheren Position betrachten kann. Und genau das gibt einem Kind dieses Alters ein enormes Selbstbewusstsein.

Zu diesem Zeitpunkt ihrer Entwicklung haben Babys jedoch ständig mit zwei Dingen zu kämpfen, die ihnen das Leben schwer machen: ihrer für ihren Tatendrang noch nicht passend ausgereiften Motorik und ihren wenig gehorchenden bzw. behindernden Eltern. Für viele Erkundungen braucht man einfach einen »Lift«, der einen auch höher gelegene Objekte der Begierde abräumen lässt – und dieser Lift bockt ständig! Und bei Bereichen, die man durchaus auch selbst gestalten könnte wie das eigene Mittagessen, wird man in seinem Erkundungsdrang aus völlig unverständlichen Gründen nichts als behindert.

So gesehen ist diese Altersphase voller Extreme: Dem Hochgefühl des Sitzens und Eroberns der Spielsachen folgen ständige Frustrationen. Selbst wenn man einmal nicht auf die Hilfe der Eltern angewiesen ist, versagt die Motorik noch ihre Dienste. Man möchte nach vorn robben, um sich endlich ein Objekt der Begierde zu erobern – und rutscht tückischerweise nach hinten! Man möchte seinen Appetit auf den schönen orangefarbenen Brei mit diesem interessanten Objekt namens Löffel selbst stillen, doch selbst wenn man seine Eltern so gut im Griff hat, dass sie einen endlich in Ruhe lassen, trifft man weder die Schüssel noch den Mund wirklich gut. Und all das soll kein Grund sein, um regelmäßig auszurasten? Und wenn Sie dann Ihrem unglücklichen und wütenden Kind helfen, ist es darüber erst recht nicht erfreut, denn es möchte es doch selbst schaffen!

Aber auch eine zweite Entwicklung macht unserem Kind das Leben nicht gerade leichter: das berühmte Fremdeln. Bei diesem Geschehen zeigt sich an der Furcht vor Fremden bzw. der Vorliebe für die Eltern, dass das Kind sich der Intimität und Einmaligkeit dieser vertrauten Beziehung bewusst wird. Nach meiner Erfahrung gibt es hier große Unterschiede im Ausmaß des Fremdelns, die mit dem Temperament des Säuglings und seiner Bindung zu den Eltern zusammenhängen, aber auch in welcher Häufigkeit und mit welchem Verhalten sich ihm unbekannte Personen nähern.

Ein scheueres und anhänglicheres Baby z. B. wird eher zu weinen anfangen, wenn es in der Straßenbahn angesprochen wird, als ein extravertiertes Kind, das Flirten mit Menschen einfach liebt. Ebenso wird ein Kind, das mehr Menschen in seinem Umfeld gewöhnt ist, wahrscheinlich weniger fremdeln als eines, das überwiegend mit der Mutter allein ist. Ein fremder bzw. wenig vertrauter Mensch wird mehr Erfolg in seiner Kontaktaufnahme haben, wenn er sich langsam dem Kind nähert und es vor allem nicht gleich anfasst oder auf den Arm nehmen will. Hier wird von Babys entschieden zu viel verlangt, nämlich dass sie sich von jedem anfassen, halten und sogar abküssen lassen sollen – ein Verhalten, das wir uns für unsere Person sehr verbitten würden. Diese Unsitte zeigt, wie wenig selbstverständlich der Respekt vor der Intimsphäre und den Grenzen eines kleinen Kindes ist. Aus genau diesem Grund wird der Respekt vor Babys Grenzen nicht nur im Titel dieses Kapitels genannt, sondern er ist auch Leitthema dieser ganzen Entwicklungsphase. Weil Kinder nun so oft frustriert werden, halten sie generell Einschränkungen ihrer Bewegungsfreiheit und ihres Willens so schlecht aus.

 *Das mangelnde Verständnis für ihre beginnende Autonomiebestrebung sowie für ihre gleichzeitig vermehrte Anhänglichkeit ist dann auch meist der Grund, warum Babys in diesem Alter noch oder schon wieder ein Schreiproblem haben.*

Wir werden uns im Folgenden anschauen, was das für die einzelnen Lebensbereiche bedeutet und wie sowohl das Kind als auch seine Eltern miteinander gut und verständnisvoll durch die Probleme des Alltags bewältigen können.

## Tipps bei Fütterproblemen

Das Essen ist meist der erste Bereich, in dem es im Fall eines Machtkampfes zu krachen beginnt. Hier sind auch die Karten eines Babys entschieden am besten. Welche Möglichkeiten hat es, gegen den Abtransport von so spannenden Dingen wie einem Blumentopf zu protestieren oder seinem Zorn über den wieder einmal nicht funktionierenden Eltern-Lift Ausdruck zu verleihen? Stimmt, es kann »bloß« schreien. Hartgesottene Eltern können sich aber an diese Form des Protests gewöhnen, also bleibt unserem Baby nichts anderes übrig, als in den Bereich einzugreifen, der zumindest kaum einer Mutter egal ist: das Essen.

Weder das Spucken oder Schleudern von gut färbendem Brei in Signalfarbe noch die Verweigerung desselben lässt Eltern kalt. Aber versuchen wir zu verstehen, warum ein Kind zu dieser drastischen Form der Verweigerung, nämlich freiwillig zu hungern, greifen muss. Es ist für mich bis heute eine der faszinierendsten Erkenntnisse der Entwicklungspsychologie, dass das Streben nach Autonomie stärker ist als das nach Bindung. D. h. einem gesunden, großen Baby bzw. Kleinkind ist es wichtiger, seinen Brei selbst löffeln zu können, als von der Mama gelobt und stets nur passiv gefüttert zu werden. Evolutionär gesehen ist es im Grunde logisch, denn würden Kinder nicht so darauf drängen, alltägliche Verrichtungen selbst machen zu wollen, gäbe es keine Entwicklung hin zum Erwachsenen und zur Selbstständigkeit. Und träten die schon erwachsenen, aber unreifen, ewigen »Mama-Kinder« in Massen auf, wäre die Fortpflanzung der menschlichen Rasse gefährdet. Und das kann sich die Natur nicht leisten.

Je nach Temperament eines Kindes fällt das überaus gesunde und natürliche Streben nach Selbstständigkeit unterschiedlich aus. So gibt es Babys, die noch mit rund zehn Monaten keine Anstalten machen, ihren Löffel selbst halten zu wollen, und solche, die vom Beginn ihrer Karriere als Breiesser sowohl Tempo als auch Menge aktiv mitbestimmen wollen.

 *Phasen der Essensverweigerung sind für ältere Säuglinge und Kleinkinder völlig normal. Ein Fütterungsproblem kann sich jedoch dann aufschaukeln, wenn Eltern aus Sorge mehr Druck ausüben.*[14]

So unterschiedlich nun das Naturell von Kindern ist, so unterschiedlich sind auch Eltern. So gibt es Paare, die sich weder von der unumgänglichen Herumkleckerei aus der Ruhe bringen lassen noch es besonders bedrohend finden, wenn ihr Baby immer aktiver bestimmen möchte, wann es wie viel isst. Für Eltern mit einem stärkeren Kontrollbedürfnis ist diese Phase oft eine große Belastung. Sie können weder die Kleckerei trotz vermehrter Wisch- und Sicherheitsvorkehrungen wirklich verhindern noch genau ermessen, wie viel Nahrung jetzt nun wirklich in ihrem Kind angekommen ist. Und genau das kann für manche Eltern Ausgangspunkt von quälenden Sorgen werden und zu immer angespannteren Mahlzeiten führen. Mit mehr oder weniger realem bzw. atmosphärischem Druck wird dann in vielen Fällen versucht, in das Baby eine bestimmte Menge Nahrung »hineinzubekommen«. Allein schon an den Ausdrücken »hineinbekommen« oder »mehr isst mein Baby *mir* nicht«, die wir oft in der Arbeit mit Eltern zu hören bekommen, wird deutlich, wie sehr diese Eltern ihren Kindern nicht die einfachste Fähigkeit zutrauen: zu wissen, wann sie hungrig oder satt sind. Und es drückt aus, dass ein Kind für und wegen seiner Eltern essen soll – und nicht einfach weil es Hunger hat.

Welches »Gespenst«, d. h. welche psychologische Grunddynamik da oft aus den eigenen Kindheitserfahrungen auftaucht, wurde schon im Kapitel über die Altersgruppe der vier bis sechs Monate alten Kinder beschrieben. Diese Gespenster, die Selma Fraiberg, eine bekannte englische Wissenschaftlerin »Gespenster im Kinderzimmer« nennt, haben leider die Tendenz, ihren Spuk mit zunehmendem Alter des Kindes zu verstärken. Waren vorwiegend Mütter schon bei ihrem vier Monate alten Baby über dessen »Ablenkbarkeit« beim Trinken besorgt, wird sich ihre Sorge bei einem acht Monate alten Kind nun quälend vervielfachen. Und so kann aus dem völlig normalen Verweigern eines ältern Säuglings, der einfach noch nicht so viele Möglichkeiten hat, effektiv etwas selbst bestimmen zu können, wirklich ein massives Fütterungsproblem entstehen.

Jeder Mensch, ja sogar jedes Tier reagiert mehr oder weniger allergisch auf Druck, weil er unsere Selbstbestimmung und Würde angreift. Je abhängiger und inkompetenter sich jemand fühlt, desto heftiger muss er sein ohnehin schon geschwächtes Ego verteidigen. Wenn wir uns nun in unser Baby mit seinen beginnenden Autonomiebestrebungen einfühlen, dann können wir gut nachvollziehen, warum es auf Druck so allergisch reagieren muss. Lieber hungert es, als dass es diesem invasiven Druck, doch den Mund aufzumachen, nachgibt. Jeder von uns kennt wahrscheinlich irgendeine Oma oder Tante, die einen mit Essen bedrängt, ganz gleich, wie viel man schon verspeist hat. Und jeder von uns wird genau diesen aufkeimenden Widerwillen gegen diese »Essensvergewaltigung« spüren. Wir sind jedoch Erwachsene, die sich in vielen Bereichen als selbstständig und kompetent erleben, keine abhängigen und ungeschickten Babys, die eigentlich nur diesen Bereich wirklich kontrollieren können.

**Ein Baby, das oft und nachhaltig mit Essen bedrängt wird, fühlt sich regelrecht vergewaltigt und muss daher aus Selbstschutz massiv abblocken.**

Respektieren Sie daher sowohl das Tempo als auch die Essensmenge Ihres Kindes. Versuchen Sie bitte niemals, einen Löffel oder Sauger in seinen Mund zu zwängen. Wie schrecklich sich das anfühlt, kann man leicht mit seinem Partner ausprobieren. Je weniger Aufhebens Sie um diese kleinen Willensbekundungen Ihres Kindes machen und je mehr Sie es selbst bestimmen lassen, desto schneller wird sich ein vorübergehendes Essproblem wieder auflösen. Gestalten Sie den Essplatz Ihres Baby so, dass seine unumgänglichen Kleckereien weder ihren Lieblingsteppich noch die frisch gestrichene Wand treffen. Das macht Sie gelassener, und genau diese Stimmung wird zu einer entspannten Mahlzeit beitragen.

Und noch etwas:

**Verharren Sie bitte nicht mit dem nächsten vollen Löffel vor dem Mund Ihres noch schluckenden Kindes.**

Auch dies ist eine scheinbar logische Sache, die aber viele Eltern nicht berücksichtigen. Wie unangenehm auch diese Begleiterscheinung des Gefüttertwerdens ist, kann man ebenfalls ganz leicht mit dem Partner ausprobieren – und wird sofort sein verweigerndes Baby besser verstehen.

*Ihr Baby gibt das Signal für den nächsten Löffel, indem es den Mund öffnet, und es bestimmt das Ende der Mahlzeit, indem es sich mehrmals abwendet.*

Füttern ist eine der ersten Interaktionsaufgaben, bei denen man mit seinem Kind wirklich partnerschaftlich umgehen muss. Denken Sie wieder an unser Tischtennisspiel: Ping, der eine Partner schlägt den Ball, Pong, der andere schlägt zurück. Ähnlich einem gelungenem Spielrhythmus soll auch die Fütterung unseres Babys ein gelungenes Wechselspiel von aktivem und passivem, d. h. abwartendem Verhalten sein. Dann werden die Mahlzeiten für Sie beide befriedigend und auch »erfolgreich« ablaufen.

Ein hilfreicher Tipp sei noch hinzugefügt:

*Starten Sie die Löffelmahlzeit dann, wenn Ihr Baby nicht schon »ausgehungert« ist, und geben Sie ihm auch einen Löffel in die Hand.*

Sehr hungrigen Kindern geht die Fütterung und somit das Sattwerden wegen ihrer noch etwas unreifen Esstechnik einfach zu langsam. Logisch, dass sie dann vermehrt unruhig sind und protestieren. Ebenso können Sie vorprogrammierten Konflikten um den Löffel aus dem Weg gehen, wenn Sie beide einen haben. Zur Not kann man ja dann auch tauschen. Kurz, alles, was die Fütterung demokratischer verlaufen lässt, wird unserem Baby, das gerade um seine Selbstbestimmung kämpft, das Leben erleichtern und Ihnen auch.

Und noch etwas: Versuchen Sie auch in anderen Lebensbereichen, besonders respektvoll mit Ihrem inzwischen großen Baby umzugehen. Gerade weil es sich oft noch so klein, inkompetent und zudem noch total von Ihnen abhängig fühlt, ist genau dieser Respekt sehr wichtig für sein Selbstbewusstsein. Praktisch können Sie ihn Ihrem Kind zeigen, indem Sie es z. B. beim Zähneputzen, Nägelschneiden oder Haarewaschen nicht einfach »überfahren«, damit es schneller geht. Da Sie diese Pflegehandlungen noch eine ganze Kindheit lang ausführen müssen, ist es wirklich wichtig, dass daraus kein Kampfschauplatz wird. Für eine entspannte Beziehung zu Ihrem Kind und das gesamte Familienklima sind ungleich geschnittene Nägel oder mal schlecht geputzte Zähne bzw. gewaschene Haare *in diesem Alter* ein lohnendes Gegengeschäft. Auch hier hilft, was schon bei den Mahlzeiten das Leben erleichtert: Ein Baby, das selbst zuerst »zähneputzen« darf, wird die Zahnbürste nachher auch bereitwilliger mal der Mama abtreten. Eine Nagelschere, die man selbst auch mal – unter Aufsicht – untersuchen darf, ist dann auch nicht mehr so spannend, dass man sie dem Papa aus der Hand reißen muss.

## Tipps zum Durchschlafen

Mit etwa sechs Monaten, wo unser Baby nun schon ordentliche Ausmaße erreicht hat und nicht mehr einen so zarten und hilflosen Eindruck macht, wird von Verwandten und Freunden zunehmend öfter die »Gretchenfrage« des Säuglingsalters gestellt: »Und, schläft er/sie schon durch?« Beschämt ringen die meisten Eltern dann um Erklärungen, warum ihr Baby das eigentlich noch gar nicht können kann. Aber innerlich fragen sie sich die ganze Zeit schon dasselbe.

Durchschlafen ist *das* heiße Thema im Säuglingsalter. Man kann gar nicht mehr Eindruck schinden und leicht neidvolle Blicke ernten als mit einem durchschlafenden Baby. Die Eltern, die es haben, sind quasi Lotto-Gewinner und tragen diese Auszeichnung auch stolz vor sich her. Falls Sie nicht zu dieser beneidenswerten Gruppe gehören, trösten Sie sich: Sie gehören der satten Mehrheit an. Bloß 38 % aller Babys schlafen mit 6 bis 9 Monaten durch, auch wenn es sich ihre ausgelaugten und hohläugigen Eltern schon sehnlichst wünschen.

Wie kommt man endlich wieder in den paradiesischen Zustand, zumindest fünf Stunden am Stück schlafen zu dürfen? Vorab: Auch hier ist das Elternleben oft ungerecht. So wie es stabile Babys gibt, die niemals lange Schreiphasen haben, gibt es auch angeborene »Durchschlafbegabungen«, die sich ebenso unerwartet wie ein Lottogewinn einstellen können. Das können wir als Eltern nicht steuern, aber wir können Rahmenbedingungen schaffen, um unserem Kind das Durchschlafen zu ermöglichen bzw. beizubringen.

## Müssen Babys ab dem sechsten Monat noch in der Nacht essen?

Müssen: Nein, aber wollen: Ja. Theoretisch braucht ein gesunder und wohlgenährter Säugling etwa ab dem sechsten Monat keine Nachtmahlzeit mehr. Gemeint ist, dass er zumindest von 22 Uhr abends bis etwa 5 Uhr morgens nichts essen muss, um sich weiterhin gut zu entwickeln. Die Phase des überaus schnellen Wachstums ist vorbei, unser Baby hat sein Geburtsgewicht wahrscheinlich weit mehr als verdoppelt. Sein Körper kann sich jetzt vermehrt der intellektuellen und motorischen Entwicklung widmen.

So weit, so gut. Diese Erkenntnis hat sich jedoch leider nicht zu den meisten Babys durchgesprochen. Speziell Stillkinder docken nachts noch voller Inbrunst an der Brust an, als gälte es, dem baldigen Verhungern vorzubeugen. Der Ruf, dass Stillkinder besonders schlecht durchschlafen, eilt ihnen ja auch voraus. Aber warum ist das tatsächlich so? Die landläufige Erklärung, dass sie aufgrund der angeblich zu dünnen Muttermilch nachts vor Hunger aufwachen, ist schlicht und einfach falsch. Um die Qualität der Muttermilch ranken sich allgemein viele, interessanterweise meist abwertende Märchen, die nach meiner Ansicht aus reinem Neid entstehen. Zum einen reizt Stillen als Symbol für Symbiose diejenigen, die sich genau dieses Geborgenheitsgefühl vergeblich wünschen, zum anderen verdeutlicht es so etwas wie »weibliche Potenz«, nämlich die Kraft, aus sich heraus Nahrung zu spenden. Die Fähigkeit, ein Kind auszutragen und es dann im Weiteren ausschließlich selbst zu nähren, gibt ein Gefühl von Stolz. Darum fällt manchen voll stillenden Frauen auch das Zufüttern schwer, denn ihr Baby ist dann im wahrsten Sinne des Wortes nicht mehr ausschließlich ihr Produkt.

Aber zu den Fakten: Bei der Produktion der Muttermilch hat die Natur keinen Kniff ausgelassen. So passt sie sich nicht nur in der benötigten Menge, sondern auch in der Zusammensetzung exakt den momentanen Bedürfnissen eines Babys an. Die Milch für ein größeres Baby hat somit eine andere Zusammensetzung als die für ein Neugeborenes. Und selbst für den Krankheitsfall ist vorgesorgt: Die Muttermilch bei einem z. B. an Durchfall erkrankten Kindes weist dann plötzlich einen höheren Wassergehalt auf als bei einem gesunden Baby.

Nach meiner Erfahrung wachen Stillkinder aus zwei Gründen vermehrt in der Nacht auf: erstens, weil sie gewöhnt sind, kleinere Mengen und dafür öfter am Tag zu trinken, und zweitens, weil sie sich das Nuckeln in den allermeisten Fällen als Einschlafhilfe angewöhnt haben. Im ersteren Fall hilft es, die Stillabstände zu vergrößern, d. h. wirklich etwa drei Stunden Pause einzulegen, damit das Baby dann auch deutlich hungrig ist und so mehr trinkt. Im zweiten Fall ist eigentlich logisch, was helfen würde: Richtig, dem Kind in der Nacht »einfach« nicht mehr die Brust zu geben. Da es aber beim Gestilltwerden nicht bloß um reine Nahrungsaufnahme geht, sondern sich ein Baby hier auch sehr viel Schmuse- und Kuschelkontakt holt, ist es weit schwieriger, regelmäßige und vor allem keine Nachtmahlzeiten einzuführen, als bei Babys, die mit dem Fläschchen gefüttert werden. Bei Fläschchenkindern gibt es außerdem noch einen Trick, um ihnen das nächtliche Essen langsam abzugewöhnen:

 *Verringern Sie langsam die Pulvermenge pro Nachtfläschchen. Das dadurch entstehende weiß gefärbte Wasser wird Ihr Baby weder aus Hunger noch aus Appetit besonders reizen.*

Schwieriger ist natürlich das Abgewöhnen der Nachtmahlzeiten bei Stillkindern, weil man diesen Trick nicht anwenden kann. Am vernünftigsten ist es, zunächst eine nächtliche Stillmahlzeit ausfallen zu lassen. Als günstig erweist sich hier die Mahlzeit gegen zwei bis drei Uhr morgens, die zwei Vorteile hat: Zum einen wird Ihr Baby wahrscheinlich schon gegen 22 bis 23 Uhr gespeist haben. Sie brauchen sich also nicht zu sorgen, ob Ihr wahrscheinlich heftig protestierendes Kind nicht vielleicht doch schrecklichen Hunger hat. Zum anderen bringen Sie ihm damit bei, in seiner und vor allem Ihrer Kernschlafzeit auch wirklich zu schlafen. Dasselbe gilt natürlich auch für Flaschenkinder, denen man genau diese Mahlzeit als erste verwässern und im Weiteren streichen sollte.

So weit, so gut. Wir nähern uns nun dem springenden Punkt und der zentralen Frage aller stillenden Mütter: »Was mache ich, wenn mein Baby dann aber schreit?« Natürlich wird es protestieren, Sie sind ja gerade dabei, ihm eine liebgewonnene Gewohnheit und

Bequemlichkeit zu streichen. Es protestiert ja auch, wenn Sie sonst etwas gegen seine Interessen tun, und sei es nur das Mütze-Aufsetzen im Winter. Soll es deswegen frieren? Oder sollen Sie jetzt auch die nächsten Monate x-mal – ohne Not, und das ist das Entscheidende! – in der Nacht aufgeweckt werden? Ich denke, jedes Elternpaar bzw. jede Mutter muss selbst die Frage beantworten, ob sie bereit ist, für das ersehnte Durchschlafen auch etwas zu tun. Von selbst passiert diesbezüglich leider wenig, zumindest nicht vor dem ersten Lebensjahr bzw. mit anderthalb. Für manche Entwicklungsschritte braucht Ihr Kind einfach Ihre Unterstützung. Diese Entscheidung und Verantwortung können Sie schlecht an es delegieren.

Und noch etwas: Es hat mich sowohl beruflich als auch bei den eigenen Kindern überrascht, wie im Grunde schnell und leicht man Babys im Alter von sechs bis acht Monaten die nächtlichen Mahlzeiten abgewöhnen kann. In ein bis zwei Tagen ist der Spuk ohne großen Prostest meist erledigt. Bei einem älteren Baby gegen den ersten Geburtstag hin hat man es diesbezüglich schwerer, weil es sein sehr viel länger währendes Gewohnheitsrecht auf Nuckeln nicht so leicht aufgeben wird. Ich weiß – nicht zuletzt aus eigener Erfahrung um die Leidensbereitschaft und die Sorge speziell beim ersten Kind –, man könnte seinem Baby mit dem Streichen der Nachtmahlzeiten etwas Gemeines antun. Nur laugt man sich völlig unnötig aus, und Ihr Kind wird weit ausgeruhter und weniger quengelig sein, wenn es selbst mal eine Nacht durchschläft. Und es ist im Grunde leicht zu verwirklichen, denn: jetzt kommt die große Stunde der Väter.

 *Väter können ihren Stillkindern das Durchschlafen viel leichter beibringen als stillende Mütter, denn sie riechen nicht nach Milch.*

Wählen Sie darum ein paar Tage, in denen der Papa Urlaub hat, und lassen Sie ihn mit dem Baby am besten allein im Schlafzimmer. Das schont die Nerven aller Beteiligten. Ein Vater kann sein Baby, das gewöhnt ist, mittels Saugen an der Brust weiterzuschlafen, viel besser beruhigen als seine Mutter. Von ihm wird das Kind auch leichter ein Teefläschchen als eventuellen Durstlöscher annehmen, besser jedoch ein Wasserfläschchen, um es nicht an eine neue Attraktion zu gewöhnen. Von der Mutter wird es verständlicherweise die Brust erwarten und auch fordern. Falls Sie allein erziehend sind, dann könnte Ihnen z. B. eine Oma oder gute Freundin, die Ihrem Baby vertraut ist, helfen. Hilfreich ist im Weiteren Folgendes:

 *Geben Sie Ihrem Baby die letzte Abendmahlzeit nicht unmittelbar vor dem Schlafengehen, sondern etwa 15 Minuten vorher, damit es Trinken nicht mit Einschlafen verbindet.*

Ein Kind, das im verdunkelten Schlafzimmer an der Brust oder mit der Flasche einschläft, wird genau diesen Zustand zum Weiterschlafen während der Nacht wieder brauchen. Wenn Ihr Baby jedoch zu der durchaus großen Gruppe von Kindern gehört, die zwar eine Einschlafhilfe brauchen, aber problemlos durchschlafen, dann brauchen Sie ihm selbstverständlich nicht den Genuss des Sich-in-den-Schlaf-Nuckelns zu streichen. Wir werden uns im Kapitel über die neun bis zwölf Monate alten Babys noch ausführlich mit diesem Thema und vor allem mit den Vor- und Nachteilen der so genannten Einschlafprogramme beschäftigen.

Wichtig in der jetzigen Altersstufe ist, dass Sie langsam beginnen, Ihrem Kind das nächtliche Trinken abzugewöhnen. Der Vorteil für Ihr Kind ist eine längere Erholungsphase für den Körper, vor allem für den Magen-Darm-Trakt, und – am allerwichtigsten – erholte Eltern mit besseren Nerven, die die täglichen Erkundungstrips ihres Kindes toleranter aushalten können. In dieser Phase Ihres Kindes ist das Ganze auch noch relativ einfach zu erreichen. Wenn Sie jedoch das Gefühl haben, dass das nächtliche Füttern Sie nicht belastet und Sie auch mit unterbrochenem Schlaf fit genug für den Tag sind, dann gibt es auch in diesem Alter keinen zwingenden Grund, damit aufzuhören.

## Tipps zur Förderung des eigenständigen Spiels

Nichts sehen Eltern ab einem gewissen Alter ihrer Kinder mehr herbei, als dass diese sich tagsüber auch einmal allein beschäftigen können. Nach Monaten der fast permanenten Beschäftigung mit dem Nachwuchs neigt sich der Ladestand der elterlichen Dauereinsatz-Batterie langsam dem Ende zu. Und dieses aufkommende Gefühl ist richtig und sinnvoll auf die Entwicklung eines Babys abgestimmt. Ein acht Monate alter Säugling braucht für seine Weiterentwicklung nicht mehr dauernden Körperkontakt oder ständige »Bespielung« (die übrigens in dieser passiven Form in keinem Alter für Kinder hilfreich ist).

Bevor wir zu den Rahmenbedingungen kommen, die einem Kind das selbstständige Spiel erst ermöglichen, sollten wir uns ansehen, inwieweit es das im Babyalter überhaupt »können kann«. Also: Bei einem acht Monate alten Säugling ist eine Zeitspanne von etwa 15 Minuten konzentrierter Beschäftigung mit einem Gegenstand schon wirklich gut. Das bedeutet jetzt nicht, dass ein Kind dieses Alters sich im Laufe eines Tages insgesamt nur 15 Minuten lang beschäftigt. Es wird vielmehr öfter am Tag solche Einheiten haben, in denen es keine Eltern braucht, die es ins Spiel mit einbeziehen. Der Alltag wird also so aussehen: Es gibt diese kurzen Phasen des selbstständigen Erkundens, dann Phasen, in denen ein Baby mit den Eltern spielen möchte, und Phasen, in denen es müde oder übellaunig ist und Körperkontakt braucht. Mehr an Selbstständigkeit kann man jetzt noch nicht erwarten. Erst ab etwa anderthalb Jahren beginnen die meisten Kinder, ausdauernder mit ihrem Spielzeug zu spielen.

Warum dauert es so lang, bis Kinder allein spielen? Man häuft doch bereits seit der Geburt die großartigsten Spielsachen an, sodass ein Baby somit eine Riesenauswahl an Unterhaltung hätte. Hier hilft es wieder, den Sinn des kindlichen Spiels zu verstehen. Spielen ist – grob gesprochen – ein Experimentieren, Imitieren und Probehandeln mit Gegenständen unseres Alltags. Indem das Kind z. B. die Funktionsweise von zu füllenden Plastikbechern begreift, lernt es, wie seine Umwelt funktioniert. Indem es mit der Fernbedienung telefoniert – die ja oft wirklich einem Telefon zum Verwechseln ähnlich sieht –, übt es die gleichen sozialen Verhaltensweisen, die seine Eltern praktizieren.

Aber wenn dies alles so sinnvolle Übungen auf dem Weg des Großwerdens sind, warum übt dann ein Baby nicht auch mal länger? Wenn wir uns wieder in unser mittlerweile großes Baby hineinversetzen, wissen wir, warum. Der Aufbau und die Sicherung der für das Überleben so wichtigen Beziehung zu den Eltern ist noch Thema Nr. 1 im Säuglingsalter. Darum kleben Säuglinge und Kleinkinder so an ihren Eltern. Da sie sich ihrer großen Liebe zu Mama und Papa und ihrer Abhängigkeit langsam bewusst werden und darum ja auch zu fremdeln beginnen, ist die Sorge, verlassen zu werden, noch zu groß, um länger entspannt spielen zu können. Im Laufe seiner ersten drei Lebensjahre macht das Kind die Erfahrung, dass es sich auf seine Eltern verlassen kann, d. h. dass es nicht überraschend allein gelassen wird. Dann ist es auch reif genug, um längere Trennungen, z. B. einen Kindergartenbesuch, sehr gut auszuhalten.

Kommen wir also zu den drei Faktoren, die es einem Kind ermöglichen, sich selbst zu beschäftigen:

1. **Eine anwesende Bezugsperson**
2. **Eine anregende, *nicht* spielzeugüberladene oder chaotische Umgebung**
3. **Die Förderung seiner natürlichen Konzentrationsspannen**

Den ersten Punkt haben wir schon beleuchtet, er sei aber noch mit einem kleinen Beispiel verdeutlicht. Stellen Sie sich vor, Sie warten auf Ihren Partner, der schon längst zu Hause sein müsste, und dieser ist auch per Handy nicht erreichbar. Werden Sie sich dann in aller Ruhe und vor allem konzentriert einer Aufgabe widmen können? Eben. Einem Baby ab dem achten Monat und einem Kleinkind geht es eigentlich ständig so. Wenn es Sie nicht sieht oder zumindest hört, sind Sie für es verschwunden. Dass es mit der aufkommenden Panik im Bauch nicht eifrig spielen wird, ist völlig normal und das Zeichen einer gesunden Bindung. Wenn Sie also wollen, dass Ihr Kind allein spielen lernt, dann lassen Sie es z. B. in der Küche eine Lade ausräumen, damit Sie nicht nur vom Pizza-Dienst leben müssen. Kurz: Nehmen Sie Ihr Baby mit sich oder richten Sie es ein, dass Sie beide stets im selben Raum sein können.

Zum zweiten Punkt: Massen an Spielzeug, vielleicht noch turmartig in einer Wühlkiste gestapelt, ist das Letzte, was ein Kind zum befriedigenden Spiel braucht – wieder ein Schlag ins Gesicht aller Spielzeughersteller und einkaufsfreudigen Verwandten. Viel mehr als einen Ball, ein Stehaufmännchen, einen Babyspiegel, den man z. B. an der Gehschule anbringt (Kinder lieben ihr Spiegelbild), und diverse kleinere Gegenstände mit unterschiedlichen Formen zum Erkunden braucht es in diesem Alter noch nicht.

 *Geben Sie Ihrem Baby jeweils nur ein Spielzeug zum Erkunden und räumen Sie dieses auch gleich wieder weg, wenn es daran sein Interesse verloren hat.*

Sieht sich ein Kind einem Haufen von verlockenden Spielsachen gegenüber, wird es nicht wissen, womit es jetzt wirklich spielen möchte. Alles sieht so toll aus! Es wird sich kurz einem Gegenstand widmen, um dann den nächsten und wieder den nächsten anzuschauen. Soviel Ablenkung verunmöglicht die Konzentration auf eine Sache. Achten Sie darauf, dass das Spielzeug z. B. in einem kleinen Regal mit kleinen Körben untergebracht ist, aus denen sich Ihr Kind im Weiteren selbst bedienen kann. Dort können Sie ihm dann auch eine Bibliothek der später so begehrten Bilderbücher anlegen. Und in diesem Alter wird das Spielzeugregal am vernünftigsten noch in dem Raum stehen, wo sich alle am häufigsten aufhalten.

Zum dritten und letzten Punkt: Babys würden sich oft hervorragend allein beschäftigen, wenn Sie dabei nicht von Ihren Eltern gestört würden! Jetzt werden Sie vielleicht protestieren und sagen, dass Sie Ihr Kind noch nie beim Spielen gestört haben. Wenn wir uns jedoch kurz überlegen, was Spielen in diesem Alter bedeutet, nämlich primär das Erkunden der natürlichen Umwelt und nicht der Spielzeugkiste, dann müssen wir unsere Meinung revidieren. Wie oft windet man einem Baby am Wickeltisch die Cremetube aus der Hand, nimmt ihm die mühsam errobbte Fernbedienung weg, hindert es am Rummatschen in seinem Brei, am Ausräumen des Blumentopfs etc. Aber man muss doch einem Kind auch Grenzen setzen, werden Sie jetzt sagen. Natürlich, aber es ist vernünftig, sich gut zu überlegen, was man wirklich nicht möchte, und genau diese

Dinge dann aus der Gefahrenzone zu bringen. Alles andere verursacht ständigen Streit und kann die Alltagsstimmung gewaltig vergiften. Überdenken Sie auch in Ruhe, ob es wirklich so schlimm ist, wenn ein Baby seine Cremetuben untersucht oder ob die so überaus interessante Fernbedienung (weil wir sie so eifrig benützen, *muss* die einfach toll sein) wirklich tabu ist. In dieser Entwicklungsphase ist es oft besser, sich auf die Seite des Babys und nicht die des Technikers zu stellen, der Babysabber auf einem Elektrogerät natürlich schrecklich findet.

 *Babys wollen vor allem unsere Alltagsgegenstände anfassen dürfen – sie machen dabei weniger kaputt, als man befürchtet.*

Dazu eine Geschichte: Ich hatte früher in meinem Kliniksprechzimmer einen Wickeltisch stehen, der im unteren Teil aus Platzgründen mit schriftlichen Unterlagen gefüllt war. Sie waren zwar durch einen Vorhang verdeckt, aber für ein erkundungsfreudiges Baby durchaus erreichbar. Lange Zeit versuchten sowohl die jeweiligen Eltern als auch ich, die Kinder von diesem Vorhang und den dahinterliegenden Schätzen fernzuhalten – und waren alle genervt von diesem vergeblichen Unterfangen. Eines Tages beschloss ich, einfach mal abzuwarten, was denn passieren würde, wenn wir den Babys freie Hand ließen. Sie erraten es? Nichts passierte. Die Kinder spürten, dass es keine verbotene und somit für sie hoch interessante Zone mehr war. Manche hoben bloß den Vorhang, andere tapsten auf die Ordner und ganz wenige zogen auch mal einen heraus. Ich machte mit den jeweiligen Eltern aus, erst dann einzugreifen, wenn ihr Nachwuchs beginnen würde, das Papier zu zerreißen (das war die von mir gesteckte Grenze). Sehr oft hörte ich, dass ich jetzt mein blaues Wunder erleben würde, weil ihr Dominik/ihre Julia diese Ordner garantiert verwüsten. Zu meiner Überraschung und noch mehr zur Überraschung der jeweiligen Eltern passierte dies so gut wie nie. Selten gab es ein Kind, das sich an den Seiten der Ordner »reißerisch« zu schaffen machen wollte, und das holten wir dann vom Wickeltisch weg. Genau diese Erfahrung machte ich auch mit den eigenen Kindern.

*Lassen Sie Ihr Baby alles, was es nicht schlucken kann bzw. was nicht wirklich gefährlich ist, untersuchen. Erst Kinder, denen man ständig alles verbietet, werden, wenn sie kurz unbeaufsichtigt sind, zu »Reißteufeln«.*

Nimmt man einem Kind stets alles aus der Hand, wird dies auf mehreren Ebenen Probleme nach sich ziehen: Zum einen wird es zu Recht sehr zornig über die Ungerechtigkeit werden, warum es nicht auch das benutzen darf, was alle anderen benutzen. Zum anderen wird es nicht lernen, maßvoll und somit auch vorsichtig mit Gegenständen umzugehen, weil es dazu gar keine Gelegenheit bekommt. Das erste unbeaufsichtigt ergatterte Frühstücksmesser könnte dann wirklich gefährlich werden, weil es vom Kind in seinem sonst stets gebremsten Eroberungssturm jetzt wild und schnell (es droht ja Entdeckung) untersucht wird.

 *Babys, die schon bald mit Alltagsgegenständen experimentieren dürfen, sind eher sowohl kognitiv als auch feinmotorisch besser entwickelt. Zudem sind sie zufriedenere, ausgeglichenere Zeitgenossen, weil diese Erkundungen sie auch stolz und selbstbewusst machen.*

Man weiß heute aus der Entwicklungspsychologie, dass Kinder erst durch das Begreifen von Dingen diese wirklich inhaltlich verstehen können, weil auf diese Weise die Vernetzung von Hirnzellen geschieht. Vereinfacht gesagt: Erst durch das Begreifen wird die Information »Das ist ein Küchenreibeisen« erfolgreich und ganzheitlich abgespeichert. Trotzdem sollten Sie Ihrem Kind nur die Dinge erlauben, bei denen Sie auch ein gutes Gefühl haben. Es wird sonst Ihre ständige ängstlich-ärgerliche Anspannung merken, und diese Stimmung ist für Sie beide eine unnötige Dauerbelastung. Und noch etwas:

 *Babys bestimmen den Zeitpunkt selbst, wann sie spielen wollen, und nicht ihre (oft entnervten) Eltern.*

Kinder beschäftigen sich nun mal nicht auf Knopfdruck selbst und leider schon gar nicht, wenn ihre Eltern es von ihnen erwarten. Wenn die Stimmung allgemein gut und man selbst ausgeruht ist, wird ein Aufmerksamkeit suchendes Baby meist nicht als Belastung empfunden. Aber kaum wird es Abend und die Nerven aller Beteiligten werden schlechter, oder eine zu kochende Mahlzeit steht an, wird der Ruf nach einem Kind, das endlich mal allein spielt, laut. Darum:

 *Achten Sie auf die Momente, in denen Ihr Baby gerade auf etwas konzentriert ist. Unterbrechen Sie dieses Spiel nicht, indem Sie das Baby ansprechen oder den Raum verlassen.*

Im Alltag passiert dies häufiger als man denkt. Diese Momente, in denen sich Ihr Kind ganz einem Gegenstand widmet, sollten »heilig« sein. Sie können sie sogar noch ein bisschen ausdehnen, indem Sie sich noch einmal mit Ihrem Baby zusammen diesem Spielzeug widmen, wenn Sie merken, dass sein Interesse langsam erlischt.

> Respektieren Sie die beginnende Autonomie Ihres Babys, indem Sie es möglichst bei allen Pflegehandlungen wie Anziehen oder Füttern Tempo und Ablauf mitbestimmen lassen. Gibt es Durchschlafprobleme, so ist es vernünftig und überdies ein sehr guter Zeitpunkt, Ihr Baby in der Nacht nicht mehr zu füttern und darauf hinzuarbeiten, dass es mit immer weniger Hilfen allmählich allein einschlafen lernt. Die Fähigkeit, selbst zu spielen, können Sie durch Ihr Verbleiben im Raum, eine nicht spielzeugüberladenen Umgebung und die Erlaubnis, Gegenstände ungestört zu untersuchen, fördern.

# Verständnis für den Autonomie- und Abhängigkeitskonflikt – das Säuglingsalter im vierten Trimenon (10–12 Monate)

Die Reise ist nun fast zu Ende. Unser ehemals kleines Baby nähert sich mit großen Schritten dem würdigen Alter eines Kleinkindes. Seine Eltern sehen dies meist mit einem lachenden und einem weinenden Auge, aber eines überrascht sie alle: Wie schnell dieses erste Lebensjahr vorbei gegangen ist. Klein-Baby ist eine richtige Persönlichkeit mit deutlichen Charakterzügen geworden und interessiert sich immer mehr für die Außenwelt.

Eine Entwicklung hilft ihm dabei enorm: der aufrechte Gang. Ganz gleich, ob es jetzt schon selbst gehen kann oder sich noch an Gegenständen entlanghangeln muss – das entwürdigend-kriechende Leben eines Bodenbewohners ist vorbei. Es ist rührend zu sehen, wie stolz Kinder strahlen, wenn sie sich erstmals aufrichten und quasi Aug in Aug mit ihren Eltern kommunizieren können. Die Fähigkeit des aufrechten Gangs war nicht nur ein Meilenstein der menschlichen Evolution, sie vermittelt auch unserem Baby das Gefühl, die Welt erobern zu können.

Diesen Selbstbewusstseinsschub kann es auch gut gebrauchen. Unser Baby befindet sich nämlich in einem gewaltigen Dilemma, das sich ja schon etwas im vorigen Trimenon angekündigt hat. Seine Neugier und sein Forscherdrang, die aufgrund der immer besser ausgereiften Motorik erfolgreicher befriedigt werden können, stehen im Widerspruch zu einer meist enormen Anhänglichkeit. Kaum wagt das Kind sich zu weit weg, also vielleicht in ein anderes Zimmer, ist es schnell von seinem eigenen Mut überrascht und weint bitterlich nach der Mama. Ja, nach der Mama, denn die erlebt in dieser Phase wieder eine Hochkonjunktur, sofern sie die primäre Bezugsperson ist.

Hier bahnt sich jedoch langsam eine gesellschaftliche Veränderung an. Erfahrungsgemäß wünschen sich sehr viele Väter, auch einen Teil der Elternkarenz bestreiten zu können. Das ist jedoch in den meisten Familien nicht zuletzt aus finanziellen Gründen schwer zu verwirklichen. So schaffen rund 2–3 % aller Väter, ihr Kind zumindest drei Monate hauptverantwortlich zu betreuen. Zwar hat sich das Rollenbild und Engagement von Vätern in den letzten Jahrzehnten sehr zum Wohle ihrer Kinder und der gesamten familiären Situation stark gewandelt, aber bis heute sind es die Mütter, die vor allem tagsüber Babys weitgehend allein versorgen. Vor allem durch diese Tatsache, sowie dadurch dass Mütter einen gewissen Bindungsvorsprung bei ihren Babys durch die Schwangerschaft und das Stillen haben, sind sie fast immer, wie es die Fachliteratur ausdrückt, »die Bezugsperson erster Ordnung«. Für ein Kind ist es enorm wichtig, schon im Babyalter beginnend genauso eine Liebesbeziehung mit einer Bezugsperson erster Ordnung erleben zu können. Anhand des oftmals gestörten Beziehungsverhaltens von Kindern, die in ihrer frühen Kindheit viele Wechsel von Betreuungspersonen durch diverse Heimaufenthalte oder verschiedene Pflegefamilien erlebt hatten, wird die ungeheuere Tragweite einer solchen liebenden und verlässlichen Bezugsperson deutlich. Dass ihr dann als Zufluchtsort – vor allem wenn ein Kind durch Müdigkeit, kleine Verletzungen oder Frustration aus dem Gleichgewicht gekommen ist – der Vorzug vor allen anderen Bezugspersonen gegeben wird, ist somit ein Zeichen einer gesunden seelischen Entwicklung. Das mag vielen oftmals von ihren weinenden großen Babys abgewiesenen Vätern, und Müttern, die ein ständiges Beschattetwerden schwer ertragen, ein Trost sein. Aber wenn die Mutter gar nicht zu Hause ist, wird dasselbe anhängliche Mama-Baby hochzufrieden seinen Tag mit dem Papa verbringen und erst bei ihrem Auftauchen wieder in seine anhängliche Liebe verfallen.

Was das in dieser Phase anstehende Entwicklungsthema betrifft, gibt es jedoch große Unterschiede bezüglich der Anhänglichkeit bei den verschiedenen Babys. Je nach Persönlichkeit sind manche Kinder sehr stark und auch körperbetont auf ihre Mütter fixiert, andere krabbeln schon mit elf Monaten auf und davon, ohne sich noch einmal umzudrehen. All das ist normal. Erst wenn ein Baby im Extremfall, selbst wenn es ausgeschlafen und satt ist, auf niemand anderen als seine Mutter zugeht, sollte man überlegen, warum es so wenig Neugier aufs Leben zeigen kann. Oder im anderen Extrem: Wenn ein Kind nahezu keinen Unterschied zwischen seinen Eltern und fremden Personen macht und sozusagen auf jeden zu- und mitgeht, gilt es genauso zu prüfen, warum es so wenig Bindung zeigt. In diesen wie auch in allen Fragen rund um die Entwicklung Ihres Babys wenden Sie sich am besten an eine der im Anhang angeführten Säuglingsberatungsstellen. Was dort genau passiert, werden wir am Schluss des zweiten Teils kurz umreißen. Aber zurück zu unserem Baby in seinem Autonomie- und Abhängigkeitsdilemma.

*Was hilft einem Kind in dieser Zeit? Alles, was seine Selbstständigkeit unterstützt und seine Anhänglichkeit respektiert.*

Das heißt, dass wir ein Baby, das z. B. auf dem Wickeltisch gerade mit seinen Cremedosen spielt und versucht, diese aufzudrehen, dabei möglichst nicht unterbrechen sollten, um es fertig anzuziehen. Falls Ihr Kind eines der ausdauernden Sorte ist, freuen Sie sich über seine Konzentrationsfähigkeit und achten Sie darauf, dass das Zimmer warm genug ist. Nehmen Sie sich in Zukunft das Telefon mit zum Wickeln, damit Ihnen die Zeit nicht lang wird. Es muss natürlich nicht jedes Wickeln in dieser epischen Breite durchgeführt werden. Wichtig ist, darauf zu achten, wann ein Kind gerade etwas selbstständig erforscht, und ihm die Zeit dazu zu lassen, ihm also nicht die Cremetuben zu entwinden und es in seinen Pullover zu pressen.

Das heißt auch, alle Versuche Ihres Babys, Ihnen etwas nachzumachen, z. B. selbstständig aus einem Glas zu trinken oder mit einem Kochlöffel in einem Topf zu rühren, geduldig oder zumindest gewährend zuzulassen. Sie stärken dadurch sein Selbstbewusstsein und seine Zufriedenheit – und damit Ihr Familienklima – immens.

*Lassen Sie Ihr Baby möglichst in jedem seiner Lebensbereiche in einem Punkt »der Chef« sein.*

Gemeint ist, dass es eben z. B. beim Wickeln den Zeitpunkt bestimmen darf, wann es besagte Cremedosen wieder rausrückt.

Oder dass man das Anziehen so spielerisch gestaltet, dass das Kind seine Arme selbst in den Pulli steckt und sie nicht hineingestopft werden. Dass ein Baby beim Gefüttertwerden oder Selbst-Essen selbst bestimmt, wie viel und in welchem Tempo es essen möchte, sollte eigentlich selbstverständlich sein. All das erfordert oft die Geduld eines Zen-Meisters und das Zeitgefühl einer Schnecke. Wenn man jedoch einen harmonischen Alltag mit einem Baby bzw. Kleinkind anstrebt, muss man sich wohl oder übel auf diese beiden Qualitäten einstellen – und wird sie im Weiteren als Lebensgefühl durchaus schätzen lernen. Allein die Freude in den Augen Ihres Babys, wenn es etwas erforschen darf (darum gestalten Sie Ihre Wohnung so, dass es nicht ständig Streit um dieses Thema gibt), entschädigt für viele scheinbar vertrödelte Minuten.

Kommen wir zur Kehrseite der Medaille, nämlich der vermehrten Anhänglichkeit. Hier muss man sich wieder in das Gefühlsleben des abhängigen Kindes versetzen. Es ist für Eltern nicht immer leicht, den schnellen Wechsel vom großen Forscherbaby zum kleinen Jammerbaby nachzuvollziehen. Jetzt können wir vielleicht besser verstehen, wie es unserem Baby gehen muss, in dessen Innerem all diese Widersprüche toben.

 *Erinnern Sie sich an das Gefühl des Bangens in der Zeit Ihrer ersten Liebe und nehmen Sie Ihr Baby zu Hause wie selbstverständlich dorthin mit, wo sie gerade sind.*

Wenn also Ihr Kind, das sich eben noch forsch entfernt hat, plötzlich in großes Gejammer ausbricht, sobald *Sie* den Raum verlassen, dann haben Sie dafür Verständnis. Es ist nun einmal viel leichter, jemanden aktiv zu verlassen, als verlassen zu werden. Versuchen Sie, sich nicht über seine Anhänglichkeit zu ärgern oder darüber zu spotten, sondern erinnern Sie sich, wie es Ihnen bei Ihrer ersten Teenagerliebe ergangen ist. Und da waren wir alle gut zehn bis fünfzehn Jahre älter und hatten den Verstand als Hilfsmittel, d. h. wir konnten uns selbst, oft mehr schlecht als recht, gut zureden. Ein Baby kann sich noch nicht sagen: »He, reg' dich ab, die Mama ist ja bloß auf dem Klo, die kommt gleich wieder.« Viele Kinder lassen sich auch durch Weiterreden beruhigen, und sind zufrieden, wenn sie die Stimmen der entschwindenden Eltern hören können. Dies wird jedoch, je nach Tagesverfassung, nicht immer reichen, darum sollte es selbstverständlich sein, dass Ihr Baby sogar auch auf die Toilette mitgenommen wird, wenn es weint. Wir werden uns im Kapitel über die Kunst des Sich-trennen-Könnens noch näher mit diesem Thema und seinen Konsequenzen für den Alltag beschäftigen.

## Tipps bei Fütterproblemen

Bei den zehn bis zwölf Monate alten Babys tauchen selten neue Fütterungsprobleme auf. Gibt es einen Konflikt, dann begann dieser bereits meistens in der Phase der auftauchenden Autonomie mit sieben/acht Monaten und konnte bislang nicht befriedigend gelöst werden. Vieles, was den Babys im letzten Drittel ihres ersten Lebensjahres das Essen schmackhafter und das Leben leichter macht, haben wir bereits im Kapitel zur Altersstufe der 6 bis 9 Monate alten Babys kennen gelernt. Der Vorteil dieser Altersstufe hier ist, dass ein Kind nun motorisch reifer ist und seinem Bedürfnis, selbst essen zu wollen, besser nachgehen kann. Der bei Fütterungsproblemen leidige Kampf ums Breilöffeln kann durch zunehmend feste Nahrung, die das Kind mit den Händen essen kann, entschärft werden.

 *Bieten Sie Ihrem Baby feste Nahrung (Kartoffel-, Karottenstücke o.Ä.) an, die es selbst essen kann, während Sie es mit demselben Essen in grober Breiform füttern.*

So geht es allen Betroffenen besser: Das Baby kann selbst ausprobieren zu essen und die Eltern haben das Gefühl, auch noch eine bestimmte Menge in ihr Kind »hineinzubekommen«. Das ist in diesem Alter auch noch notwendig, weil rund Einjährige esstechnisch noch nicht in der Lage sind, eine ganze Mahlzeit selbst zu essen.

 *Essen Sie wenn möglich gleichzeitig mit Ihrem Kind, um den Effekt »ein nicht essender Erwachsener starrt ein essendes Baby an« zu vermeiden.*

Dies ist eine eigentlich völlig logische Regel, und wenn sie nicht befolgt wird, würde auch einem Erwachsenen abrupt der Appetit vergehen. Ich weiß, dass es für Eltern oft erheblicher Stress ist, gleichzeitig mit ihrem Baby bzw. Kleinkind zu essen, weil es wenig entspannend ist. Wenn Ihr Baby sich nicht daran stört, dass Sie ihm beim Essen zuschauen, dann können Sie es ja auch so halten. Sollten die Mahlzeiten jedoch immer wieder spannungsgeladen ablaufen, können Sie sich, indem Sie selbst essen, besser ablenken und haben dadurch weniger Gelegenheit, mit dem nächsten Löffel vor dem Mund Ihres Kindes zu warten. Sollte Ihr Kind ein kulinarisch besonders interessierter Zeitgenosse sein, d. h., das essen wollen, was sich auf Ihrem Teller befindet, dann werden Sie sich wohl oder übel auf denselben Speiseplan einigen müssen. Gegen den ersten Geburtstag hin ist das auch nicht so schwer, weil Babys dann zunehmend das essen dürfen, was auch die restliche Familie verspeist.

Spätestens jetzt sollte dann auch der Zeitpunkt gekommen sein, wo Ihr Baby nachts nichts mehr isst, schon allein um sich an einen normalen Essrhythmus zu gewöhnen, der dem Körper auch Verdauungspausen gönnt.

Und noch etwas ist wichtig: Wenn Sie ein Kind haben, dem Essen einfach nicht besonders wichtig ist (und das gibt es), dann machen auch *Sie* nicht viel Aufhebens darum. Das ständige Besprechen, wann es wie viel wovon gegessen hat, verleiht diesem Thema ein unnötiges Gewicht, das sich im Weiteren auf den Magen unseres Babys schlägt.

### Wie »heikel« darf ein Baby beim Essen sein?

Diese Frage stellt sich Eltern von großen Babys und Kleinkindern oft. Hier erleben wir beide Extreme: Kinder, denen täglich die Leibspeise gekocht wird bzw. mehrere Alternativen gleichzeitig als Mittagessen angeboten werden, und solche, deren Eltern streng eine optimal gesunde Ernährung verfolgen.

Beides ist, wie jedes Extrem, Unsinn, weil es die wechselnden Bedürfnisse eines Kleinkindes nicht berücksichtigt. Selbstverständlich darf ein Kind bestimmte Dinge wie Spinat nicht mögen und muss sie auch nicht essen. Jeder von uns hat Leib- und »Graus-

Speisen«. Babys und Kleinkinder haben zudem noch Phasen, in denen sie bestimmte Nahrungsmittel lieben und dauernd essen wollen, andere hingegen verabscheuen. Es ist anzunehmen, dass sie in den jeweiligen Phasen wahrscheinlich genau diese Inhaltsstoffe für ihre Entwicklung brauchen. Hat Ihr Baby also eine Phase, in der es vom Obstangebot nur Bananen möchte oder außer Nudeln keine anderen Kohlehydrate zu sich nimmt, dann können Sie dem ruhig nachgeben. Es ist auch kein Problem, wenn Ihr Kind zwar gern Gemüse, aber dafür kein Obst mag. Das ist kein Problem, gut wäre nur, wenn es eines der beiden Nahrungsmittel isst. Es ist nicht so wichtig, in welcher Form Ihr Baby sein Essen zu sich nimmt. Wenn es keine Stücke mag, dann gibt es eben Cremesuppen. Süßigkeiten sollte ein Kind jedoch erst im Laufe des zweiten Lebensjahres in dosierter Form kennen lernen.

Am klügsten ist es, nach den üblichen Maßstäben vorzugehen, die die Kräfte und Interessen aller Familienmitglieder berücksichtigen sollen. Normalerweise werden dann nicht zwei bis drei Mittagessenvarianten geboten, sondern ein Gericht, das eben alle mehr oder weniger mögen. Als Alternative bei plötzlichem kindlichen Sinneswandel – vorige Woche noch lecker, heute »bäh« – gibt es dann Butterbrot, aber nicht noch eine Runde Kochen für Mutti. Zu schnell kann sich daraus ein Machtspiel entwickeln, das dem Thema Essen eine unnötige und vor allem ungute Bedeutung verleiht. Genauso wie Eltern die Bedürfnisse ihrer Kinder respektieren, so müssen auch Kinder lernen, dass sie nicht allein auf der Welt sind und dass Zeit und Energie ihrer Eltern auch Grenzen haben. Es ist also nicht sinnvoll, nur die Bedürfnisse des Kindes zu berücksichtigen.

Ebenso unklug ist es, zu 100 % auf einer optimal gesunden Ernährung zu bestehen. Wenn Ihr Baby alles gern isst, werden sich zwar zunächst keine gröberen Schwierigkeiten ergeben, aber spätestens im Kindergartenalter bekommt das Kind Probleme, wenn es durch das ausnahmslose Verbot von z. B. Süßigkeiten oder Würstchen zum Außenseiter wird. Damit kann man seinem Kind, dem Anerkennung von Gleichaltrigen überaus wichtig wird, wirklich viel antun. Auch ernährungstechnisch wird diese Strategie langfristig nicht erfolgreich sein, denn es sind genau diese »verbotenen Früchte« die der Nachwuchs bei nächster Gelegenheit in sich hineinstopft und sie im Weiteren zum Fixpunkt seines inneren Menüplans werden lässt.

 *Alles, was dem Thema Essen unnötiges Gewicht verleiht – sei es, zu sehr auf die Launen des Kindes einzugehen oder hartnäckig auf optimal gesunder Ernährung zu bestehen –, leistet Fütterungs- und Essproblemen Vorschub.*

Noch eine kleine Bemerkung für alle Nichtköche: Wenn Sie Ihrem Kind Fertignahrung geben, dann kosten Sie diese vorher. Ein Verweigern mancher Baby- oder Kleinkindmenüs zeugt nur von intakten Geschmacksnerven und ist kein Fütterungsproblem. Geben Sie Ihrem Kind nur Mahlzeiten, die Ihnen selbst schmecken würden, und achten Sie darauf, dass es frisches Obst und als Alternative Tiefkühlgemüse isst.

Gibt es beim Wechsel von der Gläschen- auf die Familienkost Probleme, hilft folgender Trick: Vermengen Sie langsam immer größere Portionen von selbstgekochtem Essen mit der Gläschennahrung, bis der Anteil an Fertigkost geschmacklich verschwunden ist. Dasselbe Rezept funktioniert natürlich auch in der anderen Richtung, nämlich wenn Babys den doch eigenen Geschmack der Fertigkost nicht mögen. Eine gekochte Kartoffel, die man mit dem Fertigbrei vermengt und gegebenenfalls mit frischen Kräutern würzt, kann hier Abhilfe schaffen. Beim Umstieg auf Normalkost ist die zeitsparendste Variante, wenn man gleich für zwei bis drei Tage einen Gemüsebrei aus Tiefkühl-Gemüse und Kartoffeln kocht und dem Baby portionsweise zu essen gibt. Die benötigte Fleischportion kann man ebenfalls in größeren Mengen vorkochen, portionsweise in Beuteln einfrieren und bei Bedarf dem Gemüsebrei beigeben.

## Tipps zum Ein- und Durchschlafen

Das Problem der nicht durchschlafenden Kinder betrifft in dieser Altersgruppe über 70 % unserer Ambulanzpatienten. Gegen Ende des ersten Lebensjahres sind Eltern verständlicherweise einfach erschöpft und sehnen nichts mehr herbei, als zumindest ab und zu mal sechs Stunden am Stück schlafen zu können. Ihre Babys scheinen davon nicht besonders beeindruckt zu sein und fordern zum Teil mehrmals in der Nacht Brust/Flasche, Herumtragen oder sonstige Einschlafrituale ein.

Rücken wir vielleicht mit der schlechten Nachricht schon zu Beginn heraus, damit bei Ihnen – wie bei vielen Eltern – keine unrealistischen Erwartungen entstehen:

 **Babys und Kleinkinder können im Grunde nicht »durchschlafen«.**

Ein Kind dieser Altersgruppe wacht im Schnitt ein bis zweimal pro Nacht auf und ist dann grundsätzlich schnell wieder zu beruhigen. Manche Nächte wird es wahrscheinlich auch durchschlafen, aber eben nicht immer. Und *das* ist normal. Erst wenn ein Kind innerhalb eines Zeitraums von mehreren Wochen öfter als ein- bis zweimal pro Nacht wach ist oder vielleicht sogar über eine Stunde oder mehr wachliegt und weint, dann kann man objektiv von einem Schlafproblem sprechen.

So weit, so schlecht. Wir haben diese Problematik schon im Kapitel über die sieben bis neun Monate alten Babys angesprochen und werden uns jetzt noch einmal hinein vertiefen, um zu einer realistischen Lösung zu kommen.

Große Babys und Kleinkinder wachen erfahrungsgemäß aus drei Gründen vermehrt auf:

1. **Körperliche Ursachen**
2. **Seelische Ursachen**
3. **Altersunangemessene Einschlafhilfen**

**1. Körperliche Ursachen**
Mit körperlichen Ursachen ist gemeint, dass z. B. Erkrankungen (Fieber, Zahnen o. Ä.) oder die großen Entwicklungssprünge (jeweils mit drei, sechs, neun und zwölf Monaten, wenn Babys oft mehr Hunger haben) den Nachwuchs schlechter schlafen lassen. Diese Ursachen sind leicht nachvollziehbar, und auch Sie werden sie mittlerweile schon kennen gelernt haben. Babys, die vorher gut durchgeschlafen haben, werden dann ein bisschen aus der Bahn

geworfen, besonders dann, wenn sie im Elternbett schlafen durften, als sie krank waren.[15] In den meisten Fällen lassen sie sich, wenn sie wieder ganz gesund sind, relativ einfach zu ihren alten Schlafgewohnheiten zurückführen.

## 2. Seelische Ursachen

Mit seelischen Ursachen ist all das gemeint, was einem Baby die nächtliche Trennung von den Eltern schwerer macht. Wie Erwachsene auch, schlafen Kinder einfach schlechter, wenn sie »Sorgen« haben. Sorgen in diesem Alter sind jedoch vor allem Trennungsängste, d. h., dass es den Kindern schwer fällt, sich für eine ganze Nacht von den Eltern zu verabschieden. Diese Trennung ist grundsätzlich für alle Kleinkinder nicht einfach und eine große zu bewältigende Entwicklungsaufgabe. Kommen dann noch andere Belastungen hinzu wie vor allem vermehrte Trennungen tagsüber (Wiedereinstieg der Mutter in den Beruf, Kindergartenbesuch), dann ist das nächtliche »Geistern« sehr häufig an der Tagesordnung. Kinder holen sich dann einfach das, was sie tagsüber vermissen mussten. Aber auch Ereignisse wie vermehrte Spannungen in der Familie oder die Geburt eines Geschwisterkindes raubt vielen den entspannten Nachtschlaf.

Wichtig ist an dieser Stelle nach meiner Erfahrung, dass es weniger auf das »objektive« Maß an Mehrbelastung für das Kind ankommt, sondern mehr auf dessen Persönlichkeit. Manche Kinder werden mit den üblichen Belastungen, die das Menschsein mit sich bringt, ja sogar mit einer deutlichen Mehrbelastung oft sehr gut fertig. Sensiblere und irritierbarere Wesen wirft dagegen leichter etwas um. Und darauf muss man sich als Eltern eben einstellen und dementsprechend rücksichtsvoll vorgehen.

Ob seelische Ursachen bei einem Schlafproblem mit im Spiel sind, kann man daran erkennen, dass ein Kind z. B. allein und ohne Einschlafhilfen einschlafen kann, in der Nacht jedoch weinend aufwacht und unbedingt zu den Eltern möchte. In diesem Fall sollten Sie Ihr Baby auch immer in den Arm nehmen und trösten. Günstig wäre dann, es in sein Bettchen zurückzulegen, wenn es sich wieder beruhigt hat. Falls dies in manchen Fällen gar nicht möglich ist, dann ist die beste Lösung, ihm die benötigte Geborgenheit zu geben und es ins Elternbett mitzunehmen.

## 2. Altersunangemessene Einschlafhilfen

Unter altersunangemessener Einschlafhilfe versteht man, dass ein älteres Baby noch die Einschlafgewohnheiten eines Säuglings in den ersten drei Lebensmonaten hat. In dieser Zeit schlafen Kinder meistens an der Brust/Flasche oder durch Herumtragen ein. Diese Einschlafhilfen sind jedoch bei großen Babys meist nicht mehr besonders wirkungsvoll. Ist das Kind dennoch an sie gewöhnt, müssen Eltern es dann oft bis zu einer Stunde an der Brust/Flasche nuckeln lassen, bis es endlich einschläft, oder fast ebenso lange herumtragen bzw. im Arm halten. Grundsätzlich wäre dies zumindest aus Babys Sicht noch kein großes Problem. Das Fatale daran ist, dass die meisten Kinder, wenn sie in der Nacht aufwachen, genau diese gewohnte Einschlafhilfe erneut brauchen, um wieder einschlafen zu können. Für ihre Eltern bedeutet das, dass sie mehrmals in der Nacht zu höchst unchristlichen Zeiten mit z. B. ihrem im Arm gehaltenen Nachwuchs ein paar Runden drehen können. Wenn Ihr Baby also in der Nacht mehrmals aufwacht und seine gewohnte Einschlafhilfe verlangt, um wieder einzuschlafen, dann ist dies auf jeden Fall mitverursachend für das Schlafproblem.

Diese altersunangemessenen Einschlafhilfen machen nach meiner Erfahrung den Großteil aller Schlafprobleme aus. Es gibt jedoch selten nur einen einzigen Grund dafür. Vielmehr muss man sich wie bei einem Kochrezept genauer ansehen, welche »Hauptzutat« den Ausschlag gibt und welche »Gewürze« das Essen geschmacklich dominieren. Mit Gewürzen ist vor allem das »Trennungs-Problem-Kraut« gemeint, denn alle Schlafprobleme sind im Grunde mehr oder weniger mit der Schwierigkeit, sich zu trennen, verbunden. Das kann sowohl für das Kind als auch für die Eltern gelten. Der Sprung vom kleinen Hätschel-Baby, das man eben noch in den Schlaf gestillt hat, zu einem großen, herumlaufenden und selbst essenden Baby geht vor allem manchen Müttern oft zu schnell.

Welche Hauptursache das Schlafproblem Ihres Babys auch immer hat, eines gilt als Faustregel:

 *Kinder sollten grundsätzlich in ihrem eigenen Bett einschlafen. Sind sie in der Nacht dann in Not, sollten sie ebenso selbstverständlich bei ihren Eltern Unterschlupf finden.*

Einen eigenen Schlafplatz zu haben ist für ein Kind wichtiger, als man denkt, denn es vermittelt ihm ganz eindeutig, dass hier im wahrsten Sinne des Wortes sein Platz ist. Kleinkinder, die später ihre Welt auch mit Worten ordnen können, werden Ihnen voller Stolz *ihr* Bett mit *ihrem* Kissen und z. B. *ihrem* Bären zeigen. Das eigene Bett vermittelt einem einfach das Gefühl von Ordnung, Identität und Zugehörigkeit. Denken wir nur an uns, wenn wir z. B. auf einer Hütte übernachten. Erst wenn wir unseren Schlafplatz bezogen haben, werden wir ein Gefühl von Sicherheit und Geborgenheit aufbauen können. Über die Vor- und Nachteile von Familienbetten werden wir gleich noch sprechen.

Was den zweiten Punkt der obigen Faustregel betrifft, kommen wir zu einer zentralen Frage bzw. Sorge vieler Eltern:

### Sollen Babys im Bett ihrer Eltern schlafen dürfen?

Kaum etwas wird von vielen Eltern so sehr gefürchtet: dass sie ihr Kind nicht mehr aus dem Elternbett herausbekommen. Das Elternbett wird in manchen Fällen heftig verteidigt, aus der Angst, das einmal gutmütig eingelassene Baby könnte diesen Ort noch jahrelang in Beschlag nehmen wollen. Die Sorge, das Kind könnte auch noch den letzten privaten Raum okkupieren, steht hier als Schreckgespenst übergroß im Raum. Jeder kennt dann auch Geschichten von Kindern, die noch im fortgeschrittenen Kindergartenalter ihr seit langem bestehendes Recht einklagen und allein im eigenen Bett weder ein- noch durchschlafen. Es gibt aber auch das andere Extrem, dass manche Familien ein eigenes Bett für ihr Baby bzw. Kleinkind grundsätzlich ablehnen und sich im Familienbett am wohlsten fühlen.

Beide Varianten haben naheliegenderweise Vor- und Nachteile. Das strenge Verbannen aus dem elterlichen Bett ermöglicht einem Paar mehr Zweisamkeit und Intimität, die es im anstrengenden Familienalltag zweifellos dringend braucht. Gleichzeitig ist es für ein Kind eine nicht zu verstehende Ablehnung, wenn es grundsätzlich nicht ins gleiche kuschelige »Nest« wie seine Eltern schlüpfen darf.

Das Familienbett dagegen ist für Säuglinge und Kleinkinder, also Kinder bis maximal drei Jahre, sicher eine sehr angenehme und kuschelige Variante. Der entscheidende Nachteil besteht hier für das Elternpaar, das nun kaum noch Raum für Nähe und Intimität hat. Nach meiner Erfahrung wird diese Variante oft von Paaren gesucht, die sich diese Nähe nicht mehr selbst geben können oder wollen und das Kind hier als willkommenen »Kuschelpuffer« einsetzen.

Wie nun vorgehen, wenn keine dieser beiden Haltungen einem so ganz entspricht?

Vorab: Wie bei allen Dingen im Leben ist der wohldosierte und vernünftige Umgang entscheidend, ob eine Sache aus dem Ruder läuft oder nicht. Ich halte es für eine enorme Kränkung für das Kind, es grundsätzlich aus dem Elternbett zu verbannen. Hier hat sich folgende Grundsatzregel in der Arbeit mit Familien sehr bewährt: Das Kind schläft in seinem Bett ein, darf aber in der Nacht zu den Eltern wandern. Die Vorteile hierfür liegen auf der Hand: Das Elternpaar muss sich nicht mehr im Dunkeln auf Zehenspitzen, über herumliegendes Spielzeug stolpernd, ins Bett schleichen, um dann dort nur noch flüsternd und möglichst geräuscharm neben dem Kind zu liegen. Das Kind wiederum hat sowohl sein eigenes Reich mit vertrautem Abendritual zum Einschlafen als auch die Möglichkeit, zu seinen Eltern zu kommen, wenn es so gar nicht mehr allein sein möchte.

Kommen wir zu den drei klassischen Ursachen für ein Schlafproblem und deren Lösung zurück und schauen wir uns in diesem Zusammenhang an, wann ein so genanntes Schlafprogramm für ein Kind überhaupt sinnvoll ist.

Unter Schlafprogramm wird eine Art Training verstanden, in der Kinder lernen sollen, allein einzuschlafen. Die Grundtheorie aller Schlafprogramme ist, dass ein Kind erst dann durchschlafen kann, wenn es auch allein einschläft. Erst wenn es selbstständig beherrscht, vom Wachsein in den Schlaf zu fallen, wird es dies auch können, wenn es in der Nacht aufwacht.

Grundsätzlich gibt es keinen Menschen, der durchschläft, es gibt nur Kinder und Erwachsene, die, wenn sie in der Nacht kurz aufwachen, sich umdrehen und sofort wieder weiterschlafen. Ein Durchschlafen ist von der Struktur des Schlafes gar nicht möglich. In jeder Nacht durchlaufen wir die so genannten Tiefschlaf- und Leichtschlafphasen. Eine Tiefschlafphase dauert etwa 40 Minuten. Danach taucht ein Baby aus seiner Schlaftiefe wieder kurz auf und befindet sich wenige Minuten in einer Leichtschlafphase. Bei kleinen Kindern ist die Schlaftiefe dieser Übergangsphase zur nächsten Tiefschlafphase jedoch noch sehr gering, was bedeutet, dass sie meistens aufwachen. So entsteht auch das übliche Schlafmuster, das Babys nach rund 40 Minuten wieder aufwachen lässt. Um länger durchschlafen zu können, muss ein Kind nun mehrere solcher 40 Minuten-Schlafblöcke aneinander hängen können. Dafür muss es aber, wenn es zwischen den Tiefschlafphasen in einer Leichtschlafphase aufwacht, wieder allein einschlafen können. Im Nachtschlaf lassen sich dann auch Schlafphasen von rund anderthalb bzw. drei Stunden finden, nach denen ein Baby häufig aufwacht.

Bei Kindern merkt man den Unterschied zwischen den beiden Schlafphasen besonders stark: Sind sie in einer Tiefschlafphase, kann man die sprichwörtliche Bombe daneben fallen lassen. Ein Baby in einer Leichtschlafphase wird dagegen durch das kleinste Geräusch geweckt. Heikel sind vor allem die Übergänge, also wenn wir von einer Tiefschlafphase in eine Leichtschlafphase wechseln. Hier ist die Schlaftiefe dann besonders dünn. Ein Baby, das nun gewohnt ist, grundsätzlich an der Brust der Mutter ein- und somit auch weiterzuschlafen, wird genau diese Art der Ein- und Weiterschlafhilfe in der Nacht brauchen. Aber auch hier gibt es Ausnahmen. Manche Babys sind jedoch so gute Schläfer, dass sie problemlos durchschlafen können, selbst wenn sie es gewohnt sind, am Abend zum Einschlafen z. B. noch die Brust/Flasche zu bekommen. Die Regel, dass ein Kind nur dann durchschlafen kann, wenn es auch abends allein und ohne Hilfen einschläft, gilt also nur für Kinder, die sich mit dem Durchschlafen schwer tun.

### Sind so genannte Schlafprogramme schädlich für Babys?

Das Ziel der meisten Schlafprogramme ist es, dass ein Baby lernt, allein einzuschlafen. Sehr bekannt ist hier die so genannte Ferber-Methode, die im deutschen Sprachraum durch das Buch *Jedes Kind kann schlafen lernen* verbreitet wurde. Bei dieser Methode wird Eltern geraten, ihr Baby abends noch wach ins Bett zu legen, sich zu verabschieden und dann das Zimmer zu verlassen. Mit dem zu erwartenden Weinen sollen sie folgendermaßen umgehen: Man geht zuerst nach fünf Minuten, dann nach zehn, dann nach fünfzehn und dann nach dreißig (!) Minuten kurz ins Zimmer, legt das Kind wieder hin und verlässt den Raum. Wenn das Baby in der Nacht aufwacht, ist in der gleichen Weise zu verfahren. Die Autoren halten es für sehr wichtig, dass man unter keinen Umständen nachgibt, egal wie viele Stunden sich das Weinen hinzieht, und das Baby keinesfalls aus dem Bett und auf den Arm nimmt.

*Eine unnachgiebige Härte, die die Reaktionen eines Kindes nicht berücksichtigt, halte ich grundsätzlich für schädlich.*

Ebenso schädlich ist es, dieses Schlafprogramm quasi als Allheilmittel stur durchzuziehen, ohne zu prüfen, ob es auch in allen Fällen passend ist. Unter schädlich verstehe ich jetzt nicht, dass ein Kind dadurch ein lebenslängliches Trauma davonträgt. Das kann ein Einzelereignis in einer ansonsten liebevollen und einfühlsamen Beziehung meist nicht bewirken. Es ist, ähnlich wie bei einer Paarbeziehung, ein massiver, negativer Einschnitt, der vor allem das Grundklima zwischen Eltern und Kind vergiften kann. Die Hemmschwelle, das Kind einfach zu »überfahren« und seinen Protest bzw. seine Not zu überhören, sinkt damit. Es ist, wie wenn wir in der Partnerschaft zulassen würden, dass plötzlich ein härterer, rücksichtsloserer Umgangston normal wird.

War das harmonische »Ping-Pong«, also das Wechselspiel zwischen dem Signal des Babys und der Reaktion seiner Eltern, schon das Erfolgsgeheimnis im Umgang mit unserem kleinen Schreibaby, so wird uns genau diese interaktive Haltung auch zu langfristigem Erfolg im Umgang mit dem Schlafproblem verhelfen. Was auch immer der Auslöser für ein Schlafproblem ist, es gilt eine Grundhaltung:

*Grundsätzlich soll man einem Baby dabei helfen, allmählich mit immer weniger Hilfen allein einschlafen zu lernen.*

Der Vorteil für Sie liegt auf der Hand: endlich längere Blöcke durchschlafen zu können. Aber auch für Ihr Kind hat dieses Vorgehen, neben einem erholteren Nachtschlaf, einen gewaltigen Vorteil, der vielleicht im Moment nicht absehbar ist:

*Ihr Baby lernt dadurch auch, sich von Ihnen trennen zu können. Und erst dann werden ihm Dinge wie z. B. entspanntes, selbstständiges Spielen leichter möglich.*

Wie wichtig und wie schwer diese Aufgabe für ein Kind ist, werden wir im anschließenden Kapitel noch näher ausführen. Wie geht man nun konkret vor?

Nehmen wir das häufige Beispiel eines Babys, das nur an der Brust/Flasche einschlafen möchte. Im ersten Schritt ist es sinnvoll, das Kind etwas früher und nicht im dunklen Zimmer zu füttern. Das unmittelbare Einschlafen kann z. B. im Arm statt an der Brust oder Flasche stattfinden. Die weiteren Schritte sehen dann so aus, dass man es dann immer früher vom Arm in sein Bettchen legt und z. B. seinen Kopf streichelt, bis es schläft. Im Weiteren wird das Streicheln dann immer kürzer, und die elterliche Hand liegt nur noch daneben, falls das Baby danach greifen möchte. Im nächsten Schritt wird dann nur noch zum Gute-Nacht-Sagen gestreichelt, und man bleibt bloß neben dem Gitterbett sitzen. Nach ein paar Tagen kann man vielleicht schon den Sessel wegrücken oder bereits einmal kurz rausgehen.

*Die bestehenden Einschlafhilfen werden über Tage hinweg immer mehr reduziert, bis ein Baby weitgehend allein einschlafen kann. Das Tempo hierfür wird von der Reaktion Ihres Kindes bestimmt sein.*

Falls Ihr Baby gewohnt ist, mit einem Schnuller einzuschlafen, dann bringen Sie ihm nach und nach bei, sich diesen selbst wieder in den Mund zu stecken. Dafür legen Sie ein paar Ersatzschnuller griffbereit links und rechts von seinem Kopf ab. Wenn es in der Nacht aufwacht, dann führen Sie Ihr Baby mit seiner Hand zu den Schnullern, sodass es selbst einen nimmt und in den Mund steckt. Vermeiden Sie auch beim abendlichen Einschlafen, Ihrem Kind einfach den Schnuller in den Mund zu stecken, sondern lassen Sie Ihr Kind dies möglichst selbstständig tun. Geschickte Babys können schon etwa ab sieben Monate ihren Schnuller allein aufgreifen und in den Mund stecken.

Es gibt jedoch auch Fälle, wo ein klassisches Schlafprogramm, also die beschriebene Ferber-Methode in einer adaptierten Form durchaus sinnvoll ist. Mit adaptiert ist gemeint, dass man etwa drei Minuten vor der Tür wartet, bevor man wieder ins Zimmer geht, und dass es auch »erlaubt« ist, das sehr aufgeregte Kind im Arm zu beruhigen. Wenn es sich nicht vordringlich um ein Trennungsproblem handelt und des Rätsels Lösung in den altersunangemessenen Einschlafhilfen liegt, kann man wirklich unglaublich rasch und relativ problemlos einem Baby das allein Ein- und Durchschlafen beibringen.[16] An der Klinik haben wir, je nach Familie und Art des Schlafproblems, beide Varianten mit sehr gutem Erfolg angewendet. Speziell bei Babys, bei denen es offensichtlich am Problem der Einschlafhilfen liegt, funktioniert die adaptierte Ferber-Methode sehr gut – wenn es sich die Eltern auch wirklich vorstellen können. Nach meiner Erfahrung haben Eltern hier ein sehr gutes Gefühl dafür, wie sie diese Variante am besten gestalten, also wie lange sie draußen warten sollen und in welcher Art sie ihr Kind dann beruhigen. Zentral ist die emotionale Botschaft »Ich bin für dich da, aber jetzt geht's ans Einschlafen«. Genau deswegen geht man auch alle drei Minuten hinein, um dies seinem Kind zu vermitteln. Wirklich beruhigen wird es sich in diesen kurzen Sequenzen nämlich nicht.

Es ist wichtig, dass ein Paar vorher ausmacht, wer dieses Schlafprogramm durchführen wird, weil ein ständiger Wechsel von Mama und Papa für ein Baby verwirrend ist. Am erfolgreichsten wird der Elternteil sein, der sich am besten vorstellen kann, bei dem zu erwartenden Weinen auch möglichst ruhig und sicher zu agieren. Erfahrungsgemäß fällt dies Vätern oft leichter, weil vor allem bei stillenden Müttern allein durch das kindliche Weinen der Milcheinschussreflex ausgelöst werden kann. Vätern fällt es auch vielfach leichter, ihr Kind bei einem neuen Entwicklungsschritt zu unterstützen, der ja immer auch eine weitere Ablösung bedeutet. Sie haben bei gestillten Babys außerdem den Vorteil, nicht nach Milch zu riechen, sodass ihr Kind gar nicht auf die Idee kommen wird, zum Einschlafen gestillt werden zu wollen.

Im Rahmen dieses Buches ist es leider nicht möglich, den genaueren Ablauf sowie die psychologischen Hintergründe eines Schlafproblems näher zu beleuchten. Wenn Sie hierzu jedoch gerne mehr Information hätten, dann werden Sie in meinem Elternratgeber *Einschlafen – (k)ein Kinderspiel. Die Schlafstörungen Ihres Kindes verstehen und lösen* fündig.

## Tipps zur Förderung des Sich-trennen-Könnens

Wir wissen nun, wie es unserem mittlerweile großen Baby dabei geht, in dem Dilemma zu stehen, seine Eltern über alles zu lieben und vollkommen abhängig von ihnen zu sein und gleichzeitig mit einer enormen Neugier alles selbst ausprobieren zu wollen. Wir wissen auch, wie wir ihm dieses auch für Kinder anstrengende Pendeln zwischen Anhänglichkeit und Zornanfall leichter machen können. Und was das große Baby braucht, um sich auch selbstbewusst und damit gut zu fühlen, haben wir ebenfalls schon beschrieben. So bleibt uns noch ein zentraler Punkt, der viele Eltern beschäftigt: Wie gehe ich mit der Anhänglichkeit meines Kindes um?

In unserer Beratungseinrichtung erleben wir immer die Klagen von Müttern, die von ihren Babys dauerobserviert werden und die dieses Beschattetwerden und die Tatsache, dass sie nicht einmal allein auf die Toilette gehen können, schwer ertragen. Was kann man da tun? Warum fällt es manchen Kinder so schwer, sich von ihren Eltern zu trennen, und sei es nur für den berühmten Toilettenbesuch?

Dazu kurz ein paar entwicklungspsychologische Fakten: Um sich gut von jemandem trennen zu können, muss ich so etwas wie sein inneres Bild in mir halten können. Konkret heißt das, dass ich z. B. weiß, dass mein Partner, selbst wenn ich ihn nicht unmittelbar vor Augen habe, nicht einfach verschwunden ist. Oder etwas technischer ausgedrückt: Eine Datei im Computer ist auch dann noch da, wenn ich sie gerade nicht öffne. Durch das Wissen, dass ich sie jederzeit aufmachen kann, werde ich nicht in Angst und Sorge um meine Arbeit verfallen.

Genau das ist das Problem von Babys und Kleinkindern. Das innere Bild ihrer Eltern, also die Erinnerung an sie, ist noch relativ schwach ausgeprägt, vergleichbar mit einer Strichzeichnung im Sand. Dieses Bild wird nur so lange gut sichtbar sein, wie kein Wind aufkommt oder die Flut es wegspült – also im Grunde nur für kurze Zeit. Bei einem Baby bedeuten Wind und Flut soviel wie innere Aufregung oder Müdigkeit, kurz alles, was es zusätzlich noch belastet. Ein ausgeglichenes und ausgeschlafenes Kleinkind wird sich wahrscheinlich auch problemlos dann beschäftigen können, wenn es die Mutter nur im Nebenraum hören kann. Aber selbst wenn es jetzt stabil bleibt – also sich nicht wehtut, vom Misslingen eines Spielversuchs frustriert ist oder ermüdet –, wird es trotzdem nach wenigen Minuten nachsehen, ob die Mama wirklich noch da ist. Sie sehen, das innere Bild der Mutter beginnt schon langsam im Baby zu zerfallen. Mit dem neuerlichen Anblick ihrer Person wird es wieder wie neu eingezeichnet.

Aus diesem Grund fällt Babys und Kleinkindern die Trennung von ihren Eltern so schwer. Schon im Moment des Trennungsschmerzes beginnt durch die Aufregung das innere Bild von Mama und Papa zu wackeln. Nach Überwindung dieses Schmerzes ist das Kind auf eine möglichst klare Erinnerung an seine Eltern angewiesen. Sonst muss es zu Recht glauben, dass die beiden vom Erdboden verschluckt sind und nie mehr wiederkommen werden. Dass dieses Gefühl wilde Panik auslöst, ist leicht nachzuvollziehen. Die Schwierigkeit besteht aber genau in der Tatsache, dass dieses innere Elternbild erst ab dem dritten Geburtstag wirklich stabil und belastbar im Kind fixiert ist. Darum gilt dieser Zeitpunkt nicht umsonst als der ideale Eintritt in den Kindergarten. Jetzt ist das Kind emotional und intellektuell so weit, seine Eltern fest und jederzeit abrufbar in Erinnerung in sich zu tragen und sich regelmäßig für mehrere Stunden von ihnen trennen zu können. Durch die mittlerweile meist flüssige Sprache könnte es zusätzlich seine etwaigen Sorgen und Gedanken über den Verbleib der Eltern ausdrücken und wäre mit diesen Gefühlen nicht allein.

Dann schauen wir uns unser Baby rund um den ersten Geburtstag an. Es hat noch so wenige Möglichkeiten, uns als Eltern fest im Gedächtnis und Herzen zu behalten. Sie werden jetzt vielleicht einwenden, dass Ihr Kind Sie sofort und überall, ja auch auf Fotos erkennt. Das ist auch richtig, weil die Fähigkeit des Wiedererkennens wesentlich leichter zu erlangen ist als die des In-sich-

Abrufens. Denken wir nur an den Prüfungsstoff in der Schule. Locker hätten wir die richtige Antwort wiedererkennen können, aber wie schwer war es, diese selbst hervorzubringen! Damit haben wir geklärt, warum es allen Babys und Kleinkindern mehr oder weniger schwer fällt, sich von ihren Eltern zu trennen.

 *Anhänglichkeit, Fremdeln und Trennungsschmerz sind – bis zu einem gewissen Ausmaß – Zeichen einer gesunden emotionalen Entwicklung.*

Ein Kind, dem es völlig gleich ist, von wem es betreut wird, oder ob die Mutter vor allem in nicht vertrauter Umgebung den Raum verlässt, gibt somit eher Anlass zu Sorge, als eines, das bei diesen Anlässen weint.

Was ist aber jetzt unter »mehr oder weniger« bzw. »bis zu einem gewissen Ausmaß« an Trennungsangst zu verstehen? Hier ist es nicht so leicht, eine Norm anzugeben, weil für jeden Menschen etwas anderes »normal«, bzw. gewohnt ist. Jeder geht bei seinem Verständnis von Normalität von sich selbst aus und kann sich oft nur schwer vorstellen, dass ein anderer es ganz anders empfinden kann. Das bedeutet, dass eine sehr freiheitsliebende Mutter, die sich schnell eingesperrt vorkommt und somit keine starken Bindungsbedürfnisse hat, ihr vielleicht durchschnittlich anhängliches Kind als sehr klammernd empfindet. Umgekehrt sind schon Babys in ihrer Persönlichkeit von Beginn an unterschiedlich. Auch hier gibt es sehr anhängliche Kinder, die auch im fortgeschrittenen Säuglingsalter Körperkontakt und das Plaudern mit den Eltern jedem Spielzeug bei weitem vorziehen. Und es gibt auch solche, die mit vier Monaten begeistert an ihrer Kinderwagenkette zerren und sich so schier stundenlang allein beschäftigen können. Wie sich die vielleicht unterschiedlichen Persönlichkeiten von Eltern und Kind dann gegenseitig positiv, aber auch negativ verstärken und Auslöser für ein Beziehungsproblem werden können, ist im nächsten Abschnitt beschrieben.

Kommen wir jetzt zu dem, was man konkret tun kann, um einem Kind diese grundsätzlich schwierige Entwicklungsaufgabe des Sich-trennen-Könnens zu erleichtern.

Sechs, im Weiteren näher ausgeführte Punkte sind meiner Ansicht nach zentral:

1. **Kündigen Sie jede noch so kleine Trennung an.**
2. **Lassen Sie Ihr Baby – innerhalb der Wohnung – entscheiden, ob es mitkommen möchte.**
3. **Verabschieden Sie sich bei Verlassen der Wohnung angemessen kurz und herzlich.**
4. **Ihr Baby sollte öfter derjenige sein, der sich aktiv verabschiedet.**
5. **Lassen Sie Ihr Baby nicht in unvertrauter Umgebung bzw. bei einem unvertrauten Menschen allein, wenn es dort nicht bleiben möchte.**
6. **Seien Sie in allen Ankündigungen und Versprechungen absolut verlässlich.**

### 1. Jede Trennung ankündigen

Gerade bei Kindern, die sich schwer trennen, hat sich die irrige Meinung gebildet, dass man sich am besten davonschleicht, damit sie den Abschied gar nicht mitbekommen. Bis Anfang der siebziger Jahre galt diese Regel sogar in Kinderkrankenhäusern – Eltern durften hier ihre Kinder einmal die Woche für zwei Stunden besuchen (!) mit dem Argument, den Kindern so den Trennungsschmerz zu ersparen. Der wahre Grund für diese Vorgehensweise – ob man sie jetzt selbst anwendet oder ob sie sogar von »Experten« vertreten wurde – ist wohl eher, dass man sich selbst den Umgang mit einem weinenden Kind (und ein schlechtes Gewissen) ersparen möchte.[17]

Wir haben vorhin schon erwähnt, dass selbst für uns Erwachsene ein plötzlich verschwindender Partner weit irritierender ist als einer, der sich verabschiedet, auch wenn uns dies besonders im Zustand des Frisch-Verliebtseins schmerzt. Bei jedem Menschen und so auch bei Kindern löst plötzliches Verschwinden nur das Bedürfnis der Überwachung aus, damit wir nicht von dem so unerwarteten und unkontrollierbaren Ereignis überrollt werden. Babys, die gewöhnt sind, dass man sie in dieser Form regelmäßig hintergeht (Ausnahmen kann es hier jedoch wie immer geben), werden umso klebriger ihre Eltern bewachen. Praktisch bedeutet das, dass Sie Ihrem Kind einfach sagen, dass Sie jetzt z. B. nur in die Küche gehen.

Und einen weiteren tieferen Sinn hat das Verabschieden: Ein

Kind lernt so, mit einer der großen emotionalen Belastungen des Menschseins, der Angst vor dem Verlassenwerden, spielerisch umzugehen. Kann ich mehrmals am Tag eine kurze Trennung üben, werde ich im späteren Leben mit Abschied und Beziehungen besser umgehen können. Denn wenn das Thema Trennung so übermächtig ist, weil es im Schmerz unbewältigbar wird, hat dies Folgen für die weitere Fähigkeit, sich auf einen anderen Menschen einzulassen. Die Sorge vor dem Verlassenwerden und vor Verletzungen ist eine wesentliche Triebfeder, die es vielen Menschen unmöglich macht, eine tiefere Bindung einzugehen.

### 2. Das Baby entscheiden lassen

Ihrem Baby wird es je nach Tagesverfassung nicht immer gleich leicht oder schwer fallen, Sie gehen zu lassen. Darum lassen Sie ihm innerhalb der Wohnung einfach offen, ob es Sie begleiten oder weiterspielen möchte. Diese Entscheidungsfreiheit wird Ihr Kind auch automatisch weniger klammern lassen, weil es so die Situation mitgestalten und entscheiden kann und sich allein dadurch schon besser fühlen wird. Wenn Sie sich auf diese Haltung einstellen, wird es Sie auch weniger ärgern oder belasten, dass Sie kaum den Raum verlassen können, in denen Ihr Baby gerade spielt. Und die Zeit arbeitet auch hier für Sie. Ein Kind, das vom Babyalter an gewöhnt ist, Trennungen nicht hilflos ausgeliefert zu sein, wird sich umso schneller auch einmal kurzfristig verabschieden können.

### 3. Sich angemessen verabschieden

Wenn Sie nun die Wohnung verlassen müssen und Ihr Baby bleibt z. B. bei der Oma, dann gestalten Sie den Abschied angemessen kurz und herzlich. Langes Herumgerede, mehrmaliges Umarmen oder gar Zurückgehen, wenn Ihr Kind weint, zieht die Sache nur schmerzvoll in die Länge. Bei einem Baby vor dem ersten Geburtstag reicht es, sein Gehen etwa dreißig Minuten vorher anzukündigen.

### 4. Das Baby sich aktiv verabschieden lassen

Die noch bessere Variante der Verabschiedung ist, dass Ihr Baby derjenige sein kann, der sich von Ihnen verabschiedet, und Sie die »Verlassenen« sind. Aktiv gestaltend erträgt man sein Schicksal einfach besser als passiv erlebend. Gerade wenn das Verbleiben bei anderen und der Abschied von der Mutter schwer fällt, ist es klug, wenn z. B. die Oma mit dem Nachwuchs eine Kinderwagenfahrt startet, bevor die Mama das Haus verlässt, und das Kind kann sich dann vorher verabschieden.

### 5. Das Baby nicht in unvertrauter Umgebung lassen

Grundsätzlich ist es günstiger, wenn Ihr Kind in seiner vertrauten Umgebung bleiben kann, wenn Sie nicht anwesend sind. Das eigene Zuhause ist wie eine Schutzhülle, die einem die Zusatzbelastung der Trennung einfach erleichtert. Hier ist auch der Ort, wo das Baby in vielen Details und Gerüchen an seine Eltern erinnert wird, was der Auffrischung seines inneren Bildes von ihnen nur gut tun kann. Darum ist auch eine Alltagsbetreuung in der eigenen Wohnung für unter Dreijährige, die sich sehr schwer trennen können, jedem Tagesmutterplatz oder jeder Krippe vorzuziehen. Dasselbe gilt, dass man naheliegenderweise ein Baby nicht einfach an einem unvertrauten Ort (und das ist z. B. auch die Wohnung der Großeltern, wenn ein Kind dort nicht mindestens einmal die Woche ist) bei vielleicht noch wenig vertrauten Menschen lässt – wenn es das nicht möchte. Dass ein Krankenhausaufenthalt, der an für sich ja schon Belastung genug ist, von einem Baby bzw. Kleinkind nicht auch noch allein ausgestanden werden sollte, versteht sich von selbst. Hier passiert es jedoch noch immer, dass Babys und Kleinkinder allein im Krankenhaus aufgenommen werden, was sowohl von Seiten der Kliniken, aber leider auch von Seiten mancher Eltern veranlasst wird.

### 6. Verlässlich sein

Ihre Verlässlichkeit als Elternteil ist der beste Garant dafür, dass Ihr Baby ein stabiles und ebenso verlässliches inneres Bild von Ihnen aufbauen kann. Darum: Wenn Sie etwas ankündigen, dann tun Sie es auch. Das gilt natürlich vor allem für Versprechungen, mit denen man ja ein Kind über eine unangenehme Situation hinwegtrösten möchte. Unterschätzen Sie vor allem nicht das Gedächtnis und die Wahrnehmung Ihres mittlerweile großen Babys. Selbst wenn es noch keine Worte hat, bekommt es mehr mit, als Sie denken. Die Reaktion auf Unverlässlichkeit zeigt sich bei Kindern nicht sofort, sondern ist mehr in einer generellen Unausgeglichenheit bzw. vermehrtem Klammern oder demonstrativem Ignorieren der Eltern zu beobachten.

Wir sind am Ende des ersten Lebensjahres und auch am Ende der Informationen, was denn das Leben mit einem ehemaligen Schreibaby in diesem Alter für alle Beteiligten einfacher und befriedigender macht. Was ist aber, wenn viele dieser Ratschläge bei Ihrem Kind nichts bewirkt haben bzw. Ihr Alltag nach wie vor sehr belastend ist? Dann muss man ein Stückchen »hinter die Fassade« schauen, denn in diesen Fällen ist meist ein Beziehungsproblem zwischen Eltern und Kind die Ursache. Erst wenn wir verstehen, was denn zwischen Vater, Mutter und Kind so alles auf der Beziehungsebene abläuft, werden wir auch das Phänomen eines »schwierigen« Kindes besser begreifen können.

> Die vermehrte Anhänglichkeit von Babys gegen den ersten Geburtstag hin wurzelt in ihrem Unvermögen, das innere Bild, also die Erinnerung an seine Eltern, länger im Gedächtnis zu behalten. Rahmenbedingungen wie angekündigte Trennungen, gleichbleibende Umgebung und Betreuungspersonen sowie die Möglichkeit, immer im selben Raum wie die Eltern sein zu können bzw. ab und zu selbst derjenige zu sein, der geht, machen Ihrem Baby diese Entwicklungsphase leichter. Wichtig ist es, alle Dinge zu fördern, die seine Autonomie stärken. Das ist vor allem, selbst essen und möglichst ungestört die kindersichere Wohnung erforschen zu dürfen. Die Fähigkeit, allein einzuschlafen, ist eine der Übungen, Trennung bewältigen zu lernen. Hierfür gibt es zwei Varianten, die einem Baby dabei helfen können: zum einen, dass man Schritt für Schritt alle Einschlafhilfen reduziert, und zum anderen, dass man dem Baby – wenn es sich hauptsächlich um das Problem der Einschlafhilfen handelt – mittels der adaptierten Ferber-Methode das Ein- und Durchschlafen beibringt. Weiter empfiehlt es sich, Kinder grundsätzlich im eigenen Bett einschlafen zu lassen, ihnen jedoch ebenso grundsätzlich im Bedarfsfall die Möglichkeit zu geben, ins Elternbett überzusiedeln.

# Teil III

# Die Bedeutung der Eltern-Kind-Beziehung

Wenn alle Ratschläge nicht wirklich helfen und der Alltag mit Ihrem vom Kinderarzt untersuchten und daher organisch gesunden Kind vielleicht nach wie vor schwierig ist, dann liegt der Grund meistens in einem Missverständnis zwischen Eltern und Kind.[18] Diese Missverständnisse passieren häufig dann, wenn sich die Vorstellungen und Erwartungen, die Eltern an ihr Kind und an ihr Leben als Familie hatten und haben, nicht erfüllen und wenn ihr Baby für sie in seinen Bedürfnissen und seinem Temperament nicht zu verstehen ist. Es ist eine Mär, dass Eltern automatisch mit ihren Kindern harmonieren müssen. Ähnlich wie bei Erwachsenen liegen einem auch bei Kindern gewisse Eigenschaften mehr oder weniger. Und dann gibt es Wesenszüge, die rühren an den sprichwörtlichen »wunden Punkt« und lösen eine für uns selbst oft nicht verständliche Aggression aus. Bei einem Partner kann man sich diese Charaktereigenschaften – mehr oder weniger bewusst – aussuchen und wird es trotzdem nicht immer leicht miteinander haben. Beim eigenen Kind wird man im Grunde unvorbereitet mit dessen Grundpersönlichkeit konfrontiert. Man weiß in der Schwangerschaft noch nicht, ob das eigene Kind z. B. eher still und sensibel wird – dagegen hätten die meisten Eltern grundsätzlich noch nichts einzuwenden, nur gegen die damit einhergehende Irritierbarkeit und geringere Belastbarkeit – oder ein temperamentvolleres Wesen hat. Und dann ist es die Frage, inwieweit Eltern – wieder mehr oder weniger bewusst – feste Vorstellungen und Wünsche bezüglich des Charakters ihres Kindes haben oder inwieweit sie fähig sind, sich auf die Persönlichkeit ihres Babys liebend und einfühlsam einzustellen. Schauen wir uns vielleicht genauer an, wie aus psychologischer Sicht die großen Elternzahnräder und das kleine Babyzahnrad mal reibungslos ineinander greifen und mal gewaltig blockieren und sich verhaken.

# Die Bedürfnisse und das Temperament des Kindes

Spätestens mit dem eigenen Kind werden alle landläufigen Meinungen, wie Babys denn so sind, gründlich widerlegt. Genauso wenig wie alle Neugeborenen nur essen und schlafen – gerade Eltern von Schreibabys können davon ein Lied singen – oder alle Babys angeblich gleich aussehen, sind sie in ihrem Temperament gleich. Sie haben wohl alle recht ähnliche Bedürfnisse, aber bei weitem nicht alle die gleichen und im selben Ausmaß. Sie als aufmerksame Eltern sind sich dieser Tatsache sicher bewusst.

Schon aus der Temperamentsforschung weiß man, dass es Babys gibt, die einfach ausgeglichener, sonniger und stabiler sind: die »easy babies«, wie sie vom Forscherpaar Thomas & Chess genannt werden. Dieser Typ Kind steckt so manches leichter weg. Meistens finden diese Babys als Neugeborene völlig problemlos in einen Rhythmus und haben auch mit dem Einschlafen keinerlei Schwierigkeiten. Selten fallen Babys dieses Typs durch vermehrtes Schreien oder sonstige Probleme auf.

»Slow to warm up babys«, also Babys, die nur langsam »auftauen«, sind reservierter, vorsichtiger und anhänglicher. Sie können Umstellungen gut verdauen, wenn ihre vertraute Bezugsperson ständig um sie ist. Oft sind das die so genannten pflegeleichten Kinder, die sich in vertrauter Umgebung nahezu stundenlang allein beschäftigen können und von denen die Eltern sagen: »Man bemerkt sie kaum«. Am schwersten haben es »difficult babys«, also die schwierigen Babys (und ihre Eltern), die sehr irritierbar und sensibel sind. Kinder dieses Temperaments fallen schon zu Beginn durch vermehrtes Schreien und hohe Schreckhaftigkeit auf; sie haben einfach eine besonders dünne Haut. Oft kippt ihre Stimmung von einer Sekunde auf die andere, ohne besondere Vorwarnung. An dieser Stelle finden wir unser kleines Schreibaby wieder. Das macht den Umgang mit ihnen in der ersten Zeit besonders schwierig. Aber auch im Weiteren nehmen sie Stimmungen, die um sie herum sind, wie ein Schwamm auf. Die meisten Kinder, sind jedoch Mischformen dieser Typen und haben ein ganz unterschiedliches Muster von Eigenschaften.

Nun gibt es in der Entwicklungspsychologie seit jeher den Disput, ob denn nun die Veranlagung eines Menschen oder die Art, wie man ihn aufzieht, ausschlaggebend für den Charakter ist. Vor allem in Amerika wurde bis in die fünfziger Jahre die so genannte Black-Box-Theorie eines Forschers namens Watson vertreten. Dieser meinte sinngemäß, man solle ihm fünf Babys geben, er mache aus dem einen einen Dieb, aus dem anderen einen Gelehrten, aus dem dritten einen Anwalt etc. Kurz, die Idee war, dass der Mensch ausschließlich Produkt seiner Umwelt sei.

Heute weiß man, dass der Einfluss der Gene und eines biochemisch gesteuerten Programms ein Gutteil unseres Verhaltens ausmacht. Ich finde folgenden Vergleich hilfreich: Man kann bei einem grünen Kind (grün steht hier für ruhig) durch Erziehung eine blaugrüne, blassgrüne, gelbgrüne oder ähnliche Färbung erzielen, aber man wird dieses Kind niemals rot (steht für temperamentvoll) »machen« können. Ein sensibles und sanftmütiges Kind wird kaum der Leithammel auf dem Spielplatz werden, der sich eine begehrte Sandschaufel zur Not mit Gewalt nimmt, egal, wie sehr man es als Elternteil dazu erziehen möchte. Ein kraftvolles und extravertiertes Kind hingegen werden auch noch so sanftmütige Erzeuger nicht in ein »Lämmchen« umwandeln können. Und das ist gut so.

Schwierig wird es nur dann, wenn Eltern mit dem Naturell ihres Kindes schlecht zurechtkommen, was meistens dann der Fall ist, wenn es ihrem eigenen Naturell entweder gar nicht oder auch zu ähnlich ist. Bis heute sind mir hier zwei gegensätzliche Fälle in Erinnerung: Ein sehr ruhiges Elternpaar, das über das unbändige Temperament seines Sohnes befremdet war und wirklich ratlos fragte, woher das Kind das denn habe; auf der anderen Seite die Mutter eines wiederum sehr sanften, geduldigen acht Monate alten Mädchens, die u. a. in Sorge war, dass ihr Kind eine »lahme Ente« sei und sich, wie sie es erlebte, niemals im Leben würde durchsetzen können.

Die meisten Eltern können sich aber mehr oder weniger problemlos auf das Naturell ihres Kindes einstellen und im Idealfall gerade auch diesen Unterschied zu ihnen oder einem etwaigen Geschwisterkind spannend finden. Das ist auch wirklich notwendig, denn das Baby selbst bringt – außer dem Bedürfnis nach Nahrung und Geborgenheit – noch wenig feste Vorstellungen über die Persönlichkeit seiner Eltern mit. Ihm ist es gleich, ob es von einer weißen, schwarzen, dicken oder dünnen Mama geschaukelt wird oder ob sein Papa ein durchtrainierter Typ mit dichtem Haarschopf ist oder schon ein Bäuchlein und ein sich lichtendes Hinterhaupt hat.

Das bedeutet, dass es Sache der Eltern ist, sich bestmöglich auf ihr Baby einzustellen, damit – bildlich gesprochen – die jeweiligen Zahnräder in harmonischem Zusammenspiel ineinander greifen können. Der Lohn hierfür ist ein verhältnismäßig reibungsloser und befriedigender Alltag mit einem Baby.

Was ist aber, wenn es Eltern nicht möglich ist, sich in dieser Form auf ihr Kind einzustellen?

## Die Vorstellungen und Wünsche der Eltern

Jede Mutter und jeder Vater hat mehr oder weniger bewusste Vorstellungen oder Wünsche, wie denn das eigene Kind und das Leben als Familie werden soll. Das ist auch völlig normal und eine starke Triebfeder, überhaupt Kinder zu bekommen.

Der geheime Wunsch nach einem außerordentlichen Kind, das ein besonders gelungener Teil von einem selbst sein soll, ist eine solche Triebfeder. Und für fast alle Eltern ist ihr Baby dann auch das schönste, entzückendste und begabteste Kind weit und breit. Dieser verliebte Blick durch die rosarote Brille ist ein kluger Trick der Natur. Er bewegt Eltern dazu, in der Gewissheit, einen ganz besonderen Menschen aufzuziehen, auch all die weiteren Strapazen auf sich zu nehmen und nicht nach der ersten durchbrüllten Nacht den doch nicht so herrlichen Nachwuchs vor der nächsten Kirchentür abzusetzen. Und es ist für das Baby ein wunderbarer Vorschuss – wieder ähnlich wie beim Verlieben –, der ihm hilft, auch so liebenswert zu werden, wie seine Eltern es heute schon finden.

Schwierig wird es dann, wenn unbewusst die Vorstellungen der Eltern sehr festgelegt sind und nicht mit der tatsächlichen Persönlichkeit und den Bedürfnissen des Kindes zusammenpassen. Sie werden jetzt fragen, wie das denn bei einem Baby der Fall sein kann und wie man überhaupt auf die Idee kommen kann, von so einem Zwerglein bestimmte Eigenschaften zu erwarten.

Das geht schneller als man denkt. Ein kleines, Ihnen wahrscheinlich wohl bekanntes Beispiel: Kein Elternpaar rechnet in der Vorfreude der Schwangerschaft damit, dass ausgerechnet ihm ein Schreibaby ins Haus steht. Ja, ein paar Gruselgeschichten von stundenlang brüllenden Babys kennt man natürlich, aber dass sich dieser Zustand Tag für Tag über viele Wochen bei einem selbst hinziehen wird, erwartet wohl niemand. Ebenso erwarten die meisten Eltern, dass ihr Kind ein Kuschelkind ist, und sind oft enttäuscht, wenn es ein scheinbar wenig anlehnungsbedürftiges Naturell hat.[19] Der Fall eines viel weinenden Babys ist jedoch sicher ein Hauptauslöser dafür, dass das Elternsein völlig nachvollziehbar im Grunde als wenig beglückend bzw. massiv belastend erlebt wird.

Aber auch viel geringere Anlässe können eine Enttäuschung bewirken. So hat das eigene Kind vielleicht nicht das insgeheim erwünschte Geschlecht.[20] Speziell wenn die Erfahrungen mit einem eigenen Elternteil schwierig waren – also z. B. für eine junge Mutter mit ihrem Vater –, dann wird es in diesem Fall ein männliches Baby wahrscheinlich schwerer haben als ein weibliches Baby. So war eine Patientin unserer Station davon überzeugt, dass ihr vier Monate alter Junge ihr absichtlich eine Ohrfeige geben wollte, als sein rudernder Arm ihr Gesicht traf. Aber auch viele Väter, die vielleicht aus einer schwierigen Erfahrung mit ihrer Mutter heraus unbedingt ein männliches Baby wollen, werden ihrer viel weinenden Tochter vielleicht kritischer gegenüberstehen.

Es ist völlig normal, bestimmte Vorstellungen und Wünsche in Bezug auf die eigenen Kinder zu haben. Nur wenn diese Wünsche sehr detailliert und fixiert sind, wird es schwierig. Das gilt für ein Positivbild genauso wie für ein Negativbild. Vielleicht wundert Sie dies, aber auch festgeschriebene Positivbilder können für ein Kind zu einer schweren Hypothek werden. Hierzu gibt es alle möglichen problematischen Konstellationen von Eltern und Kindern, die für Elternteile jeweils das gleiche oder auch das andere Geschlecht des Babys betreffen können. Je nach ihrer Persönlichkeit und den eigenen Erfahrungen wird ihr Baby auch ganz unterschiedliche Gefühle auslösen. Dazu noch einmal ein Beispiel aus unserer Klinik:

Speziell bei Fütterungsstörungen erleben wir sehr häufig bei den Müttern der betreffenden Babys ein bestimmtes psychologisches Muster. Es ist vergleichbar mit einem Puzzle. Nehmen wir an, einer Mutter (und im Säuglingsalter sind es fast immer die Mütter, die diese Erwartungen an ihre Babys haben – väterliche Erwartungen betreffen meist erst Kinder ab dem Kleinkindalter) fehlt ein zentraler Puzzlestein, in den allermeisten Fällen das Liebe-und-Geborgenheits-Teil. Kann oder will der Partner diese Lücke nicht ausfüllen, dann soll dies nun das eigene Kind tun. Meist handelt es sich um Frauen, die ihre eigenen Mütter als wenig liebevoll bzw. »nährend« vor allem im emotionalen Sinn erlebt haben. Die Sehnsucht nach Geborgenheit und im Grunde nach Mutterliebe lässt ihre Partnerschaft vor allem auch im Bereich der Sexualität schwieriger und oft unbefriedigend werden. Dafür wird dann der Kinderwunsch, also das Szenario »Mutter liebt Kind«, übergroß. Mit dem realen, fordernden und anstrengenden Baby, vor allem wenn es in irgendeiner Form schwieriger ist (und das sind fast alle Kinder irgendwann in ihrer Entwicklung), stellen sich die ersten Enttäuschungen ein. Gerade emotional sehr bedürftige Frauen erwarten unbewusst von ihren Babys genau das Maß an Liebe und Geborgenheit, das sie seit jeher vermissen, und deshalb soll das Baby dann möglichst auch weiblich[21] sein. Sie erkennen nicht, dass jetzt eigentlich sie an der Reihe sind, genau dieses Gefühl ihrem Kind zu geben. Aufgrund der eigenen oft leeren »emotionalen Speisekammer« fällt ihnen aber genau das schwer. Irgendwo spüren das diese Mütter voller Not und mit schlechtem Gewissen und wollen oft mit dem Essen beweisen, dass sie ihrem Kind auch genug Liebe geben können. Der daraus entstehende Druck beim Füttern lässt, je nach Stärke, auch den stabilsten Säugling verweigern. Die Väter spielen in diesen Familien meist eine untergeordnete Rolle. Paradoxerweise suchen sich sehr bedürftige Mütter unbewusst oft Männer aus, die eher verschlossen oder selbst emotional unreifer sind. Beide Elternteile können sich das, was sie sich eigentlich voneinander wünschen, somit nicht geben. Die Mütter wenden sich dann meist erwartungsvoll ihrem Baby zu, und die Väter suchen häufig vermehrt Anerkennung im Job.

Das Teuflische an diesen Erwartungen ist, dass sie einem meist überhaupt nicht bewusst sind, mit der Geburt des ersten Kindes völlig unerwartet auftauchen und dann jahrzehntelang ihr »Recht« einfordern. Darum ist die Geburt auch für viele Frauen oft der klassische Auslöser einer Krise wie z. B. der postpartalen Depression.

Kommt nun zu einem solchen Elternpaar ein irritierbareres, sensibleres Baby, das viel weint, wird die häusliche Situation schneller eskalieren als bei Erwachsenen, die emotional reifer und dadurch belastbarer sind. Denn ein viel schreiendes Kind bringt selbst stabile Eltern ziemlich schnell an den Rand ihres Selbstbewusstseins und löst verständlicherweise Aggression und Verzweiflung aus. Sehr schnell vertreibt es seine Erzeuger aus dem erwarteten »Eltern-Heft-Paradies«, wo Eltern – stets schick und schlank – in der wohlaufgeräumten Designer-Wohnung ihr lächelndes Baby anstrahlen. Obwohl jeder aus Erfahrung weiß, dass diese Präsentation völlig unrealistisch ist, quält einen doch der Gedanke, dass es in anderen Familien mit Babys weit harmonischer und vor allem ruhiger zugehen könnte. Und im Falle eines Schreibabys stimmt das ja auch. Aus dem klinischen Alltag weiß ich, dass die Erfahrung dieser für viele Eltern so enttäuschenden ersten drei Monate ihres Eltern-Seins tief in den Knochen sitzt und erst einmal verdaut werden muss. Das Erleben, sein Kind nicht beruhigen zu können, hat das elterliche Selbstbewusstsein soweit untergraben, dass erst nach ein paar ruhigeren Wochen langsam eine entspanntere, aber immer noch wackelige Grundatmosphäre entsteht. Viele Eltern berichten, dass sie noch längere Zeit bei jedem etwas längeren Weinen wieder kurz in die alte Panik verfielen, dass das jetzt stundenlang so weitergehen könnte. Aber:

 *Erfahrungsgemäß liegt in den allermeisten Fällen die Ursache für ein vermehrtes Schreien in den ersten drei Monaten hauptsächlich in einem Regulations- und nicht in einem Eltern-Kind-Beziehungsproblem!*

Ein Problem zwischen Eltern und Kind bzw. Vater und Mutter ergibt sich jedoch häufig als Folgeerscheinung. Allein die Tatsache, so viele Stunden am Tag – und das über Wochen – angeschrien zu werden, löst massive Aggressionen aus. Diese Reaktion ist auch völlig normal. Allein schon der Umstand, von jemandem so angeschrien zu werden, reicht aus, um sich wehren bzw. distanzieren zu wollen. Bei Eltern von Schreibabys kommt noch hinzu, dass sie diese verständlichen negativen Gefühle brav hinunterwürgen, ihr Kind tapfer weiter herumtragen – und ins nächste Wellental einer verzweifelten Hilflosigkeit schlittern. Alles, was sie unter Verausgabung ihrer letzten Kräfte für ihr Baby tun, nützt einfach nichts. Dauert dieser Zustand über Wochen an und ist man erfolglos vom Kinderarzt in die Kinderambulanz und wieder zurück gewandert (dort schläft das Baby dann meist friedlich im Kindersitz), dann kommt zu aller Wut, Enttäuschung und Verzweiflung noch Hoffnungslosigkeit hinzu. Hoffnungslosigkeit, dass sich dieser für viele Eltern höllische Zustand niemals ändern wird.

Mit diesen starken negativen Gefühlen geht dann jeder Elternteil unterschiedlich um. Ein naheliegendes Hauptventil ist, alle Emotionen, die man dem Baby ersparen möchte, dem Partner an den Kopf zu schmeißen. Oder es baut sich z. B. eine enorme Aggression gegen die Schwiegermutter auf. Dieser unbewusste Mechanismus der Verschiebung funktioniert schnell und verlässlich, allein aus der Tatsache heraus, dass Menschen eben nicht immer nur hilfreich und verständnisvoll agieren können. Irgendwer muss dann als Sündenbock herhalten, damit man selbst diese unerträglichen Gefühle loswerden kann, um sich so »gereinigt« seinem Kind zu nähern. Und es ist eine große Leistung, dass Eltern es schaffen, ihr Kind, das einen im Grunde so an den Rand der Verzweiflung – und oft darüber hinaus – bringt, vor ihren negativen Gefühlen zu schützen und diese wie bei einem Blitzableiter auf einen anderen niederprasseln zu lassen. Darum sollte man, wie im Kapitel über die 0–3 Monate alten Babys beschrieben wurde, etwaige Paarkonflikte in dieser Zeit nicht allzu dramatisch nehmen. Sie resultieren meist aus der enormen Überforderung und haben weniger mit einem tiefer sitzenden Paarproblem zu tun.

Es gibt aber auch Momente, da wird dieses Gemisch aus Wut, Überforderung und Verzweiflung in Eltern übergroß und es tauchen plötzlich sehr erschreckende Gedanken auf, was man dem Kind jetzt am liebsten antun würde. Auch das ist unter diesen Umständen normal, denn irgendwohin muss der aufgestaute Druck ja gehen. Im Extremfall erleben Erwachsene dies vielleicht auch bei einem heftigen Streit, wo man den anderen auch auf den Mond wünscht – und natürlich weiter mit ihm zusammenbleiben möchte. Entscheidend ist, dass es bei den Fantasien bleibt und dass sie nicht ausgelebt werden. Darum ist es während dieser oft schlagartig aufkommenden Gefühle das Klügste, einfach das Zimmer zu verlassen. Besser ein Baby schreit dann eben ein paar Minuten allein weiter, als dass das ursprünglich beruhigend gemeinte Schaukeln in ein Schütteln kippt. Sehr hilfreich ist es auch, genau diese »bösen Gedanken« einem anderen anvertrauen zu können. Wenn sie ausgesprochen sind, verlieren sie auch die Aura des »verabscheuungswürdigen Geheimnisses« und lösen sich in Luft auf. Ideal ist es, wenn man diese Gedanken einer guten Freundin oder einem Freund anvertrauen kann, denn der Partner oder die Großeltern finden sie aus Betroffenheit oft erschreckend. Sowohl eine erschrockene, als auch eine beschwichtigende Reaktion (»Aber es ist doch ein so liebes Baby…«) macht den betroffenen Eltern oft noch mehr Schuldgefühle.

Aber auch andere Gedanken sind Resultat dieses Gefühlschaos. Speziell bei vielen Müttern kommt es erst gar nicht zu diesen »bösen Gefühlen« – da biegt die Seele sozusagen eine Gasse vorher ab. Die gleichen Emotionen kleiden sich hier in unerklärliche und quälende Sorgen, dass dem Baby irgendetwas passieren könnte. Besonders stark kann man diese Sorgen bei Müttern mit einer postpartalen Depression finden. Sie sind oft wie gefangen in der Vorstellung, dass Sie mit dem Baby z. B. die Treppe hinunterfallen oder mit seinem Köpfchen am Türrahmen anstoßen könnten oder dass es einem Dritten aus den Armen fällt. Im Extremfall können diese Gedanken in der Furcht gipfeln, das Baby könnte plötzlich sterben. Diese Mütter erleben allein durch ein offenes Aussprechen der quälenden Vorstellungen weit weniger Erleichterung als andere, die ihre normale Wut über ein so forderndes und schreiendes Baby auch spüren können. Mütter, die diese zwanghaften Unfall-Ängste haben, können genau diese wütenden Gefühle nicht spüren und bleiben wie eine steckengebliebene Schallplatte in diesen Vorstellungen verfangen, die im Grunde nicht zu beruhigen sind, weil es eigentlich um verdrängte andere Gefühle geht. Die Enttäuschung über das schwierige Kind, das Gefühl, es nicht genug zu lieben, die Hilflosigkeit, es nicht dauerhaft beruhigen zu können, und vielleicht noch der unerfüllte Wunsch nach mehr Unterstützung lassen diese Mütter in ein schwarzes Loch fallen.[22]

Wir haben jedoch an unserer Klinik die Erfahrung gemacht, dass die Schwere einer mütterlichen Depression nicht immer damit zusammenhängen muss, wie »objektiv schwierig« ein Baby tatsächlich ist. Wenn Sie also genau diese Gefühle haben, obwohl Ihr Kind vielleicht gar nicht so exzessiv weint, dann sollten Sie dies wirklich ernst nehmen und Hilfe suchen.

Das gilt auch für den Fall, wenn sich das Weinen Ihres Babys – nach erfolgter ärztlicher Abklärung – auch nach drei Monaten nicht bis auf wenige Minuten am Tag reduziert hat. Dann sollte man hinterfragen, wo und warum denn die »Zahnräder« knirschen. Wie Säuglingsberatungsstellen einem dabei helfen können und was bei einer Beratung genau passiert, wird am Schluss des Buches (S. 182 ff.) noch beschrieben. Aber kommen wir an dieser Stelle noch zu einer Art Zusammenfassung, was denn die Voraussetzungen für ein ausgeglichenes, zufriedenes Baby sind.

# Das Geheimnis der ausgeglichenen Kinder

An vielen Orten fallen einem immer wieder Kinder auf, die eine ruhige Zufriedenheit und Ausgeglichenheit ausstrahlen. Diese Kinder wirken auf den Betrachter einfach stabil, weil sie mit Frustrationen und Grenzen weitgehend gut umgehen können, kooperativ und freundlich sind und sich auch gut allein beschäftigen können. Sie sind selten grundlos aggressiv oder hyperaktiv und das Zusammenleben mit ihnen bedarf nicht vermehrter Kraftanstrengung in Form von Machtkämpfen und läuft daher für alle Beteiligten weitgehend harmonisch ab. Die Bindung dieser Kinder zu ihren Eltern ist unverkennbar, sie können jedoch auch gut mit anderen Menschen bzw. mit Gleichaltrigen in Kontakt treten.

Wie kommt es nun, dass manche Kinder so zufrieden und in sich ruhend sind? Sieht man sich deren Familienverhältnisse genau an, merkt man schon, dass Eltern sehr viel für die Ausgeglichenheit ihres Nachwuchs tun können. Je nach Naturell eines Kindes wird es einfacher sein oder mehr Bemühen und Einfühlungsvermögen erfordern, seinem Kind zu dieser zufriedenen Stabilität zu verhelfen. Der zentrale Grund für Ausgeglichenheit ist jedoch naheliegenderweise, dass ein Kind in einem harmonischen Familienklima aufwachsen kann. Wenn man versucht herauszufinden, warum manche Familien so harmonisch miteinander leben, wird man erfahrungsgemäß auf fünf zentrale Punkte stoßen, die dieses »Geheimnis« ausmachen:

1. **Planung einer Alltags- bzw. Freizeitstruktur**
2. **Kindliche Schlafenszeiten als Fixpunkt**
3. **Viel Zeit mit- und nebeneinander**
4. **Täglich mehrere innige Momente zwischen Eltern und Kind**
5. **Respektvoller Umgang mit dem Kind**

1. **Planung einer Alltags- bzw. Freizeitstruktur**
Was harmonische Familien – oft mehr oder weniger bewusst geplant – eint, ist, dass alle Beteiligten in etwa die gleichen Vorstellungen von einem befriedigenden Tagesablauf haben, und das ist als Basis für das Zusammenleben enorm wichtig. Wenn es nicht gelingt, die unterschiedlichen Interessen und Bedürfnisse der einzelnen Familienmitglieder »unter einen Hut« zu bringen, wird das Familienboot ins Schlingern kommen. Ein oder vielleicht sogar beide Elternteile werden sich übergangen und ausgenutzt fühlen und das Kind wird quengelig und unzufrieden, wenn die Tagesgestaltung der Eltern kaum Rücksicht auf seine Bedürfnisse nimmt.

Da die Geburt eines Kindes das bereits eingespielte Leben eines Paares ordentlich durcheinander bringt und seine Freizeit massiv beschneidet, wird eine bewusste Neuorientierung notwendig. Eine solch komplexe Angelegenheit kommt leider nicht durch unausgesprochene Erwartungen oder Vorwürfe in die richtige Bahn, sondern erst durch mehrere konstruktive Gespräche. Erfahrungsgemäß scheitert das Wohlbefinden vieler Familien und somit auch vieler Kinder genau an dem Unvermögen, einen für alle befriedigenden Lebensstil zu finden, der nicht zuletzt auch die Freizeit- und Urlaubsgestaltung betrifft. Ideal wäre ein Lebensstil, der wechselnde Konstellation vorsieht, also gemeinsame Familienzeit, Zeit für jeden einzelnen allein und Zeit für Zweisamkeit. Diese Zweisamkeit gilt vordringlich für das Elterpaar, aber auch für ein Kind ist es sehr beglückend, einmal nur den Papa oder nur die Mama für sich allein zu haben.

**2. Kindliche Schlafenszeiten als Fixpunkt**
So banal das klingt, aber der häufigste Grund für quengelige und unausgeglichene Kinder ist, dass sie einfach zu wenig geschlafen haben. Selbst ein noch so harmonisches Familienleben kann die enorme Schwächung, die Schlafmangel für Babys und Kleinkinder bedeutet, kaum kompensieren. Zu wenig zu schlafen macht kleine Kinder überaus labil, quengelig und lässt sie bei der kleinsten Frustration ausrasten. Deshalb ist es höchst sinnvoll, vor allem die Tagesschlafzeiten fest einzuplanen, da jede Unternehmung mit einem übermüdeten Kind (ausgenommen, das Kind kann sich seinen Mittagsschlaf bei einer längeren Autofahrt oder im Kinderwagen holen) für alle Beteiligten im Endeffekt nur frustrierend ist.

**3. Viel Zeit mit- und nebeneinander**
Kaum etwas macht ein Kind zufriedener als ein ruhiger (im Sinne von nicht spannungsgeladener und hektischer) Alltag mit vielen grundsätzlichen Gelegenheiten, die Aufmerksamkeit seiner Eltern zu erhaschen. Da Babys und Kleinkinder so viel mit sich selbst zu tun haben, hilft ihnen dieser verlässliche Rahmen, mit regelmäßigen Essens- und Schlafenszeiten im Gleichgewicht zu bleiben. Zu viel Programm und Erledigungen sowie häufig wechselnde Besuche stören ihre Fähigkeit, zur Ruhe zu kommen und konzentriert zu spielen. Eine gute Mischung von Unternehmungen und ruhigeren Phasen zu Hause – dosiert je nach Naturell von Eltern und Kind – ist ein wichtiger Schlüssel für ein ausgeglichenes Kind.

Das bedeutet jedoch nicht, dass man sich dann ständig mit einem Baby beschäftigen muss. Ein dauerndes Kontaktbombardement ohne Ruhephasen ist für jeden Menschen unangenehm. Die Kunst des befriedigenden Zusammenlebens besteht erfahrungsgemäß vordringlich darin, dass man nebeneinander seinen Tätigkeiten nachgeht, aber offen und kontaktbereit ist. Wenn ein Kind spürt, dass es seine Eltern im Grunde jederzeit ansprechen und so auch kurz auftanken kann, wird es weit gelassener und auch länger allein spielen. Erst ein Kind, das merkt, dass seine Eltern sich innerlich von ihm distanzieren, weil sie Ruhe haben wollen, wird ständig klammern, stören oder sonstwie ihre Aufmerksamkeit auf sich ziehen müssen.

**4. Täglich mehrere innige Momente zwischen Eltern und Kind**
Diese Momente, in denen man sich einem Kind aus vollem Herzen widmet, machen es zufrieden und »kontaktsatt«. Es kann so die Liebe und Nähe seiner Eltern spüren und wird aufgetankt wie ein kleines Auto zufrieden weiterfahren, d. h. spielen oder eben einfach nur ihre Gegenwart in einem Nebeneinander genießen. Viele solche, oft kurzen Momente ergeben sich beim Wickeln, Spielen oder wenn man gemeinsam über etwas lachen muss.

Wenn es auch gelingt, genau diese Gefühlsqualität selbst in Stresszeiten regelmäßig mit dem Partner zu erleben, wird man sehr viel für das Fundament einer befriedigenden Beziehung tun. Wie viel Gutes man dabei auch seinem Kind tut, ist manchen Eltern – in Zeiten einer Trennungsrate von bis zu 50 % – nicht immer gegenwärtig.

**5. Respektvoller Umgang mit dem Kind**
Ein respektvoller Umgang zeigt sich vordringlich daran, dass man *alle* Gefühle eines Kindes ernst nimmt, höflich mit einem Kind umgeht sowie seine Grenzen und Wünsche berücksichtigt.

Für die Wünsche und Bedürfnisse eines Kindes gilt, dass man sie in dem Ausmaß ernst nimmt, wie man sich auch mit den Bedürfnissen des Partners auseinander setzen würde. Das bedeutet jedoch nicht zwangsläufig, jeden Wunsch auch zu erfüllen.

Höflichkeit im Umgang mit Kindern ist etwas, das von vielen Erwachsenen unterschätzt wird. Zwar wird erwartet, dass speziell Kinder höflich zu Erwachsenen sind, aber Höflichkeit wird ihnen – trotz des gleichen Rechts darauf – selten im gleichen Ausmaß entgegengebracht.

Der Umgang mit den oft überschießenden Emotionen eines Babys oder Kleinkindes bedarf in der Erziehung eines besonderen Fingerspitzengefühls. So ist es für ein zorniges, weil z. B. ungeschickt fallendes Baby genauso verletzend, ausgelacht zu werden, wie es für ein Kleinkind enorm demütigend ist, wegen eines Vergehens lautstark von seinen Eltern gemaßregelt zu werden. Erziehungsmethoden, wie etwa das bereits verzweifelt weinende Kind zu zwingen, dass es ein Verbot wiederholt oder in der eskalierten Situation z. B. einen hinuntergeworfenen Gegenstand aufhebt, demütigen und verletzen es unnötig. Aber auch die Haltung, ein Kind, das sich brüllend in einem Zornanfall verfangen hat, einfach allein zu lassen und mit einer Auszeit zu bedenken, ist fragwürdig. Gerade in solch einer Situation, in der ein Kind von seinen Gefühlen so überschwemmt wird, braucht es die haltgebende Gegenwart seiner Eltern und nicht die Erfahrung, allein gelassen zu werden. Selbst gut gemeinte Handlungen, wie einem Baby ohne Vorankündigung nach dem Essen mit einem nassen Tuch über das Gesicht zu wischen, überfahren ein Kind oft unnötig.

Je mehr es gelingt, ein Kind in seinen Wünschen und Bedürfnissen als gleichwertiges Familienmitglied zu sehen, desto ausgeglichener und zufriedener wird es sein. Das bedeutet jedoch nicht, dass man ein Kind grundsätzlich in allem einfach nur gewähren lässt und keine klaren, kindgerechten Strukturen vorgibt. Genau diese Mischung aus *gegenseitiger* einfühlsamer Rücksichtnahme – so sollen die Wünsche eines Kindes auch nicht völlig die seiner Eltern dominieren –, Respekt und Momenten voll Innigkeit machen einen zufriedenen Menschen und ein befriedigendes, geborgenes Familienleben aus. Und das sieht man einem Kind, aber auch seinen Eltern an.

# Schluss

Was ist nun, wenn alle Ratschläge und Informationen, die Sie im Buch erhalten haben, bei Ihrem Kind nicht wirklich zu einer dauerhaften Verbesserung geführt haben? Oder wenn Sie trotz aller Bemühungen den Eindruck haben, dass Ihr Baby in vieler Hinsicht für Sie oft noch ein »Buch mit sieben Siegeln« ist und Sie sich manche seiner Verhaltensweisen einfach nicht erklären können? Oder wenn Sie – und dieser Grund ist vielleicht noch bedeutsamer als alle zuvor genannten – sich von dem Gefühl, irgendwie in einem schwarzen Loch zu sitzen und sich ständig Sorgen machen zu müssen, nicht befreien können? Oder wenn Sie einfach nur eine kleine Frage haben, die Sie gern einmal mit einem Fachkundigen besprechen würden?

Dann ist der richtige Zeitpunkt gekommen, eine Säuglingsberatungsstelle aufzusuchen. Nicht immer heißen diese Beratungsstellen »Schreiambulanz«, vor allem dann nicht, wenn sie nicht an eine Klinik angebunden sind.[23] Da erfahrungsgemäß die Schwelle, eine derartige Einrichtung aufzusuchen, für die meisten Familien sehr hoch ist, möchte ich kurz schildern, was im Allgemeinen in einer solchen Beratungsstunde geschieht. Aber vorab:

 *Die Entscheidung, sich beraten zu lassen, bedeutet weder, dass man eine schlechte Mutter/ein schlechter Vater ist (im Gegenteil!), noch, dass man ein besonders »gestörtes Baby« hat, das »psychiatrisiert« wird.*

Vielleicht klingen die Ausdrücke »gestört« und »psychiatrisiert« jetzt übertrieben, aber es sind Originalzitate von besorgten Eltern, die gut nachzuvollziehen sind. Es ist ja auch noch nicht so lange üblich, dass man sich bei Problemen ganz selbstverständlich auch psychotherapeutische Hilfe sucht und dass den Seelenschmerzen die gleiche Bedeutung wie den Zahnschmerzen zugemessen werden. Und dass Babys auch schon eine Seele bzw. ein zu verstehendes Eigenleben haben, ist im deutschen Sprachraum selbst in der Kinderheilkunde eine noch sehr junge Erkenntnis. Erst Ende der achtziger Jahre wurden die ersten Schreiambulanzen und Stationen für Säuglingspsychosomatik gegründet. Deshalb ist es gut möglich, dass Ihr behandelnder Kinderarzt noch wenig davon gehört hat.

Was passiert nun also im Allgemeinen in einer Beratungsstelle? Da die Kollegen zum Teil unterschiedlich vorgehen, kann ich nur einen groben Eindruck vermitteln, der natürlich von der Arbeitsweise an unserer Klinik geprägt ist.

Nach telefonischer Voranmeldung wird die ganze Kleinfamilie eingeladen. Wirklich wichtig ist es, dass der Vater bei diesem Termin dabei ist. Ihn als zentralen Teil der Familie einfach draußen zu lassen (oder zuzulassen, dass er sich entzieht) ist nicht nur absurd, es verbaut auch die Möglichkeit, gemeinsam Probleme zu verstehen und vor allem an einer gemeinsamen Lösung zu arbeiten. Bei dem Gespräch, das meistens eine gute Stunde dauert, schildern die Eltern, welches Verhalten ihres Babys ihnen Sorgen macht. Ziel und Sinn einer solchen Beratung ist, zusammen mit einer Fachfrau bzw. einem Fachmann sein Kind besser verstehen zu lernen. Darauf aufbauend kann man dann gemeinsam überlegen, welche Interventionen im jeweiligen Fall sinnvoll und hilfreich sind. Viele Kollegen und auch wir arbeiten hier manchmal mit Videoaufnahmen, die die Familien entweder mitbringen oder die vor Ort gemacht werden, z. B. in einer Spielsituation. Allein die Möglichkeit, sich und sein Baby einmal von außen zu betrachten, ist für viele Eltern sehr informativ und hilfreich.

Was bei einer guten Beratung nicht passiert: Anschuldigung oder Belehrung der Eltern; das Überstülpen eines starren Programms oder einer festen Vorstellung des Beraters gegen den Willen der Familie. Genauso wenig wird ein Baby – wenn es nicht Besorgnis erregendes Untergewicht aufweist oder die letzten 24 Stunden vermehrt geschrien hat – stationär oder vielleicht sogar ohne seine Eltern aufgenommen. Es ist vielmehr ein Problem, einen benötigten stationären Platz für Familien überhaupt zu finden, falls man sich ein sehr kompliziertes Verhaltensbild näher anschauen möchte. Genauso wenig werden Mütter mit einer depressiven Verstimmung sofort dem Psychiater vorgeführt oder *müssen* sie Medikamente nehmen. Ich erwähne diese Punkte bewusst, weil dies häufig von Eltern befürchtet wird.

Eine gute Beratung beinhaltet, dass gemeinsam daran gearbeitet wird, die Symptome des Babys zu verstehen und eine gute Lösung für alle Familienmitglieder zu finden. Beratungen sind einmalige Gelegenheiten, sein Kind besser kennen zu lernen und mit Hilfe eines Außenstehenden das gerade erst bestiegene »Familienboot« zu stabilisieren, mit ein paar Rettungsringen zu versehen und sich einen guten Kurs für alle Beteiligten zu überlegen. Ein so gefestigtes Boot, das mit klarem Kurs fährt, wird im Weiteren durch die normalen Unwetter des (Familien-)Lebens nicht so leicht Schlagseite bekommen oder gar kentern, genauso wie es unserem ehemaligen kleinen »Schreibaby-Ruderboot« mit Mamas und Papas Hilfe wohl mittlerweile gelungen ist, das Hinausfahren auf das turbulente Meer des Lebens gut behütet und kenterfrei zu bewältigen.

# Tagesablaufprotokoll

| **24-Stunden-Protokoll** | Name: | | | | | | | | | | | Geburtsdatum: | | | | | | | | Alter: | | | | |
|---|---|---|---|---|---|---|---|---|---|---|---|---|---|---|---|---|---|---|---|---|---|---|---|---|
| Uhrzeit / Datum | 6.00 | 7.00 | 8.00 | 9.00 | 10.00 | 11.00 | 12.00 | 13.00 | 14.00 | 15.00 | 16.00 | 17.00 | 18.00 | 19.00 | 20.00 | 21.00 | 22.00 | 23.00 | 24.00 | 1.00 | 2.00 | 3.00 | 4.00 | 5.00 |
| | | | | | | | | | | | | | | | | | | | | | | | | |
| | | | | | | | | | | | | | | | | | | | | | | | | |
| | | | | | | | | | | | | | | | | | | | | | | | | |
| | | | | | | | | | | | | | | | | | | | | | | | | |
| | | | | | | | | | | | | | | | | | | | | | | | | |
| | | | | | | | | | | | | | | | | | | | | | | | | |
| | | | | | | | | | | | | | | | | | | | | | | | | |
| | | | | | | | | | | | | | | | | | | | | | | | | |
| | | | | | | | | | | | | | | | | | | | | | | | | |
| | | | | | | | | | | | | | | | | | | | | | | | | |
| | | | | | | | | | | | | | | | | | | | | | | | | |
| | | | | | | | | | | | | | | | | | | | | | | | | |
| | | | | | | | | | | | | | | | | | | | | | | | | |
| Uhrzeit | 6.00 | 7.00 | 8.00 | 9.00 | 10.00 | 11.00 | 12.00 | 13.00 | 14.00 | 15.00 | 16.00 | 17.00 | 18.00 | 19.00 | 20.00 | 21.00 | 22.00 | 23.00 | 24.00 | 1.00 | 2.00 | 3.00 | 4.00 | 5.00 |

Schlafphasen ( ——— ) Wachphasen ( freilassen ) Schreien ( //////// ) Mahlzeiten ( • )

## Anmerkungen

1 Karp, H. (2003): Das glücklichste Baby der Welt. So beruhigt sich Ihr schreiendes Kind – so schläft es besser. Mosaik, Goldmann Verlag. München.
2 Friedrich II. gab den Pflegerinnen in seinen Waisenhäusern den Auftrag, dass sie die Babys routinemäßig versorgen sollen, ohne mit ihnen zu reden. Der Kaiser wollte mit diesem Experiment die Ursprache der Menschen herausfinden, also die Sprache, die ein Kind spricht, wenn es nicht durch die Muttersprache beeinflusst wird. Dieser aus Unverstand grausame Versuch kam jedoch nie zu einem Ergebnis, weil ihn der Großteil der Kinder nicht überlebte.
3 Karp, H. (2003): Das glücklichste Baby der Welt, S. 49–50.
4 Das im Anhang dieses Buches befindliche Tagesablauf-Protokoll ist eine wertvolle Hilfe, um einen Überblick über den aktuellen Rhythmus Ihres Babys zu bekommen.
5 Die postpartale Depression ist eine ernst zu nehmende Erkrankung, die über 10 % aller Mütter betrifft. Sie zeigt sich in depressiver Stimmungslage mit häufigem Weinen, schlechtem Schlaf, Appetitlosigkeit, mangelndem Antrieb und vor allem in Schuldgefühlen und Ängsten, dass dem Baby etwas passieren könnte. Die Depression kann zwischen dem zweiten und neunten Lebensmonat des Kindes erstmals auftreten oder aber von Geburt an bestehen. Hier ist dringend geraten, sich an eine Säuglingsberatungsstelle (siehe Anhang) oder den Hausarzt zu wenden.
6 1968 wurde durch die »Flower-Power-Generation« der berühmte gesellschaftliche Umschwung eingeleitet. Ideale dieser Zeit waren – als Gegenbewegung zu den sehr reglementierten fünfziger Jahren – Freiheit, Friede und das Überbordwerfen bestehender gesellschaftlicher Normen in allen Lebensbereichen.
7 Die Wickelung bestand aus einer ovalen, oft fest gepolsterten Liegefläche. Das Baby wurde mittels verschnürbarer Seitenteile wie ein kleines Paket verpackt. Cartoons zeigen Babys bis heute häufig in dieser kokonartigen Verschnürung.
8 Jüngste Studien zeigen, dass spannenderweise die Dauer des Stillens maßgeblich von der Haltung abhängig ist, die der Kindesvater gegenüber dem Stillen hat.
9 Das gilt für das Baby, aber vor allem auch für die Mutter! Wie von der Natur klugerweise eingerichtet wurde, ist man durch die veränderte Hormonlage beim Stillen (erhöhte Oxytocinausschüttung) sowohl von den Strapazen des unregelmäßigen Schlafes als auch der nervlichen Belastung durch einen Säugling besser geschützt. Das hohe Ausmaß dieses Schutzes, der sie einfach gelassener sein lässt, wird vielen Müttern erst nach dem Abstillen deutlich.
10 Generell kann man mit dem Berühren der Wange diesen Rooting-Reflex (Such-Reflex) auslösen. Bei hungrigen Kindern fällt das Suchen jedoch deutlich heftiger aus als bei satten.

11 Wenn Sie die Enden dieser Greifketten mit einem Gummiband befestigen, kann Ihr Baby die einzelnen Figuren leichter zu sich heranziehen und mit dem Mund erkunden.
12 Hinter dem Wunsch, seinem Kind »perfekte« Eltern sein zu wollen, steht erfahrungsgemäß oft die große Überforderung und Unsicherheit, ob man überhaupt »gut genug« ist.
13 Eine gute Lösung ist dann erreicht, wenn sie für alle Beteiligten (also auch für die Eltern) gut lebbar ist. Alle einseitigen Arrangements, die über einen längeren Zeitraum bestehen, lassen aufgrund ihres Ungleichgewichts irgendwann das »Familienboot« arge Schlagseite bekommen.
14 Gemeint ist, dass ein Kind – bei normaler Gewichtszunahme – nicht ständig die gleiche Menge an Nahrung zu sich nimmt sowie das Gefüttertwerden oder bestimmte Speisen hin und wieder verweigert.
15 Was bei einem jammernden, kranken Kind sicher eine sehr gute Lösung ist. Manchen Kindern fällt jedoch die Umstellung aufs eigene Bett schwer. Darum trachten Sie im Krankheitsfall auch am besten danach, dass Ihr Kind grundsätzlich in seinem Bett einschläft und eben erst, wenn es gar nicht mehr geht, ins Elternbett übersiedeln darf.
16 Ein Trennungsproblem zeigt sich vor allem darin, dass Kinder zwar problemlos allein einschlafen, in der Nacht jedoch aufwachen und schier unberuhigbar – oft bis zu einer halben Stunde – weinen.
17 Wieder ein Beispiel dafür, wie enorm zeit- und kulturabhängig gerade auch eine »Wahrheit« in Bezug auf den richtigen Umgang mit Kindern ist. Eltern sollten vielmehr ermutigt werden, ihrem Instinkt zu vertrauen, sofern dieses Gefühl nicht durch eigene problematische Kindheitserfahrungen für die Betreffenden zu verunsichert ist.
18 Hier sollte vor allem an eine Nahrungsmittelunverträglichkeit, wie sie im Falle von Kuhmilcheiweiß häufig vorkommt, ausgeschlossen werden. Selbst vollgestillte Babys können über die Muttermilch diese für sie belastende Eiweißgruppe aufnehmen und leiden so bis weit über den dritten Lebensmonat hinaus häufig an Bauchkrämpfen. Mittels Bioresonanz lässt sich hier völlig schmerzfrei sowohl eine Diagnose als auch eine erfolgreiche Therapie anwenden.
19 Gerade Neugeborene reagieren auf Gestreicheltwerden oft ablehnend, weil sie diese Art von Berührung noch nicht gewohnt sind.
20 Nach unserer Ambulanzstatistik – die aus verschiedenen Gründen jedoch nur diesbezügliche Daten von Müttern zur Verfügung hat – wünscht sich der weit überwiegende Teil der Erstgebärenden ein Mädchen. Es ist anzunehmen, dass das Sich-identifizieren-Können mit einem Baby desselben Geschlechtes das Muttersein für viele Frauen einfach leichter macht.
21 Rund 80 % der an unserer Klinik behandelten Fütterungsprobleme treten bei weiblichen Säuglingen bzw. Kleinkindern auf.
22 Es ist eine gesellschaftliche Mär und eher die Ausnahme, dass die Liebe zum eigenen Kind im Augenblick der Geburt in voller Stärke einschießt. Viele Frauen fühlen sich dann als schlechte Mütter, wenn diese oft völlig

überspitzte und unrealistische Erwartung nicht eintritt. Wie in jeder anderen Beziehung auch baut sich die Tiefe der Liebe und Bindung zum eigenen Baby in den ersten Monaten zunehmend auf und wird im Laufe der Jahre immer dichter und intensiver.
23 Im Anhang (unten S. 190 ff.) finden Sie eine Auswahl von Adressen für den gesamten deutschen Sprachraum. Diese Stellen können Ihnen eventuell Beratungsstellen nennen, die sich mehr in Ihrer Nähe befinden.

## Literaturtipps

*T. Berry Brazelton/Bertrand G. Cramer: Die frühe Bindung. Die erste Beziehung zwischen dem Baby und seinen Eltern. 2., in der Ausstattung veränd. Aufl. Klett-Cotta, Stuttgart 1994*
Besonders interessant für Eltern, die sich für die psychologischen Hintergründe des Kinderwunschs interessieren und wissen wollen, wie es dazu kommen kann, dass man als Elternteil Kindern bestimmte Rollen oder unbewusste Erwartungen zuschreibt. Gut zu lesen und sehr plastisch durch viele Fallbeispiele. Zur Zeit leider vergriffen.

*Jan-Uwe Rogge: Kinder brauchen Grenzen. 27. Aufl. rororo-TB, Reinbek bei Hamburg 2006*
Über Sinn und Unsinn von Grenzen – Schöne, plastische Zusammenstellung einzelner Grenzsituationen und wie damit von allen Beteiligten sinnvoll umgegangen werden kann.

*Christine Rankl: Einschlafen – (k)ein Kinderspiel. Die Schlafstörungen Ihres Kindes verstehen und lösen. 3., aktualisierte Aufl. Patmos, Düsseldorf 2006*
Das sehr praxisorientierte Vorgehen beschreibt, welche Auslöser für ein Schlafproblem ausschlaggebend sein können, und hilft Familien dabei, ein auf ihre persönlichen Bedürfnisse zugeschnittenes, klinisch erprobtes Lösungsmodell zu erarbeiten.

# Literaturverzeichnis

Brazelton, T. B./Cramer, B. (1990): Die frühe Bindung. Die erste Beziehung zwischen dem Baby und seinen Eltern. Klett-Cotta, Stuttgart.

Brisch, K. H. (1999): Bindungsstörungen. Von der Bindungstheorie zur Therapie. Klett-Cotta, Stuttgart.

Bürgin, D. (Hrsg.) (1998): Triangulierung. Der Übergang zur Elternschaft. Schattauer, New York/Stuttgart.

Diedrichs, P./Olbricht, V. (2002): Unser Baby schreit so viel. Kösel, München.

Fraiberg, S. H./Adelson, E./Shapiro, U. (1975): Ghosts in the nursery: A psychoanalytic approach of impaired infant-mother relationships. In: Journal of the American Academy of Child Psychiatry, 14, 387–422.

Ferber, R. (1985): Solve your child's sleep problem. Simon & Schuster, New York.

Fries, M. (2002): Unser Baby schreit Tag und Nacht. Hilfen für erschöpfte Eltern. Ernst Reinhard, München/Basel.

Karp, H. (2003): Das glücklichste Baby der Welt. So beruhigt sich Ihr schreiendes Kind – so schläft es besser. Mosaik. Goldmann, München.

Kast-Zahn, A./Morgenroth, H. (1995): Jedes Kind kann schlafen lernen. Vom Baby bis zum Kleinkind: Wie Sie die Schlafprobleme Ihres Kindes vermeiden und lösen können. Oberstebrink, Ratingen.

Papousek, M. (1985): Beobachtungen zur Auslösung von Schreiepisoden im frühen Säuglingsalter. In: Sonderdruck aus Sozialpädiatrie in Praxis und Klinik 7, Nr. 2, 86–92.

Papousek, M. (1984): Psychobiologische Aspekte des Schreiens im frühen Säuglingsalter. In: Sonderdruck aus Sozialpädiatrie in Praxis und Klinik 6, Nr. 9, 517–526.

Papousek, M. (1989): Affektive Verhaltensregulation des Säuglings in der Eltern-Kind-Interaktion. In: Pachler, J. M./Strassburg, H. M. (Hrsg.): Der unruhige Säugling. Hansisches Verlagskontor, Lübeck, 203–219.

Stern, D. (1995): The Motherhood Constellation. A unified view of parent-infant psychotherapy. Basic Books, New York. Dt.: Die Mutterschaftskonstellation. Klett-Cotta, Stuttgart 1998.

# Beratungs- und Therapieangebote für Säuglinge und Kleinkinder*

## Adressen in Deutschland

### Postleitzahlengebiet: 0

Stillpraxis Elisabeth Kurth
Beratung für Eltern von Säuglingen und Kleinkindern mit exzessivem Schreien, Schlaf- und Essstörungen
Augustusweg 46, 01445 Radebeul, Tel.: 03 51/8 30 34 78
E-Mail: kurth@stillpraxis.de, Internet: www.stillpraxis.de

Schreisprechstunde, Beratung für Eltern mit Babys und Kleinkindern
Dipl.-Psych. Peter Hiermann, OÄ. Dr. Doris Hückel
Poliklinik der Universitätsklinik für Kinder und Jugendliche
Oststr. 21–25, 04317 Leipzig, Tel.: 03 41/9 72 62 42

IRIS REGENBOGENZENTRUM, für Eltern, deren Babys Schlafstörungen, Still-, Ess- und Schreiprobleme haben
Schleiermacherstr. 39, 06114 Halle
Tel.: 03 45/5 21 12 32, Fax: 03 45/5 21 12 33
Baby-Sprechstunde: Mittwoch 10.00–12.00 Uhr

### Postleitzahlengebiet: 1

Kinderärztliche Praxis m. Schwerpunkt »schwierige Säuglinge u. Kleinkinder«, Kinder m. Schulschwierigkeiten, psychosomat. Probleme
Dr. Hartwig, Dipl.-Psych. M. Block, Ch. Krausmann
Karl-Marx-Str. 80, 12043 Berlin-Neukölln, Tel.: 0 30/6 23 84 85

Eltern-Kind-Psychotherapie für Säuglinge und Kleinkinder bis 4 Jahre bei frühen Beziehungs- und Interaktionsstörungen
Katrin Stumptner (Kinderpsychotherapeutin/Gruppenanalytikerin/Musiktherapeutin/Supervisorin)
Dipl.-Päd. Cornelia Thomsen (Kinderpsychotherapeutin/Gestalttherapeutin/Musiktherapeutin)

---

\* Die folgende Liste bietet nur einen Ausschnitt aus dem breiten Spektrum verschiedener Beratungsmöglichkeiten. Die Auswahl orientiert sich an den ausführlicheren Adresslisten der GAIMH – Gesellschaft zur Förderung der seelischen Gesundheit der frühen Kindheit (www.gaimh.de) sowie von Trostreich – Interaktives Netzwerk Schreibabys (www.trostreich.de). A.d.R.

KunstMusikRäume – Institut für Musik und Psychotherapie
Hornstr. 7/8, 10963 Berlin, Tel.: 0 30/2 17 24 71
E-Mail: Katrin.Stumptner@t-online.de oder Cornelia.Thomsen@freenet.de
oder post@kunstmusikraeume.de

**Baby- und Kleinkindsprechstunde der Charité**
OA Dr. A. Wiefel
Otto-Häubner-Centrum für Kinder- und Jugendmedizin
Klinik für Pädiatrie mit Schwerpunkt Psychiatrie, Psychosomatik und
Psychotherapie des Kindes- und Jugendalters
Charité Campus Virchow-Klinikum
Augustenburger Platz 1, 13353 Berlin
Tel.: 0 30/4 50 56 62 29, Fax: 0 30/4 50 56 69 23
E-Mail: andreas.wiefel@charite.de

**»Schreibaby-Sprechstunde«, Krisen- und Entwicklungsbegleitung für Eltern, Babys und Kleinkinder (0–3 Jahre) zur Behandlung von Schrei-, Schlaf- und Fütterungsproblemen**
im Diagnose- und Behandlungszentrum (DBZ) für Kinder und Jugendliche am Vivantes-Klinikum Neukölln
Rudower Str. 48, 12351 Berlin
Terminvereinbarungen:
Tel.: 0 30/60 04 37 00/04 oder mobil: 0179/5 09 76 26
E-Mail: info@jule-draeger.de, Internet: www.jule-draeger.de

**Elternberatung »Vom Säugling zum Kleinkind«**
an der Fachhochschule Potsdam
Friedrich-Ebert-Str. 4, 14467 Potsdam
Tel.: 03 31/2 70 05 74 oder Tel.: 03 31/5 80-24 50
Fax: 03 31/5 80-24 59
E-Mail: elternbe@fh-potsdam.de
Internet: www.fh-potsdam.de/~IFFE/schrei.htm

## Postleitzahlengebiet: 2

**Poliklinik für Kinder- und Jugendpsychosomatik**
**Klinik für Kinder- und Jugendmedizin, Universitätsklinikum Eppendorf**
Dr. med. Carola Bindt, Abteilungsdirektorin (komm.)
Pavillon N 47, Martinistr. 52, 20246 Hamburg, Tel.: 0 40/4 28 03-27 15

**Beratungsstelle für Eltern, Kinder und Jugendliche**
Dr. G. J. Suess, Beratungsstelle »nullbisdrei«
Holitzberg 139a, 22417 Hamburg
Tel.: 0 40/53 77 92 84, Fax: 0 40/53 77 92 87

**Beratung und Psychotherapie für Eltern mit Säuglingen und Kleinkindern**
Dipl.-Psych. Renate Barth (Psychoanalytikerin/Familientherapeutin)
Hoheluftchaussee 52, 20253 Hamburg
Tel.: 0 40/43 27 52 99, Fax: 0 40/43 27 52 98
E-Mail: renatebarth@t-online.de
Die Abrechnung erfolgt über die Krankenkassenkarte der Eltern.

**Trostreich – Interaktives Netzwerk Schreibabys**
Vermittlung von Adressen, Kontakten und weiterführenden Informationen:
Jutta Riedel-Henck
Schulstr. 10, 27446 Deinstedt, Tel./Fax: 0 42 84/3 95
E-Mail: info@trostreich.de, Internet: www.trostreich.de

**Frühberatungsstelle im Haus der Familie Bremen-Hemelingen
für Eltern mit Säuglingen und Kleinkindern**
Inge Beyersmann: Dipl.-Psychologin, Entwicklungspsychologische
Beratung & Paar- und Familientherapie
Christina Fiebig: Sozialpädagogin, Familienberatung & Babymassage
Hinter den Ellern 13, 28309 Bremen-Hemelingen
Tel.: 04 21/4 98 83 60
E-Mail: inge.beyersmann@nwn.de
Beratungszeiten: Mo., Di. 9.30–11.30 Uhr
Dr. Wetzel, Kinderärztin
Tel.: 04 21/4 17 00 81, Mi. 14.30–15.30 Uhr

**Erziehungsberatungsstelle Celle**
Ansprechpartnerin: Dr. Gisela Lösche
Denickestr. 110 B, 29225 Celle
Tel.: 0 51 41/4 20 63, Fax: 0 51 41/9 515 69
E-Mail: Gisela.Loesche@LKCelle.de

## Postleitzahlengebiet: 3

**KEKK – Kontaktstelle für Eltern mit Kleinkindern**
Träger: Deutscher Kinderschutzbund
Kreisverband Schaumburg e.V.
Niedernstr. 40, 31655 Stadthagen, Tel.: 0 57 21/7 24 74

**Beratung für Eltern mit Säuglingen und Kleinkindern (0–3 Jahre)**
Beratungsstelle für Eltern, Kinder und Jugendliche des Landkreises
Waldeck-Frankenberg
Dipl.-Psych. Andrea Noon
Am Kniep 50, 34497 Korbach
Tel.: 0 56 31/95 44 91, Mo.–Do. 8.00–9.30 und 10.00–12.00 Uhr

**Schrei-Baby-Ambulanz**
Abt. Neuropädiatrie und Sozialpädiatrie
Sozialpädiatrisches Zentrum, Universitätsklinikum Gießen
Feulgenstr. 12, 35385 Gießen
Tel.: 06 41/99-4 34 81
Terminvergabe: Mo. 8.00–10.00 und 13.00–14.00 Uhr

**Mütterbüro Niedersachsen**
Erikastr. 11, 38259 Salzgitter
Tel.: 0 53 41/39 21 21

## Postleitzahlengebiet: 4

**Von 0 bis 3**
**Sprechstunde für Säuglinge und Kleinkinder**
**(Schrei-, Fütter-, Schlaf- und Verhaltensprobleme)**
M. Sarges-Karl (Dipl.-Psychologin, Psychologische Psychotherapeutin)
Kinderneurologisches Zentrum
Gräulingerstr. 120, 40625 Düsseldorf
Tel.: 02 11/28 00-35 55
E-Mail: sarges-karl@kliniken-duesseldorf.de

**Schreibabyambulanz Viersen**
Nikolaus Kinderklinik AKH Viersen GmbH
Hoserkirchweg 63, 41747 Viersen
Tel.: 0 21 62/1 04-24 13, Fax: 0 21 62/1 04-23 88
E-Mail: aring@akh-viersen.de

**Mütterbüro Nordrhein-Westfalen**
Dr. Eva Sowa, Ulrike Runge
Hospitalstr. 6, 44149 Dortmund
Tel.: 02 31/16 21 32, Fax: 02 31/16 07 34
E-Mail: Muetterbuero.NRW@t-online.de

**Essener Baby- und Kleinkindsprechstunde**
**Für Eltern mit Kindern von 0–3 Jahren**
Ambulanz der Klinik für Psychiatrie und Psychotherapie des Kindes- und
Jugendalters der Rheinischen Kliniken Essen – Kliniken/Institut der
Universität Duisburg-Essen
Virchowstr. 174, 45147 Essen
Tel.: 02 01/72 27-4 50, Fax: 02 01/72 27-3 06
Internet: www.uni-essen.de/kjp/html/kleinkindsprechstunde.html

**Familientagesklinik und Poliklinik für Säuglinge, Klein- und Vorschulkinder von 0 bis 7 Jahren**
Klinik für Psychiatrie und Psychotherapie des Kindes- und Jugendalters des Universitätsklinikums Münster
Schmeddingstr. 50, 48149 Münster
Tel.: 02 51/8 35 67 01, Fax: 02 51/8 35 22 75
Internet: www.klinikum.uni-muenster.de/institute/kjp

**Sprechstunde für Schrei-, Schlaf- und Fütterstörungen**
Sozialpädiatrisches Zentrum (SPZ) der Klinik für Kinder- und Jugendmedizin am Marien-Hospital Wesel
Leitung: Dr. Ullrich Raupp
Pastor Janßen Str. 8–38, 46483 Wesel
Tel.: 02 81/1 04 16 70 Fax: 02 81/1 04 16 78
E-Mail: spz@marien-hospital-wesel.de

**Babysprechstunde Osnabrück**
Universität Osnabrück
Entwicklung & Kultur – FB 08
Seminarstr. 20, 49069 Osnabrück
Tel.: 05 41/9 69-40 93, Fax: 05 41/9 69-47 70
E-Mail: babysprechstunde@luce.psycho.uni-osnabrueck.de

**Schreiambulanz am Sozialpädiatrischen Zentrum**
Malteser Krankenhaus St. Anna
Albertus-Magnus-Str. 33, 47259 Duisburg-Huckingen
Tel.: 02 03/7 55-12 81, Fax: 02 03/7 55-12 82
E-Mail: gero.hufendiek@malteser.de

## Postleitzahlengebiet: 5

**Sprechstunde für Schreibabys**
Kinderkrankenhaus der Stadt Köln
Dr. Irmgard Schmidt, Dr. Robert Winkler
Amsterdamer Str. 59, 50735 Köln
Tel.: 02 21/7 77 41

**Ambulanz für Säuglinge und Kleinkinder**
Klinik für Psychiatrie und Psychotherapie des Kindes- und Jugendalters der Universität Köln
Robert-Koch-Str. 10, 50931 Köln
Tel.: 02 21/4 78-53 37

**Zentrum für Frühbehandlung und Frühförderung e.V.**
Geilenkircher Str. 52, 50933 Köln
Tel.: 02 21/49 52 07 u. 49 19 77, Fax: 02 21/4 97 16 31

**Psychologische Beratungsstelle**
Margit Klein
Friedrich-Ebert-Str. 11, 55286 Wörrstadt
Tel.: 0 67 32/91 83 35
Mo., Di., Do. 10.00–11.00 Uhr, Mi. 15.00–15.30 Uhr

**Schreibaby-, Schlaf- und Essberatung nach dem Modell der »Münchener Sprechstunde für Schreibabys«**
Petra Weidemann-Böker (Dipl.-Sozialpädagogin)
Hoppla – Beratungsstelle
An der Junkersmühle 3–5, 52064 Aachen
Tel.: 02 41/2 16 15
E-Mail: petra.weidemann@infobaby.de, Internet: www.infobaby.de

**Elternschule Katharinen-Hospital**
**Beratungsstelle für Eltern und Säuglinge mit Schrei-, Schlaf-, Fütter-, Ess- und Gedeihstörungen**
Ansprechpartnerin: Christiane Kötter-Lietz
Obere Husemannstr. 2, 59423 Unna
Tel.: 0 23 03/1 00 28 48, Fax: 0 23 03/1 00 28 40
E-Mail: eschule@katharinen-hospital.de

## Postleitzahlengebiet: 6

**Frankfurter Schreisprechstunde**
**Sprechstunde für Eltern mit Babys, die viel schreien**
Marion Dominiak-Keller (Dipl.-Psychologin), Brigitte Peterka (Pädagogin), Andrea Busch (Dipl.-Sozialarbeiterin)
FrauenGesundheitsZentrum für Frauen und Familien
Neuhofstr. 32 H, 60318 Frankfurt/M.
Tel.: 0 69/59 17 00, Fax: 0 69/59 31 29
E-Mail: fgzn@w4w.de, Internet: www.fgzn.de
Mi. 14.30–15.30, um Terminvereinbarung wird gebeten.
Erstgespräch kostenfrei.

**Praxis für Analytische Kinder- und Jugendlichenpsychotherapie**
Dr. Éva Hédervári-Heller
Homburger Str. 18, 60486 Frankfurt/M.
Tel./Fax: 0 69/70 79 56 44
E-Mail: e.hedervari-ffm@t-online.de

**Elternberatung Oberursel, Beratungsstelle für Mütter und Väter von Säuglingen und Kleinkindern**
Inken Seifert-Karb (Analytische Paar- und Familientherapeutin)
Marianne Schüller (Hebamme)
Hospitalstr. 9, 6370 Oberursel
Tel.: 0 61 71/58 53 58, Fax: 0 61 71/58 53 59

**Sprechstunde für Eltern mit (Schrei-)Babys**
Dipl.-Psych. Angelika Gregor
64625 Bensheim
Tel.: 0 62 51/85 56 91

**Zentrum für Soziale Psychiatrie, Stationäre Mutter-Kind-Behandlung**
Ludwigstr. 54, 64646 Heppenheim
Tel.: 0 62 52/16-3 13 (Station 3.1)
E-Mail: dr.hartmann@zsp-bergstrasse.de

**Kinderzentrum – Ambulanz zur Frühförderung**
Karl-Locher-Str. 8, 67071 Ludwigshafen
Tel.: 06 21/67 00 50

**Sprechstunde für Eltern mit Säuglingen und Kleinkindern**
Prof. Dr. med. M. Cierpka, PD Dipl.-Psych. Dr. phil. A. Riehl-Emde,
Dipl.-Psych. R. Retzlaff
Psychosomatische Klinik der Universität Heidelberg
Psychosomatische Kooperationsforschung und Familientherapie
Bergheimer Str. 54, 69115 Heidelberg
Tel. Sekretariat: 0 62 21/56-47 01, Fax: 0 62 21/56-47 02
Internet: www.med.uni-heidelberg.de/psycho/pfam/ambulanz.htm

## Postleitzahlengebiet: 7

Psychotherapeutische Babyambulanz Stuttgart
Beratung und Therapien mit Säuglingen und Kleinkindern und deren
Eltern bei Krisen in den ersten 18 Lebensmonaten
Mitarbeiterinnen: G. Auch-Meier, B. Dürr, G. Häußler, B. Hirschmüller,
Dr. M. Knott
Hohenzollernstr. 26, 70178 Stuttgart
Telefonische Anmeldung: Mo.–Fr. 9.00–13.00 Uhr, Tel.: 07 11/64 8 52 23

**Analytische Kinder- und Jugendlichenpsychotherapeutin**
Barbara Hirschmüller
Happoldstr. 25, 70469 Stuttgart
E-Mail: bhirschmueller@t-online.de

Baby-Sprechzeit am Sozialpädiatrischen Zentrum im Olgahospital
MitarbeiterInnen: M. Schönstetter (Dipl.-Psych.), M. Steffen (Dipl.-Psych.),
Dr. phil. C. Stein (Dipl.-Psych.), M. Glück (Dipl.-Soz.-Päd.),
Dr. med. A. Oberle (Leitung) u.a.
Bismarckstr. 8, 70176 Stuttgart
Telefonische Anmeldung im Sekretariat, Mo.–Fr. 8.00–16.00 Uhr:
Tel.: 07 11/9 92-27 60
E-Mail: a.oberle@olgahospital.de

Beratungsstelle »Frühe Hilfen« in der Psychologischen Beratungsstelle der Stadt Karlsruhe
Otto-Sachs-Str. 6, 76133 Karlsruhe, Tel: 07 21/1 33-53 62
E-Mail: psd@karlsruhe.de
Internet: www.karlsruhe.de/Soziales/FrueheHilfen

## Postleitzahlengebiet: 8

Münchner Sprechstunde für Schreibabys
Kinderzentrum München
Heiglhofstr. 63, 81377 München
Tel.: 0 89/7 10 09-3 30, Fax: 0 89/7 10 09-3 69

Klinikum der Universität München
Kinderklinik und Poliklinik
im Dr. von Haunerschen Kinderspital – Innenstadt
Pädiatrische Psychosomatik und Psychotherapie
Dr. Karl-Heinz Brisch
Pettenkoferstr. 8a, 80336 München
Tel.: 0 89/51 60 37 09, Fax: 0 89/51 60 47 30
E-Mail: Karl-Heinz.Brisch@med.uni-muenchen.de
Tel. Sekretariat: 0 89/51 60 39 54
E-Mail: Roswitha.Schmid@med.uni-muenchen.de

Behandlungseinheit Psychosomatische Medizin und Psychotherapie in der Kinder- und Jugendheilkunde
OA Dr. N. von Hofacker
Städt. Krankenhaus Harlaching
Sanatoriumsplatz 2, 81545 München, Tel.: 0 89/6210 31 06
E-Mail: N.v.Hofacker@khmh.de
Nur stationäre Behandlungsmöglichkeit.

Frühförderung Freising der Lebenshilfe Freising e.V.
Leiterin: Hildegard Waldinger
Untere Domberggasse 2, 85354 Freising, Tel.: 0 81 61/38 24

## Postleitzahlengebiet: 9

Jugend- und familientherapeutische Beratungsstelle »Tausend und keine Nacht«, Beratungsangebot für Eltern mit Säuglingen und Kleinkindern (0–3 Jahre)
Dipl.-Psych. Susanne Knopp-Völker, Dipl.-Psych. Martina Kindsmüller, Ergotherapeutin Cäcilia Frankenberger
Ostengasse 35, 93047 Regensburg
Tel.: 09 41/5 07-27 62

Spezialambulanz für Säuglinge und Kleinkinder mit Schlaf-, Schrei- und Essstörungen
Frühdiagnosezentrum, Luitpoldkrankenhaus, Haus C5
Leiter: Prof. Dr. H. M. Straßburg
Josef-Schneider-Str. 2, 97080 Würzburg
Tel:. 09 31/20 12 77 09 oder 09 31/28 08 24, Fax: 09 31/20 12 78 58
Internet: www.fruehdiagnosezentrum.de

# Adressen in Österreich

Säuglingspsychosomatik mit Schreiambulanz
Wilhelminenspital – Kinderklinik Glanzing
Dr. Josephine Schwarz-Gerö, Dr. Christine Rankl
Pavillon 5, Montleartstr. 37, 1160 Wien
Tel.: 01/4 91 50-29 13, Fax: 01/4 91 50-27 47
Tel. Terminvereinbarung: Mo.–Fr. 9.00–15.00 Uhr

Lea Vachalek
Psychotherapeutin
St. Anna Kinderspital
Kinderspitalgasse 6, 1090 Wien, Tel.: 01/4 01 70

Psychiatrische Universitätsklinik Wien
Psychische Gesundheit vor und nach der Geburt
AKH-Wien, Währinger Gürtel 18–20, 1090 Wien
Dr. Claudia Klier, Tel.: 01/4 04 00-23 21

Institut für Entwicklungsdiagnostik
Dr. Vodopiutz, Märzstr. 122, 1150 Wien, Tel.: 01/9 85 45 91

Institut für Erziehungshilfe
Patrizigasse 2, 1210 Wien
Tel.: 01/2 71/62 55 o. 63 28, Mo.–Fr. 9.00–17.00 Uhr
E-mail: erziehungshilfe.institut@chello.at

**Schreiambulanz Krankenhaus Mödling**
Sr. Edith Huebmer (Psychotherapeutin)
Restitutagasse 12, 2340 Mödling
Tel.: 0 22 36/2 04-0

**Ambulanz für Gedeih-, Schlaf- und Schreistörungen**
Dr. Christa Wienerroither
Landesklinik für Kinder- und Jugendheilkunde Salzburg
Müllner Hauptstr. 48, 5020 Salzburg
Tel.: 06 62/44 82-26 40
E-mail: c.wienerroither@lks.at

**Universitätsklinik für Kinder- und Jugendheilkunde**
Melanie Mandlung
Anichstr. 35, 6020 Innsbruck
Tel.: 05 12/5 04 83 64

**Pädiatrische Psychosomatik und Psychotherapie**
**Klinische Abteilung für Allgem. Pädiatrie**
Universitätsklinik für Kinder- und Jugendheilkunde Graz
Auenbruggerplatz 30, 8036 Graz
Tel. Sekretariat: 03 16/3 85-37 56
E-Mail: marguerite.dunitz@klinikum-graz.at
oder peter.scheer@klinikum-graz.at

**LKH Klagenfurt**
**Abt. für Kinder- und Jugendneuropsychiatrie**
Augustine Gasser
St. Veiter Str. 47, 9020 Klagenfurt
Tel.: 04 36/5 38-25 16
E-Mail: kijneuropsych@lkh-klu.at

**Institut für Familienberatung und Psychotherapie**
**des Kärntner Caritasverbandes**
Christine Kügerl
Karlsgasse 3, 9500 Villach
Tel.: 0 42 42/2 13 52
E-Mail: ifp-caritas.vi@aon.at

## Adressen in der Schweiz

**Kinder- und Jugendpsychiatrische Universitätsklinik und -poliklinik**
Schaffhauserrheinweg 55, 4058 Basel
Tel.: 0 61/6 85 21 21

**Kinder- und Jugendpsychiatrischer Dienst**
Dr. med. M. Fry
Masanserstr. 14, 7000 Chur
Tel.: 0 81/2 52 90 23

**Jugend- und Familienberatung, Kontaktstelle für Kleinkindfragen**
Jugendsekretariat Pfäffikon
Hochstr. 12, 8330 Pfäffikon
Tel.: 01/9 50 11 37, Fax: 01/9 50 11 31

**Kinder- und Jugendpsychiaterin**
Dr. med. Fernanda Pedrina
Limmatstr. 65, 8005 Zürich
Tel.: 01/2 71 12 70, Fax: 01/2 71 12 72

**Stiftung Mütterhilfe**
Psychosoziale Beratungsstelle
Badenerstr. 18, 8004 Zürich
Tel.: 01/2 41 63 43, Fax: 01/2 91 05 12
Tel. Beratung: Mo., Mi., Fr. 9.00–12.00 Uhr und Mo., Di., Mi., Fr. 14.00–17.00 Uhr

**Schweizerischer Verein der Mütterberatungsschwestern**
Seehofstr. 15, 8024 Zürich
Tel.: 01/2 51 72 44, Fax: 01/2 52 28 24

**Abt. Wachstum und Entwicklung**
Prof. Dr. med. Remo Largo
Kinderspital Zürich
Steinwiesstr. 75, 8032 Zürich
Tel.: 01/2 66 71 11, Fax: 01/2 66 71 71

**Kleinkindberatung**
Sozialzentrum Dorflinde
Schaffhauserstr. 315, 8050 Zürich, Tel.: 01/316 60 50
E-Mail: szd.kleinkindberatung@sd.stzh.ch

**MOBILE**
**Beratungsstelle von Eltern und Erziehenden von Kleinkindern**
Daniela Paci
Rosenbergstr. 82, 9000 St. Gallen
Tel.: 0 71/2 27 11 75, Fax: 0 71/2 27 11 76
E-Mail: d.paciMOBILE@ovk.ch